esotera

Taschenbücherei
im Verlag Hermann Bauer

Mit dieser Reihe macht der Verlag Hermann Bauer dem interessierten Leser bedeutende Werke aus Bereichen der Esoterik und Grenzwissenschaften zu ungewöhnlich günstigen Preisen zugänglich. Der Schwerpunkt bei der Auswahl für die *esotera-Taschenbücherei* liegt auf Titeln, die dem Leser auf leicht faßliche und umfassende Weise esoterisches Wissen vermitteln, das er auch in seinem Leben anwenden kann. Die Auswahl der Werke erfolgt in enger Zusammenarbeit mit der Redaktion der in Europa führenden grenzwissenschaftlichen Zeitschrift *esotera*.

Bisher sind erschienen:

Arabi: Die Reise zum Herrn der Macht
Archarion: Von wahrer Alchemie
Bernbaum: Der Weg nach Shambhala
Brahmachari: Yoga hilft heilen
Brunton: Entdecke dich selbst
Brunton: Karma – Kette von Ursache und Wirkung
Brunton: Die Weisheit des Überselbst
Chögyam: Der fünffarbige Regenbogen
Easwaran: Mantram – Hilfe durch die Kraft des Wortes
Edwards: Geistheilung
Findley: Beweise für ein Leben nach dem Tod
Fortune: Die mystische Kabbala
Gauquelin: Kosmische Einflüsse auf menschliches Verhalten
Gauquelin: Planetare Einflüsse auf Persönlichkeit und Lebensweg
Geisler (Hrsg.): New Age – Zeugnisse der Zeitenwende
Geisler (Hrsg.): Paramedizin – Andere Wege des Heilens
Halpern: Klang als heilende Kraft
Haraldson: Sai Baba – ein modernes Wunder
Ingrisch: Nächtebuch
Ingrisch: Die Kapelle der Gefahren
Johanson: Zuerst heile den Geist
Kardec: Das Buch der Geister
Kardec: Das Buch der Medien
Leuenberger: Das ist Esoterik
Lu K'uan Yü: Geheimnisse der chinesischen Meditation
Lütge: Carlos Castaneda und die Lehren des Don Juan
Mertz: Die Esoterik in der Astrologie
Mori: Die Buddha-Natur im Roboter
Osis/Haraldson: Der Tod – ein neuer Anfang
Peick: Wiedergeburt – Eine Reise in frühere Erdenleben
Prantl: Licht aus der Herzmitte
Radha: Aufs Herz vertrauen
Ramm-Bonwitt: Yoga-Nidra – Der Schlaf der Yogis
Reifler: Das I-Ging-Orakel
Schäfer: Stimmen aus einer anderen Welt
Schorsch: Die große Vernetzung – Wege zu einer ökologischen Philosophie
Sharon: Magier der vier Winde
Sterneder: Der Sonnenbruder
Sterneder: Tierkreisgeheimnis und Menschenleben
Sterneder: Der Wunderapostel
Sulami: Der Sufi-Weg zur Vollkommenheit
Swann: Der sechste Sinn
Thakkur: Ayurveda – die indische Heil- und Lebenskunst
Vivekananda: Raja-Yoga
Weinfurter: Der Königsweg
Wirth: Lexikon der Lebensweisheit
Zeisel: Entschleierte Mystik

Lotte Ingrisch

Die Kapelle der Gefahren

Verlag Hermann Bauer
Freiburg im Breisgau

CIP-Titelaufnahme der Deutschen Bibliothek

Ingrisch, Lotte:
Die Kapelle der Gefahren / Lotte Ingrisch. –
Freiburg im Breisgau : Bauer, 1988
(esotera-Taschenbücherei)
ISBN 3-7626-0644-7

Die *esotera-Taschenbücherei* erscheint im
Verlag Hermann Bauer KG, Freiburg im Breisgau.

1988

Satz: G. Scheydecker, Freiburg im Breisgau.
Druck und Bindung: Clausen & Bosse, Leck.
Printed in Germany.

ISBN 3-7626-0644-7

Wolf und Eule

So wollte ich dieses Buch nennen. Der Wolf, das ist der Dichter und Politiker Jörg Mauthe, der am 29. Jänner 1986 starb. Das letzte Kapitel meines *Nächtebuchs* schrieb ich über ihn. Wir waren Freunde und sind es geblieben. Die Eule bin ich.

Wolf und Eule nannten wir einander vor seinem Tod. Er versprach – sollte dies möglich sein –, ein Zeichen zu geben. Ein Zeichen? In der Unterwelt erhob sich ein Sturm und fegte die letzten Zweifel hinweg. Was geschah und wie es geschah, erzähle ich nun, denn ich fuhr fort, das Tagebuch meiner Nächte zu führen, eine Chronistin der Zukunft. In ihr werden die Welten, Zustände unseres Bewußtseins, nicht mehr schmerzlich voneinander getrennt sein wie heute. Die Kinder von Hades und Persephone schwirren aus, und ich bin eines von ihnen.

Vorgestern, am Abend meines vielleicht letzten Geburtstags, zog ich eine Karte aus dem Maya-Tarot, die Münz-Fünf. Sie bedeutet schlechte Gesundheit und drohendes Mißgeschick. Spirituell kündigt sie die »Kapelle der Gefahren« an.

Die Kapelle der Gefahren steht in den Legenden um König Artus und den Heiligen Gral. Es ist die Kapelle, in der Lanzelot und Parzifal zuerst himmlischen Wesen begegnen; bald darauf werden sie von Dämonen und Albträumen heimgesucht.

Ich erinnere mich an einen Traum vor vielen Jahren. Da war eine Kapelle am Waldrand; von der ging ein Leuchten aus und ein Zauber, daß ich mir nichts anderes wünschte, als darin zu wohnen. Nicht zu beten; es gab in diesem Traum kein Gebet, sondern ich war, obwohl ich sie nicht betrat, in dieser Kapelle zu Hause.

Werde ich sie, meine fremde Heimat, in den nächsten sieben Monaten betreten? Ich weiß es nicht. Lassen Sie uns das Abenteuer zwischen den Welten gemeinsam beginnen und gemeinsam von seinem Ausgang überrascht werden. Gefährten auf einer Reise ins Ungewisse.

Oder in die Gewißheit? Rindlberg, 22. Juli 1986

Die Rückseite des Bewußtseins

In meinem *Nächtebuch* habe ich, als Reporterin der Anderswelt, von dieser Welt hinter dem Spiegel berichtet. Sie ist das Reich des Traums und des Todes.

Eine Welt, die uns nicht fremd ist, denn wir haben sie viele Male besucht. Doch ob wir hinüber in die Nacht gehen oder herüber in den Tag – fast immer trinken wir an der Grenze den Trank des Vergessens. Und so ist die Brücke der Erinnerung, die wir über den Unterweltstrom Lethe spannen, gefährlich schmal.

Aber der Strom geht mitten durch unser Herz, und die Brükke verbindet unsere beiden Hälften zur Ganzheit. Wir bleiben Zerrissene ohne sie.

Traum und Wirklichkeit, Leben und Tod nennen wir die zwei Seiten unseres Bewußtseins, die das Vergessen trennt. Oder wäre es möglich, daß unser Vergessen erst beide erschafft? Steigen vielleicht aus dem Vergessen, der Potenz des Gestaltlosen, die Gestalten des Tages und der Nacht? Ist Lethe das fließende Zeichen der Null, ihre Erscheinung in unserem Geist?

Ich weiß es nicht. Aber ich möchte es wissen! Auf die Gefahr hin, mich selbst aufzulösen (wie eine Gleichung?), suche ich das Abenteuer der Erinnerung. Das Abenteuer, meine Augen in beiden Welten aufzuschlagen, und in beiden Welten zugleich.

Und in wievielen noch?

Oder im Nichts, wenn Nichts das Geheimnis der vergessenen Erinnerung ist.

Inventar des Tages

Ein kleines altes Haus auf der Wiese, mitten im Böhmerwald. Erlen, Birken, Heckenrosen. Holunder und Hasel. Kirschbäume, Kuckuck und Käuzchen. Die Rehe äsen vor der Tür.

Eine noch kleinere Wohnung im Wiener Blutviertel, der Nikolaigasse. Tauben gurren, Glocken läuten, die Türme der Stephanskirche schauen zum Fenster herein.

Gottfried von Einem, Komponist und mein Mann. Ein feuerspeiender Hermelinbär. Gehört der Rasse der zornigen Gottheiten an. Aber auch der der königlichen Kobolde, der dionysischen Nachtmeerfahrer, der verschwiegenen Helfer. Wenn er lacht, ist er unwiderstehlich, und er lacht gern. Auch über sich selbst.

Schneeflöckchen, Mea Seidenprinz, Dudelinchen, Tüpferl und Schnäuzchen, unsere lebendigen Kater und Katzen. Sehr geliebt!

Wui Wui, Mumbuduku Bumbuwu, Gättchen, Sabinettchen, Pelzchen und Zanni, unsere toten Kater und Katzen. Sehr geliebt!

Zwei Klaviere, zwei Schreibmaschinen, ein offener Kamin. Und Bücher, Bücher, Bücher.

Ja, und Lotte Ingrisch, Schriftstellerin. An einem Sommersonntag 1930 geboren, fröhlichen Gemüts. Liebt Wissenschaften, Mystik und Schabernack.

Inventar der Nacht

Das jenseitige Wien. Mit Wohnung!
Ein Poltergeist, der vermutlich ich selbst bin.
Träume, die ein Erwachen in anderen Wirklichkeiten sind.
Spuk.
Geister.
Dämonen.
Totenbesuche.
Nachtfahrten in den Himmel und die Unterwelt.

Rindlberg, 26. Dezember 1985

Fiel nach dem Mittagessen in einen magnetischen Schlaf. Träumte, ich säße in einer Kinderoper. Da rief mich die Goldmarie an und sagte, sie würde mich in einer halben Stunde abholen. Ich ging schon hinaus und kaufte Kinderopernkuchen bei einem fremden Mann. Da kamen zwei Frauen: eine weißhaarige mit hellen Augen und eine dunkle, sonderbare, hexenhafte, vor der ich Angst hatte. Ich erklärte dem Mann, dies wären die Mutter und die Schwester der Goldmarie, wobei ich die Weißhaarige für die Mutter hielt. Ich sagte, die Weißhaarige wäre die Gute und die Dunkle die Böse. Ganz im Gegenteil, sagte der Mann.

Ich erwachte und konnte mich nicht bewegen. Versuchte, aus dem Leib zu fahren. Auch das mißlang. Also plagte ich mich weiter mit ihm ab. Meine Beine waren tabakfarbene Formen, innen hohl, scharf nur die Umrisse. Ich konnte sie nicht heben. Endlich gelang es mir, mich zu bewegen. Ich rief die Goldmarie an und beschrieb Mutter und Schwester. Im Gegenteil, sagte sie. Die Weißhaarige ist meine Schwester, die Dunkle meine Mutter. Und genauso schauen sie aus!

Rindlberg, 30. Dezember 1985

Heute nacht zweimal fast erstickt. Dazwischen träumte ich eine Reise, auf der ich Gottfried und mein ganzes Gepäck einbüßte. Ohne Mann, ohne Koffer, ohne Geld kam ich in einer fremden Stadt an, und ich hatte dort kein Quartier. Legte mich in eine sehr hübsche Straßenbahn, sie erinnerte an alte Reisekaleschen, schlafen. Doch sie fiel in der Mitte in zwei Waggons auseinander und raste in den Abgrund mit mir. Im letzten Moment konnte ich sie noch stoppen.

Als ich verzweifelt durch die Stadt irrte, begegnete ich Jörg

Mauthe. Er hatte wieder sein dunkles Haar, war etwas verändert, doch nicht mehr krank. Erleichtert gestand ich ihm meine Situation. Er nahm mich mit in den unteren Teil der Stadt. Auf einem tiefer gelegenen Platz war ein Karussell mit kleinen Wagen, die sich nicht horizontal, sondern vertikal drehten. Ich stieg in den linken vorderen Wagen; er trug einen geschriebenen Namen: »Auferstehung«. Da rief Jörg mich von hinten an und wies mir einen Platz in einem anderen Wagen mit dem Namen »Mißtrauen« zu.

Die fremde Stadt, in der ich ankam und hatte alles verloren – ist sie auf der anderen Seite?

Goldmarie ist eine Freundin, und ich scheine ihr zuerst auf der Rückseite meines Bewußtseins und erst viel später in der sogenannten Wirklichkeit begegnet zu sein. »Wir kennen uns«, sagte sie. »Wir führen die Toten hinüber.« Das klingt ungewöhnlich, weil es ungewohnt ist. Aber meine eigenen Träume und Erinnerungen bestätigen, daß wir auch außerhalb der vertrauten Existenz existieren. Daß ich ein Psychopompos bin, ist nicht erstaunlicher als daß ich mich kämme, Bücher schreibe, telefoniere. Wir halten das, worauf wir unsere Aufmerksamkeit richten, für real und alles andere für Lug und Trug. Vielleicht sollten wir lernen, den Radius unserer Aufmerksamkeit zu vergrößern?

Jörg Mauthe lag zur Zeit meines Traums, dem andere Träume von ihm vorangingen und folgten, schon im Sterben. Als ich ihm diesen erzählte, war er empört. Nein, nie hätte er mich aus dem Gefährt der Auferstehung in das des Mißtrauens gewiesen! Wirklich nicht? Wir wissen nicht, wer wir wachend sind, und wir erkennen uns nicht im Traum. Erscheinen wir einander bei Tag anders als in der Nacht? Sind wir die gleichen, sind wir es nicht? Verwandeln wir mit geschlossenen Augen uns selbst in fremde Gestalten, und mit offenen nicht? Beginnt die Welt erst jenseits unserer Lider und ist, was wir diesseits sehen, nicht Welt, sondern – ja, was?

Demnächst heißt Jörg Mauthes letztes Buch, das er am 8. Juli 1985 mit den Worten »Demnächst werde ich sterben« begann.

In seinem ersten, *Die große Hitze*, komme ich als die Norne Atropos alias Elisabeth von Atropijan vor. Atropos, die Unabwendbare, die den Lebensfaden durchschneidet. Habe ich es zwölf Jahre später geträumt oder getan?

»*Was* ist Mauthe«, schreibt er im August, »Individuum oder Gattung?«

Bin ich der einmalige, der unverwechselbare Mauthe, den es zwischen Urknall und Kältetod nur ein, nur ein einziges Mal gibt? Oder bin ich der Mauthe, der in anderer Gestalt und unter anderem Namen in jeder Kommunität, jeder Ratssitzung, jeder Familie oder Loge existiert? Bin ich ein sich ständig Wiederholender, der auftritt, sobald eine bestimmte, vielleicht seltene, wahrscheinlich aber doch eher häufige Konstellation sich bildet? Oder bin ich eine Kombination von beiden, einmal dieser und ein anderes Mal jener?

Die Hoffnung spricht für die zweite Variante, denn sie bedeutet so etwas wie Unsterblichkeit; die Wahrscheinlichkeit spricht für die erste, die Lebenserfahrung für die dritte. Aber jede Antwort auf diese Frage erzwingt den Schluß, daß das Leben selbst nicht einsichtbar ist; ob es einer nicht einsehbaren Bestimmung folgt, ist eine andere Frage, aber die wäre an einen allfälligen Glauben zu stellen.

Also wird niemand, auch Mauthe nicht, je erfahren, wer Mauthe war, denn von jedem Betrachtungspunkt aus und zu jedem Zeitpunkt war er ein ganz anderer, obwohl er sich doch seltsamerweise nie sehr verändert hat.«

Rindlberg, 7. Jänner 1986

Eben, 17 Uhr 50, geht Gottfried in die Stube – und da entsteht vor ihm eine kleine schwarze Katze und läuft zum Kachelofen. »Wui Wui?« frage ich. »Nein«, sagt er. »Kleiner.«

Rindlberg, 12. Jänner 1986

Träumte heute nacht, ich wäre mit drei Katzen (im Traum waren sie manchmal Vögel im Käfig) bei Igor und seiner Schwester (nicht Memi! Eine Blonde, Mütterliche) eingezogen. Schlief in einer kleinen Kammer. Aber dann kam Igors Braut, die Tochter des Schlächters. Ich tilgte alle meine Spuren, verbarg mich. Trotzdem begegnete ich ihr. Verstellte mich und tat, als wäre ich nur das Dienstmädchen. Obwohl niemand es von mir verlangte, wollte ich mit meinen Tieren wieder ausziehen. Doch wohin? Da fiel mir meine andere, jenseitige Wohnung ein. Aber ich hatte die Adresse vergessen, besaß den Schlüssel nicht mehr. Igor versprach, den Schlüssel zu finden und mich hinzugeleiten.

Wien, 18. Jänner 1986

Im Traum schreibe ich eine Oper über einen geflügelten Affen, der im Kahn über einen See rudert. Im Kreis um den See sitzt das Publikum und ringsum lauter Ungeheuer und Fabeltiere.

Wien, 19. Jänner 1986

Im Traum bin ich schon am anderen Ufer eines breiten Stroms. Da bemerke ich, daß Gottfried, noch herüben, sich voll bekleidet ins Wasser stürzt und mit dem Gesicht nach unten versinkt. Eilends überquere ich den Strom, um ihn zu retten – und wache auf.

Wien, 22. Jänner 1986

Im Traum schleudert ein junger Mann voll Zorn und Verzweiflung einen großen prächtigen Blumenstrauß von sich. Gleich darauf steht ein Knabe am Straßenrand und wirft weinend kleine Blumen in den Rinnstein. Die doppelte Szene wiederholt sich dreimal. Anschließend befinde ich mich mit Gottfried auf der Fahrt ins Waldviertel, doch auf halbem Weg ist unser Auto plötzlich kaputt, und wir müssen zu Fuß weitergehen.

Rindlberg, 30. Jänner 1986

Als ich gestern mittag bei Jörg Mauthe anrief, sagte mir seine Frau Ditta, es ginge ihm schlecht.

Am späten Nachmittag badete ich. Ich hatte den Wunsch nach einer geradezu rituellen Reinigung. Abends um acht Uhr aß ich eine Sonne aus süßem Teig, noch ein Weihnachtsgeschenk, und dachte dabei, ich verschlänge sie, damit sie in Jörgs Mondwelt leuchtet. Ich hatte längst brieflich und telefonisch mit ihm ausgemacht, daß wir jeden Donnerstag die Plätze tauschen würden. Sein Geist führe dann in mich und meiner in ihn. So hätten wir beide Anteil an der oberen und unteren Welt. Diese Idee überfiel mich plötzlich, als ich eines Abends in Wien noch spät im Bett las. *Donnerstag* schrieb ich auf die erste Seite des Buchs. Und warum Donnerstag? Das wußte ich nicht. »Einverstanden«, sagte Jörg, als ich ihm diesen Vorschlag am nächsten Vormittag machte. Später forschte ich dem Donnerstag nach. Er ist Donar oder Thor geweiht, dem Donnergott, Sohn des Totengotts Odin und der Jörd, die keine andere ist als die personifizierte Erde. Und Donnerstag liegt genau in der Mitte zwischen dem Totenreich des Vaters und der mütterlichen Erde. Dies alles habe ich Jörg noch erzählt und geschrieben. »Vergiß den Donnerstag nicht!«, begann ich meinen letzten Brief.

Nun, Mittwoch am späten Abend, es war etwa 11 Uhr, vielleicht schon ein paar Minuten früher, richtete ich mein Herz auf den sterbenden Jörg und gab ihm spontane Anweisungen. Wie das tibetische Totenbuch, aber auch andere. Ich hab versucht, ihm den Weg über die Schwelle zu leuchten. Ich hab versucht, in aller Sanftheit seinen Leib von ihm abzustreifen. Ich hab ihn getröstet und ermutigt. Dann, plötzlich, sagte ich: »Ich, Atropos, schneide den Faden deines Lebens ab. Jetzt!« Und fühlte, wie eine große Kraft mich vibrierend verließ.

Beim Aufwachen heute morgen hatte ich aber das Gefühl, es ginge ihm gut. Dachte, er lebte und hätte eine friedliche Nacht gehabt.

Zu Mittag erfuhr ich, daß er eine Stunde vor Mitternacht starb. Um 11 Uhr, das war genau die Atropos-Zeit ... (Und genau die Mitte des Vollmonds!) War ich also, wie ich es ihm versprochen habe, in der Todesstunde bei ihm?

Rindlberg, 31. Jänner 1986

Gestern abend gab ich ein kleines Fest für Jörg. Eine Kerze, zwei Gläser, eine Flasche Sekt. Ich war so sicher, daß er kommen würde! Aber er kam nicht. Oder doch? Das kleine Fest begann um zehn Uhr. Ich starrte in die Kerzenflamme, und auf einmal war es halb elf. Ist in der Zeit, die mir fehlt, etwas geschehen?

Ich bin eine Maske, die ich abnehmen kann

Diesen Satz fand ich eines Morgens neben meinem Bett, also muß ich selbst ihn nachts notiert haben. Im letzten Winter, denn darunter steht, auf dem gleichen Blatt, *Mond und Eule*.

Jörg Mauthe erzählte mir, und wir telefonierten damals fast täglich, sein geheimer Name wäre *Mond*. Wir waren kein Liebespaar, nie, und eigentlich zog erst sein Tod mich an wie ein Magnet. Wie vielleicht der Mond die Eule anzieht, und die Eule wollte, daß der Mond ihr sein Geheimnis verrät. Aber das Geheimnis des Mondes ist die Sonne. Sollte das Geheimnis des Todes das Leben selbst sein?

»Leben und Tod«, notierte ich in einer der folgenden Nächte, »sind alternierende Zustände des Bewußtseins; unsere beiden Hemisphären empfangen alternierende Zustände der Welt.«

Gibt es einen Zustand, der beide, ja überhaupt alle Zustände einschließt? Ich weiß es nicht und könnte es trotzdem beschwören. Diesen Zustand versuchen wir zu erlangen, und wenn wir ihn erlangt haben, sind wir erlöst.

Aber die Masken, die wir tragen und fallen lassen, was wird aus ihnen? Was ist aus Jörg Mauthe geworden oder Igor Caruso, der Jugendliebe, dem vor fünf Jahren verstorbenen Freund?

In meinem ersten Theaterstück, den »Salzpuppen«, schrieb ich: »Hinter der Maske ist *nichts*.«

Rindlberg, 1. Februar 1986

Gestern beim Einschlafen bat ich Jörg, mich im Traum zu besuchen. Vorher zündete ich eine Kerze für ihn an. Mir träumte, ich hätte ein neues, fremdartiges Telefon, mondweiß. Aber ich verstand noch nicht, damit umzugehen. Dann fuhr ich mit einem Fremden im Auto, im Traum war er mein Freund, Post- und Paketbote; wir sprachen lange über seinen Beruf. Ich erzählte ihm, ich wäre eigentlich gern Briefträger geworden. (Stimmt auch in der Realität.) Dann besuchte ich meine tote Mutter. Ich glaube, ich zog eine graue Jacke von ihr an. Auch meinen toten Vater besuchte ich. Da, während ich in seinem Zimmer stand, rief mein Freund, der Postbote, an. Ich unterbrach aber sehr bald das Gespräch und eilte ans Fenster. Denn am Himmel flogen dröhnend zwei riesengroße Vögel, ich hielt sie für Greife, vorbei.

Wenn Jörg mich im Traum besucht hat, so weiß ich es nicht.

Rindlberg, 3. Februar 1986

Soeben, um 16 Uhr 10, kommt Gottfried in mein Schreibzimmer, wo ich gerade das *Nächtebuch* korrigiere, exakt die Stelle, wo Gottfried die jenseitige Musik hört, in den Fahnen Seite 182, Text: »... nicht ohne Entsetzen hörte ich einen Ablauf eines Musikstückes, von dem ich nicht wußte, daß es es geben kann. Denn diese Schönheit war so, daß sie den, der sie hört, verbrennt. Dieses Verbrennen aber war die höchste Gnade.« Also – gerade da kommt Gottfried zu mir und sagt ...

Gottfried: »Hast du Besuch?«
Ich: »Nein. Wieso?«
Gottfried: »Da ist doch eben ein Mann gekommen.«
Ich: »?«
Gottfried: »Ich hab ihn vom Fenster aus gesehen. Er ging ins Haus.«
Ich: »Die Tür ist ja zugesperrt.«
Gottfried: »Nein, an der Tür vorbei. Direkt in dein Zimmer.« (Zeigt auf die ins Freie führende, zur Zeit aber ebenfalls verschlossene Südtür meines Schreibzimmers.)
Ich: (alarmiert) »Wie sah er aus?«
Gottfried: »Mittelgroß, kurzer dunkler warmer Überrock. Ging langsam die Hausfront entlang und zu dir hinein ...«
Gottfried und ich: (gleichzeitig) »Mauthe!«
Gottfried: »Zünd eine Kerze an.«
Ich: »Ja. Er hat es versprochen. Und jetzt ist er wirklich da!« (Ich zünde eine Kerze an, sehr glücklich.)
Da läutet das Telefon. Eine erregte Frauenstimme: »Ist dir etwas geschehen?«
Ich: »Wieso?«

Stimme: »Ich hab so eine Angst um dich gehabt ...«
(Jetzt erkenne ich die Stimme, es ist Martha Sills-Fuchs)
Ich: »Nein, es geht mir gut. Wir haben gerade Besuch. Ein Toter ist bei uns.«
Martha: »Ein Toter ... Jörg Mauthe?«
Ich: »Ja.«
Martha: »Aber du warst in meinem Zimmer. In den letzten drei Stunden. Dreimal. Du kamst durch das Fenster, wo mein Schreibtisch steht. Und jedes Mal hast du deine Hand nach mir ausgestreckt. Ich hab sie auch immer genommen.«
Ich: »Wie hat sie sich angefühlt?«
Martha: »Ganz normal. Du hast überhaupt sehr gut ausgeschaut.«

Ich erzähle ihr, daß ich beim Korrekturenlesen des *Nächtebuchs* immer wieder auf sie stieß, also an sie denken mußte. Sie beklagte dann noch Jörg Mauthes Verlust.

»Ich hab ihn gekannt«, sagte sie. »Ich war einmal auf der Mollenburg, da lief laut schreiend ein Ganauser (= Gänserich) auf mich zu und biß mich ins Bein, daß das Blut spritzte, und hinter dem Ganauser lief ein Mann, den ich noch nicht kannte; das war der Stadtrat Mauthe. Ich hab ihm gesagt, wenn das sein Ganauser ist, soll er ihn in sein Burgwappen nehmen, und da hat er sehr gelacht.«

Ich bin *so froh*, daß Jörg gekommen ist!!! Ich aber kam später noch viele Male durchs Fensterglas zu Martha Sills-Fuchs.

Wien, 6. Februar 1986

Zwei Träume (?) heute nacht:
Im ersten Traum eine Botschaft von Jörg, aber ich kann sie nicht dechiffrieren. Noch in der Nacht war ihr Sinn erleuchtend und beglückend. In der Erinnerung, also schon Übersetzung, scheint es mir nun, als wäre da so etwas wie eine Öffnung in seinem Körper gewesen, seinem liegenden Körper, aus dem etwas kerzengerade aufstieg.

Der zweite Traum: Jörg ist Aristokrat, ein Graf. Er sieht wieder viel jünger aus. Sein Haar ist leuchtend und sehr dicht.

Links und rechts von ihm formieren sich zwei lange Reihen von gleichfalls Aristokraten. In einer einzigen geraden Linie gehen sie alle, Jörg in der Mitte, nebeneinander davon. Ich sehe sein Haar aufglänzen. Es ist heller als früher, braun mit einem Goldschimmer. Jörg geht, um Minister zu werden. (Der Dienende? In seinen zuletzt erschienenen Roman *Die Vielgeliebte* schrieb er mir die Widmung: »In den Ländern hinter den Spiegeln sagen wir einander servus und serva.« Unterrichtsminister, wie es mir im Traum – oder der Erinnerung an den Traum? – schien. Also der Diener, der uns belehrt? Im Traum standen wir – Gottfried, ich selbst und eine alte Dame außer Atem, der Gottfried seine Hand aufs Herz legte, sowie vertraute Freunde – unter unserem Haustor in Wien (doch war es das Haustor meiner ersten Ehe) und schauten ihm nach.

Heute nachmittag um vierzehn Uhr werden wir ihn bestatten.

Wien, 7. Februar 1986

Als ich gestern mit Gottfried zur Dorotheerkirche ging, sagte ich: »Heute ist wieder Donnerstag! Da tauschen Jörg und ich unsere Plätze. Heute ist er ich ...«

Gleich darauf trafen wir auf dem Graben (aber ich sprach zu Gottfried in der Singerstraße, und außer ihm kann es keiner gehört haben) den Maler Zeller-Zellenberg, der auch zur Stadtkirche in der Dorotheergasse ging, wo Jörg aufgebahrt war. Wir saßen dann nebeneinander im Kirchengestühl. Auf einmal sagt Zeller-Zellenberg zu mir: »Ich hab ihn gesehen. Mauthe kam direkt auf mich zu, soeben. Er hat mich angeschaut und gesagt: ›No, Baron, was sag'n S' jetzt?‹« Ich fragte, wie er ihn sah.

Zeller-Zellenberg: »Jemand, irgend jemand, der gerade auf uns zukam, verwandelte sich plötzlich in ihn. So geht das.« Dann, unvermittelt, zu mir: »Und jetzt spreche ich zu Ihnen, Jörg Mauthe ...« (und, mich fixierend) »Denn Sie sitzen jetzt als Jörg Mauthe neben mir.« Dann sagte er noch ein paar Sachen, die ich vor Überraschung vergessen habe. Da erzählte ich ihm, daß ich vielleicht eben der Mauthe war und daß wir vereinbart haben, uns jeden Donnerstag ineinander zu verwandeln. »Natürlich«, sagte Zeller-Zellenberg. »Er sitzt jetzt in Ihnen und schaut sich durch Ihre Augen sein Begräbnis an.«

Nachher, im *Wiener Journal*, fragte ich Erhard Busek, ob Jörg einen Überrock, wie Gottfried ihn beschrieb, hatte. Erhard sagte nein.

Wien, 8. Februar 1986

Rief heute vormittag Ditta an, die Witwe von Jörg, und fragte wegen des Überrocks. Ja! Jörg hatte einen solchen; dunkelbraun. Genau, wie Gottfried ihn beschrieb. »Aber er hat ihn schon seit Jahren nicht mehr getragen«, sagte Ditta. »Er hängt im Schrank.« Der Beweis! (Als hätte es eines solchen bedurft ...)

Wien, 13. Februar 1986

Gestern, um etwa acht Uhr abends, Gottfried schlief schon, saß ich auf meiner Bettkante und dachte, ich zieh mich noch nicht aus, ich wart auf den Anruf. Hatte dabei gar keinen zu erwarten. Gleich darauf klingelt das Telefon und Arnold Keyserling sagt, ich soll sofort kommen, er hat schon den Tisch für mich und Gottfried (aber der schlief ja) gedeckt. Also ich kam. Eine Runde von, ich glaube neun Personen. Lauter Freunde, auch wenn ich viele nicht kannte.

Ich erzählte von Jörg. Arnold ist so eine Art Jenseits-Telefon; also bat ich um ein Gespräch mit Jörg. Hier ist es: (Original vorhanden, Arnold schreibt automatisch, ohne auf das Papier zu schauen; zumeist unterhält er sich während des Schreibens über völlig andere Dinge.)

Jörg Mauthe in der Nacht vom 12. auf den 13. Februar durch *Arnold Keyserling* an *Lotte Ingrisch*:

Lotte: »Sind wir in Kommunikation?«
Jörg: »Ja.«
Lotte: »Bist du glücklich?«
Jörg: »Ja.«
Lotte: »Kommst du wieder?«
Jörg: »Nein.«
Lotte: »Besuchst du mich auch nicht mehr in Rindlberg?«
Jörg: »Doch. Rindlberg habe ich gern.«

Lotte: »Kann ich dir eine Freude machen?«
Jörg: »Ja. Du mußt mir jeden Dienstag eine Karte schreiben.«
Lotte: »Tauschen wir donnerstags die Plätze?«
Jörg: »Ja.«
Lotte: »Wieso registriert mein Normalbewußtsein es nicht?«
Jörg: »Weil du nicht den Antrieb findest, das zu tun, was ich hätte tun sollen. Und ich verstehe auch, daß das nicht deine Aufgabe ist. Hier sieht man die Dinge aus einer ganz anderen Perspektive. Was wichtig schien, ist es nicht mehr. Was wichtig ist, bist du. Du hast die Möglichkeit, aufgrund deiner Einfachheit Wahrheiten mitzuteilen, die ich immer gewollt habe zu sagen, aber wo mir der Mut fehlte, weil ich an der Bildung festhielt. Jetzt weiß ich, Bildung ist unsicher. Und so will ich dir fortan helfen, dir alles sagen, was notwendig ist, aber es wird nicht in meinem Namen, sondern als eigene Eingebung erscheinen. Hier gibt es keinen Unterschied zwischen Persönlichkeiten; die Unterscheidung zwischen Menschen ist unsinnig und falsch. Liebe ist das einzige, was wahr ist. Du hast mir geholfen, den entscheidenden Schritt zu tun, nämlich die Verbindung mit mir aufrechtzuerhalten. Der Himmel gibt Österreich jetzt viel, es ist aufgespart für unglaubliche Vorkommnisse, die aber nur auf absurde Weise sich vollziehen. Und diese Absurdität in eine echte Waffe zu verwandeln, die die Menschen ins Herz trifft, das ist mein Vermächtnis an dich. Ich bleibe dein Freund, bis du auch kommst.«

Und erst jetzt merke ich, daß dieses Gespräch genau in der Stunde stattfand, in der Jörg vor zwei Wochen starb. In der Nacht von Mittwoch auf Donnerstag ...

Rindlberg, 16. Februar 1986

Heute nacht war ich wieder in der Wasserstadt. Sie liegt mitten im Meer. Herrlich! War in einem alten grünen Haus. Ringsum nur Wasser, reißend und klar. Aber dann ging ich hinein, angekleidet, und es wurde trüb, tief, die Flut riß mich fort. Auch andere Menschen, lauter Kinder, kämpften verzweifelt, um ans Ufer zu kommen. Es gelang mir. Ich traf zwei winzige Männer.

Fragte, wie ich wieder zu dem grünen alten Haus käme. Da gingen sie mit mir zum Fenster eines gleichfalls sehr kleinen Hauses (mein grünes war nicht klein, nur die Männer), in dem ein Kaktus stand. Der eine rieb den Kaktus ein wenig, und sie guckten hinein. Im Kaktus erschien deutlich mein Zauberhaus, und sie führten mich hin.

Am Morgen fahren wir nach Rindlberg; da finde ich eine Karte von der Goldmarie. Das Bild auf der Karte heißt »Morgens am Fluß«. Ein alter kahler Baum ist darauf und der Fluß auch, in einem sonderbaren Licht. Auf der Karte steht, sie wäre in Hallein, »darum haben wir uns noch nicht wiedersehen können. Aber ich war bei Dir und Euch, zusammen mit dem lieben Jörg Mauthe. Hier hab ich auch Freunde von ihm getroffen.«

Ich muß das klären, sobald ich sie sprechen kann! Völlig verrückt. Denn gleich neben der Karte lag ein Brief von der Sills-Fuchs. Da waren sie ja, alle am Spuk vom 3. Februar Beteiligten! Noch dazu stand auf Goldmaries Kartenbrief, von der Post gedruckt, »Keltenstadt Hallein«, und die Sills-Fuchs beschrieb in ihrem Brief Gottfrieds keltische Vergangenheit als ein gewisser Prinz Moling. Ich ging zu ihm und las ihm das vor, und er sagte: »Mir wird diese Omnipräsenz immer klarer. Alles ist mit allem verbunden.« So ist es!

Zu Mittag schlief ich eine Stunde und träumte – oder war es gar kein Traum? –, ich gäbe Arnold Keyserling Jörg Mauthes Rufnummer.

Rindlberg, 17. Februar 1986

Heute nach dem Mittagessen schlief ich, statt wie gewöhnlich ganz kurz, von zwölf bis drei Uhr auf der Liege. Ich reiste im Traum mit, ich glaube, Flugzeug, Schiff und zuletzt Eisenbahn. Gottfried und die Katze Dudu (Dudelinchen) waren dabei.

Wir fuhren in einem Zug, der sich nach rückwärts bewegte, und zwar so erschreckend, daß ich Angst bekam. Also er fuhr nicht vor, sondern in unheimlichen Rucken zurück. Ich saß neben der Tür, und sie sprang immer wieder auf. Ich versuchte mehrmals, sie zu schließen, und wurde jedes Mal fast hinausgeschleudert. Endlich gelangten wir auf eine Insel und stiegen in einem Hotel ab. Allein im Hotelzimmer, wollte ich duschen.

Aber dabei wurde das ganze Zimmer überflutet. Aus allen Hähnen floß Wasser, und ich konnte es nicht stoppen. Vergeblich kämpfte ich mit Tüchern gegen die Wassermassen an. Dann wurde ich so schwach und elend, daß ich in einen Sessel sank. Ich dachte, dies wäre das Ende.

Gottfried kam und ich versuchte, ihm zu sagen, daß ich sterbe. Aber ich konnte die Worte nicht mehr formulieren, und er ging wieder. (Er war wirklich da, wie er mir nach dem Aufwachen sagte, und ich wäre völlig leblos gewesen und ohne jede Ausstrahlung.)

Dann rief ich jemanden zu Hilfe, dessen Namen ich nur in diesem Zustand kannte, und danach Martha, die alte Keltin. Da kam ein alter Mann mit weißen Haaren, ein Heiler, ins Zimmer. Er sagte, er wäre der Mann mit den tausend weißen Haaren. Er war sehr groß. (Eine Mondgottheit? Der Mond selbst?) Er sagte, ich müßte keine Angst haben, mein Leiden wäre nicht körperlich. Er behandelte mich, aber da läutete das Traumtelefon. »Lotte«, sagte eine vertraute männliche Stimme, »ich bin unterwegs zu ...« Aber ich wußte nicht, wer er war, und fragte nach seinem Namen. Da wachte ich auf. Eine Erinnerung an Goldberg? Und ich blieb lange unfähig, mich zu bewegen.

Ja, vor dem Einschlafen dachte ich, die linke Hirnhemisphäre korrespondiert mit unserer normalen Welt, und in der rechten erscheint die Anderswelt, die wir auch Totenreich nennen. Und wieder beschäftigte mich das Problem, die Gleichzeitigkeit beider Welten zu erfahren. Und daß beide in unseren Träumen kommunizieren.

Rindlberg, 20. Februar 1986

In diesem Leben, dem sogenannten Diesseits, erschaffen wir unsere jenseitige Welt, in die wir durch unseren Tod eingehen. Vice versa? Und ad infinitum?

Es hat keinen Sinn ...

»Es hat keinen Sinn, Tote dort zu suchen, wo sie uns verließen. Sie sind, wie wir alle, ein Fluß. Suchen wir sie in neuer, verwandelter Gestalt!«

Auch ein Satz vom nächtlichen Notizblock. Und so denke ich jetzt, daß Mauthe dieser fremde Postbote in der Nacht des 1. Februar war, und auch die beiden Greife am Himmel, Symbole der Sonne. Zwei, weil unsere doppelte Natur im Tod eindeutig wird? Und während ich dies niederschreibe, erscheint es mir fast wie ein Verlust. Schöne Gegensätzlichkeit, wunderbare Ambivalenz!

Mit der Sprache der Träume ergeht es uns wie mit jeder anderen Sprache. Man lernt sie, indem man sie spricht. Und der Grad des Verstehens mag der Grad unserer Aufmerksamkeit sein. Zu verschiedenen Zeiten werden wir, und ich spreche aus Erfahrung, Träume sehr verschieden deuten. Tun wir das nicht auch mit unserem Leben?

Martha Sills-Fuchs ist eine neunzigjährige Keltenforscherin, und wenn ich sie beschreiben sollte, würde ich sagen, daß sie eine bäuerliche Löwin ist. Obwohl Löwinnen, und gar bäuerliche, wahrscheinlich nicht fließend Chinesisch sprechen, mit der Quanten- und Relativitätstheorie ebensowenig vertraut sind wie mit druidischer Weisheit und lebendigen Gespenstern bestimmt nicht die Pfote geben. Oder doch? Ach, was wissen wir schon von Löwen!

Wilfried Zeller-Zellenberg ist ein österreichischer, ein sehr österreichischer Maler und Graphiker, hintergründig, ironisch und voll skurriler Fabulierkunst. In seinem Atelier zwischen Schwedenbrücke und Urania scheint Kaiser Franz Joseph der Hauptmieter zu sein, so erfüllt ist jeder Winkel von ihm. Liebevoll bekränzt steht auch seine Statue da. Angeblich ist Zeller-Zellenberg ein Sohn des Kaisers. Nun ja, ein ziemlich später Sohn. Aber möglich wäre es, und ähnlich schaut er ihm auch.

Dr. Erhard Busek ist der schwarze Bürgermeister, vorläufig also der Vizebürgermeister von Wien. Einer der ganz wenigen wirklich interessanten Politiker; die Nase in der Zukunft, das Herz grün und den Kopf voller Ideen. Er ist brillant, liberal und mit Humor gesegnet. Ja, und er war Jörg Mauthes bester Freund.

Arnold Keyserling, Professor und Graf, war schon ein New-Age-Lehrer, als es noch gar kein New Age gab. Er ist Religionsphilosoph, Schamane und ein fröhlicher Weiser.

Hat Jörg Mauthe uns wirklich besucht? Also obwohl ich ihn selbst nicht sah, zweifle ich nicht daran. Daß die Wirklichkeit in unserem Kopf zensuriert wird, ist bekannt. Gottfried, mein Mann, scheint den Zensoren (der Biologe spricht von inneren Filtern) schon weitgehend entronnen zu sein.

Aber wieso kam mein Geist durch Marthas Fenster, das vis-à-vis vom Wiener Zentralfriedhof liegt, und gleich dreimal? Gottfried sagt, ich fuhr aus Angst vor dem Toten aus dem Leib und flüchtete zur Sills-Fuchs. Nein, das stimmt nicht. Warum sollte ein Geist den anderen fürchten?

Wäre es möglich, daß der unsichtbare Mauthe erst sichtbar wurde, als ich verschwand? Ich verlasse mich selbst, überlasse ihm das Feld meiner Energie, und *niemand* sitzt, Korrekturen lesend, am Schreibtisch. Mein Geist, wer oder was immer das sein mag, verflüchtigt sich. Mein Leib, wer oder was immer das sein mag, verwandelt sich in den toten Freund. Drei Momente lang verkörperte ich ihn, wie der Schauspieler eine Rolle verkörpert, Werner Krauss, zum Beispiel, den König Lear.

Ist der Geist die Rolle, der Spieler unser Leib? Sprang ich lebendig ein für den Toten? Und welche Toten springen für mich ein, wenn ich im Traum erscheine, in der Unterwelt? Vielleicht tauschen nicht nur Jörg und ich jeden Donnerstag, vielleicht tauschen wir alle fortwährend unsere Plätze?

So rasch, so flüchtig wie der Wimpernschlag unserer Augen. Wir bemerken es nicht einmal ...

An diesem Spuk, diesem jenseitigen Spiel, waren mindestens fünf Personen beteiligt: Jörg Mauthe, Gottfried, ich selbst, Martha Sills-Fuchs und die Goldmarie (Maria Vest-Rusan, auf sie komme ich noch zurück).

Wählte Jörg Mauthe absichtlich eine so komplexe, komplizierte Form der Erscheinung? Ja, ich bin davon überzeugt. Fünf Personen machen ein Ereignis objektivierbarer als zwei, noch dazu, wo eine von beiden durch Tod so etwas wie ungültig wurde. Also, trotz scheinbarer Einfachheit eine sehr intellektuelle Geistererscheinung.

Aber der Stadtrat von Wien war eben ein Intellektueller.

Pfingstsonntag 1986

Vier sonderbare Träume in letzter Zeit:

Der Traum von den Hunden. Ich erinnere mich nur mehr, daß ich in meinem (fremden) Haus am ebenerdigen Fenster stand. Ein Hund war bei mir. Und ein anderer, gleicher, zog furchterregend draußen an mir vorbei. Wolfshunde.

Der Traum von meinem Lamm. Eine Wiese voll weißer Lämmer. Eines davon, ein ganz junges, gehört mir. Es wird von einem Ziegenbock erwürgt.

Der Traum, in dem ich mit meiner toten Mutter zu meiner toten Großmutter ging. Ihre alte Wohnung in Margareten schien nun größer zu sein, sie selbst fast unverändert, obwohl sie leiser und langsamer sprach. Aber in ihrer Wohnung entdeckte ich zum ersten Mal einen hohen braunen Gegenstand, in dem etwas Geheimnisvolles eingeschlossen war. Entzückt nahm ich ihn vom Nähtischchen und betrachtete ihn.

Letzter Traum heute nacht: Ein noch ganz junger Schwan, weiß und grau, kam zu mir. Eine fremde Frau mit dunklen Haaren (ich selbst, glaube ich) versuchte, ihm in die Augen zu schauen. Dreimal. Und immer wieder senkte sie ihren Blick vor dem Schwan. Ich schob ihm drei braune Kügelchen in den Schnabel, wohl eines für jeden mißlungenen Blick. Dann sah ich ihm in die Augen, zum ersten Mal! Es gelang, und ich streichelte sein Gesicht. Es war flaumig und weich. Der kleine Schwan blieb, bleibt bei mir.

Fronleichnam 1986

Ich habe die Schlüssel gefunden! Die Schlüssel zur Wohnung im jenseitigen Wien. Im Traum ging ich mit Gottfried hin. Von den Fenstern aus sah man – das Meer. Nichts als das uferlose Meer und den Himmel. Im Herzen des alten Wien, und trotzdem sah man kein Haus mehr, keine Stadt. Es war so schön! Gottfried war fast einverstanden, in beiden Wohnungen zu leben.

(Ein paar Nächte vorher träumte ich von einer Wohnung, aber es war nicht die meine, wo ich auch aus dem Fenster schaute, einem Dachgiebelfenster, und gleich unter dem Fenster begann das Meer. Auch dieser Traum war beglückend.)

Ich strahle mich aus

»Liebe = Strahlung. Wenn ich mich ganz in Liebe verwandle, bin ich von nichts mehr getrennt. Ich strahle mich *aus*.«

Wieder eine Notiz der Nacht. Ich werde wohl alle Texte des Tages mit einer solchen beginnen. Und weil ich mich wirklich ausstrahlte, unterließ ich die Führung meines Nächtebuchs drei Monate lang. Da habe ich nämlich etwas ganz anderes gemacht.

Hätte mir vorher jemand gesagt, ich würde mich plötzlich hinsetzen und ein Buch über Schule und Erziehung schreiben, ich hätte es nicht geglaubt. Und dann, ohne jede Vorwarnung, ist es passiert. Ich entwarf ein radikal anderes Programm für die zukünftigen Kinder. Jörg Mauthe habe ich diesen Entwurf noch gezeigt, bevor er starb. Und stellte mit einem gewissen Frösteln fest, daß er eine strenge, ordentliche und humanistische Erziehung vorzog.

Dafür gewann ich unseren Unterrichtsminister, das Österreichische Fernsehen und einen Verleger als Bundesgenossen. Ich betrieb alle Vorbereitungen in hellwacher Trance, und in hellwacher Trance schrieb ich fließend mein Buch. Ich las es selbst zum ersten Mal mit den Fahnen. Und war überrascht. Da hat mir, so erkannte ich, jemand geholfen! Und ich ahne schon, wer.

Es wurde ein politisches, von revolutionärer Liebe zur Gesellschaft erfülltes Buch. Dabei habe ich mich nie um Politik und Gesellschaft gekümmert. Nun ja, dachte ich. Ich komme eben in die nützlichen Jahre.

Nicht nur mein Nächtebuch vernachlässigte ich. Auch meine Dienstag-Karten an Jörg schrieb ich nicht mehr. (Ich: »Kann ich dir eine Freude machen?« Jörg: »Ja. Du mußt mir jeden Dienstag eine Karte schreiben.« Und wenige Tage vor seinem Tod sagte er noch: »Warum schreibst du mir nicht mehr? Damit könntest du mir eine Freude machen.« Aber das habe ich Arnold Keyserling nicht erzählt.)

Ja, ich habe Jörg Mauthe viele Dienstag-Karten geschrieben. Gottfried meinte, ich sollte sie für dieses Buch sammeln. Ich habe es nicht getan. Ich habe sie, die Tinte war noch naß, alle ins Kaminfeuer geworfen. So, dachte ich, kämen sie am schnellsten in der Unterwelt an.

Ob das Feuer nicht wirklich der Bote ist zwischen den Welten? Und nicht Bewahrung, wie wir meinen, sondern Zerstörung die Botschaft befördert? Auch jene Botschaft, die wir selbst sind ...

Also mein Tagbuch, obwohl ich auch in den Nächten daran schrieb, heißt *Schmetterlingsschule oder die Veränderung der Welt im Kopf*. Es erscheint diesen Herbst, auch eine Geistererscheinung, und ich kehre in die Wirklichkeit des Unwirklichen zurück.

Rindlberg, 14. Juni 1986

Träumte heute Nacht, ich bekäme eine Bäckerei und fände ein Rezept für ein besonders gutes Brot. Nächste Erinnerung, unvermittelt:

Ich betrete eine sehr hohe, zum Himmel hin offene Telefonzelle und wähle eine Nummer. Keine Person. Eher ein Programm. Höre ich Musik, Sprache? Gleichzeitig sehe ich meinen Bruder auf dem Pflaster vor der Telefonzelle zusammenbrechen. Er geht immer tiefer in die Knie. Würgt und würgt Erde aus sich heraus. Die Telefonzelle fährt mit mir fort. Gleitet sehr schnell durch die fremde Stadt, ich kann nicht mehr aussteigen. Zuletzt rast sie über eine schier endlos lange Brücke. Der Telefonhörer erhebt sich und schwebt im Tempo der Zelle über mir. Ich bekomme Angst, daß er mir auf den Kopf fällt. Aus dieser großen Höhe würde er mich bestimmt töten. Ich kauere mich auf den Boden, drücke mich an die hintere Zellenwand und halte beide Hände schützend über meinen Kopf. Dabei starre ich fortwährend auf den Hörer in der Luft. Da fällt er auch schon herunter, aber schräg und ins Meer. Ein freundlicher Schwimmer fischt ihn heraus und bringt ihn mir zurück. Überall ist jetzt Wasser und sonst nichts. Ich denke: Wie schön. Sehe einige Badende. Frage, ob das Wasser, das mir sehr klar erscheint, rein ist? Nicht ganz, sagen die Leute, es schwimmen überall Kinderkleider umher.

Die Telefonzelle steht still. Ich steige aus und treffe einen (fremden) Mann, mit dem ich im Traum zur Schule ging. Groß,

Schnurrbart. Ein anderer Mann geht zu einem Telefon im Hintergrund und meldet alles, was ich tue. Ein Spion? Mein eigenes Bewußtsein? »Frau Ingrisch trifft gerade ihren Schulfreund.« »Frau Ingrisch spricht mit ihrem Schulfreund.« Der Schulfreund sagt, er bleibt drei Tage, dann muß er wieder zurück.« Das tue ich auch, und diesmal zu Fuß. (»Frau Ingrisch geht jetzt zurück.« Der Mann spricht mit halblauter Stimme ins Telefon, sein Gesicht erkenne ich nicht, denn er steht mit dem Rücken zu mir.)

Der Weg ist weit, und der Blick von der Brücke ist mir diesmal versperrt. Ich gehe durch einen ganz schmalen Korridor in ihrer Mitte, an zauberhaften Gärten und Häusern links und rechts vorbei. Irgendwann nimmt ein rotes Boot mich auf. Wir sind drei Fahrgäste auf engstem Raum. Ich reite auf dem Boot, die beiden anderen vor und hinter mir. Ich komme wieder auf dem Platz an, wo alles begann. Mein Bruder steht dort. Ich gehe ein paarmal, ohne ihn anzusprechen, an ihm vorbei. Als ich ihn endlich ansprechen will, wache ich auf. Früher Morgen.

Rindlberg, 21. Juni 1986

War heute nacht in lauter a-menschlichen Träumen. Kein Vokabular dafür! Erinnere mich an eine scharfe Bruchlinie zwischen zwei Aggregatzuständen, die ich passierte. Aber es waren keine Aggregatzustände, die ich kenne.

Rindlberg, 25. Juni 1986

Heute Nacht kam ich über Empfehlung von Lambert Binder in ein großes Haus. Lambert selbst und eine mir fremde, stille Frau begegneten mir. Lambert erkannte mich nicht. Ich mußte ihn an mich erinnern. Er zeigte mir Bücher, die er und die stille Frau der mystischen (!) Bibliothek des Hauses entliehen hatten. Es wäre, sagte er, eine sehr schöne Bibliothek.

Ich wurde in ein Zimmer geführt, in dem mich ein fremdes kleines Kätzchen erwartete. Später durchstreifte ich das ganze Haus und die grüne Umgebung, eine parkähnliche Landschaft. Lauter Leute, die ich nicht kannte, bewohnten das Haus. Eine fremde Frau wollte, daß ich ihr Alter errate. Und sie war, ihren Angaben nach, wirklich uralt. Nur, sie sah so jung aus! Ich suchte mein Zimmer, irrte umher und fand es nicht. Endlich wurde ein junger Mann gerufen, der mich hinführte. Mein Zimmer hatte viele verwirrende Vorräume. Die Tür war verschlossen. Der junge Mann holte den Schlüssel von einem hohen Schrank herunter. Während er aufsperrte, hörte ich die kleine Katze schreien. Aber nicht aus Hunger, sie schrie nach mir. Ich freute mich. Das Zimmer gefiel mir sehr, und ich fühlte mich wohl. Durch das Fenster sah ich einen Teich mit rosa Seerosen. Die Seerosen spiegelten sich als rosa Lichter über meinem Bett. Ich war glücklich.

Als ich aufwachte, wußte ich gleich: Das Zimmer liegt nicht in dieser Welt.

Zwei oder drei Nächte vorher träumte ich von einem alten Haus mit Türmen. Es stand an einem elfenbeinfarbenen Teich. Ich überlegte, ob ich es kaufen sollte, denn ich mochte es sehr. Dachte aber, es zahlt sich nicht mehr aus, ich sterbe ja schon.

Wieder ein paar Nächte vorher gab unser scheidender Bundespräsident (Rudolf Kirchschläger) ein großes Fest. Ich war seine Tischdame. Aber mein Stuhl war so hoch, ich schwebte in der Luft, und mir wurde schwindelig. Ich bat, mich auf einen anderen Platz setzen zu dürfen. Aber Kirchschläger holte selbst einen anderen Stuhl, nicht höher als die übrigen, für mich. Ich war froh. Wir hatten einander sehr gern. Er fragte mich, ob ich ein Kind erwarte? Ich flüsterte ihm, meines Todes eingedenk, ins Ohr: »Im Gegenteil!«

Die Grammatik des Zufalls

Eine echte Erkenntnis oder nur die verwirrte Notiz einer Nacht? Wenn aber der Zufall eine Grammatik hat, ist seine Sprache sehr weit vom Chaos der Freiheit entfernt. Dann ist sie in der Ordnung der Freiheit verwurzelt, und wir müssen anders betrachten, was wir tun und was uns widerfährt.

Also ist alles determiniert? Nein; auch die Grammatik ist nicht starr, sondern spiegelt uns wider, wie wir sie widerspiegeln; da wir uns verwandeln, verwandelt auch sie sich oder umgekehrt. Aber nur, wenn wir uns an ihre jeweiligen Regeln halten, können wir miteinander sprechen und einander verstehen.

Im Zufall fällt etwas zu. Eine Tür, eine Falle. Er erweitert uns nicht, sondern schränkt uns ein. Ihm verdanken wir die Gnade oder den Fluch der Gestalt.

Gibt es einen Engel des Zufalls? Aber es sollte ihn geben! Er fließt wie das Wasser und ist fest wie der Diamant. Wir sollten ihn fröhlich und erwartungsvoll anbeten. Sein Thron ist unser Herz.

Von da regiert er unsere Träume, die unseren Himmel durchziehen wie Sterne. Leuchtend! Gesetz und Freiheit sind in diesem Leuchten vielleicht eins.

Drei Traumfiguren: mein Bruder, um zehn Jahre jünger als ich und sehr geliebt, ist kein Luftwesen wie ich, sondern ein Erdmann. Aber in meinem Traum würgte er an der Erde, spie sie aus. Geht er über die Grenze in ein neues Element seiner selbst ein?

Lambert Binder war Regierungsrat bei der Post, ein Spezialist in Hexen und Feen. Und einer meiner treuesten Freunde. Er ist vor ein paar Jahren gestorben. Ist es ein Zufall, daß ihm die Automatisierung des Waldviertler Telefonnetzes oblag? Ja, aber Zufall und Notwendigkeit sind ja eins. Ich bin ihm schon in vielen Träumen begegnet und glaube, er automatisiert gerade das dies- und jenseitige Telefonnetz. Damit wir einander, und von beiden Seiten, anrufen können!

Präsident Kirchschläger, seit diesem Sommer in Pension, ist ein zwar ferner, aber wirklicher Freund. Wahrscheinlich wäre er entsetzt, sich in einem Buch wie diesem wiederzufinden. Nur wäre seine Toleranz größer als sein Entsetzen, und ich dürfte an jeder Tafel seine Tischnachbarin sein.

Ist der Tod das Gegenteil einer Geburt? Nein, ich denke, beide sind zwei Ansichten desselben Ereignisses. Eines Ereignisses, das wir immer wieder erleben, ersterben. Unsere Biographie ist eine einzige Zickzacklinie zwischen Leben und Tod. Wir hätten jeden Anlaß, sie in historischer Gelassenheit zu verfolgen.

Rindlberg, 1. Juli 1986

Heute nacht, an der Grenze des Schlafs, materialisierte sich vor meinen Augen dieses Bild: Ich schwamm, ohne mich körperlich zu sehen, im Meer. Über mir in der Luft eine Totengottheit. Sitzend, papierweiß, die uralten Dämonenlinien des Gesichts graphitgrau gezeichnet. Eher zwei- als dreidimensional, und mit einer Angel in der Hand, die sie ins Meer ließ. Ich war der Fisch.

Das Ganze dauerte kaum eine Sekunde, dann war ich wieder hellwach. In einem späteren Traum suchte ich in allen Kästchen und Truhen nach den Schlüsseln meiner jenseitigen, heimlichen Wohnungen. Diesmal waren es zwei. Ich wußte noch genau, wie die Schlüssel aussahen. Silbern und golden. Aber ich erinnerte mich nicht, wann ich sie wo versteckt habe, und so fand ich sie nicht. Nur andere Schlüssel, fremde.

Sah wieder das jenseitige Wien.

Rindlberg, 3. Juli 1986

Alma (Zsolnay) rief mich heute an. Sie hat mein *Nächtebuch* gelesen und sagt, in eine Traumszene wäre sie involviert. Denn sie hätte mich, gleichfalls im Traum, in Rindlberg aufgesucht und nicht mehr gefunden. Da rief sie Margit an, die zweite Frau meines ersten Mannes, und fragte nach mir. »Die Lotte ist nicht mehr in Rindlberg«, sagte Margit, »aber ganz in der Nähe. Sie hat jetzt das Haus von Damian übernommen.«

Rindlberg, 5. Juli 1986

Gestern nacht um elf, ich schlief schon, erwachte ich mitten in einem Dialog. Die beiden letzten Sätze, und nur sie hörte ich: »Es ist wirklich leicht, jemandem Schaden zuzufügen und ihn zu verhexen.« Ich: »Ja, ich weiß.« Die andere Stimme war ohne Geschlecht. Ich stand auf und ertappte Gottfried, der gerade beim Stubenfenster einstieg, das Weinfläschchen unterm Arm. Ach ja.

Rindlberg, 16. Juli 1986

Beim Erwachen um sechs Uhr früh die Erinnerung an diesen Traum: Zuerst gehe ich mit Jörg Mauthe durch die Stadt. Er sagt mir, ich könnte ihn jederzeit sehen, er bliebe noch bis September.

Dann: Ich spiele die sterbende alte Gräfin Elsa (von Brabant?) vor einem jungen Auditorium, das mitschreibt und photographiert. Meine Richter (Spielrichter, Totenrichter?) sind Arnold Keyserling und Jörg Mauthe. Gottfried ist dabei. Ich spiele das Sterben und improvisiere zu meiner eigenen Überraschung. Dreimal wird mir ein honigfarbenes Getränk gereicht (Lethe?), das ich aber nur zum Schein trinke. Sterbend spreche ich. Zuletzt diese Worte (und es ist *nicht* meine gewöhnliche Stimme): »Ein Strudel erfaßt mich. Er saugt mich ein, zieht mich hinunter ...« Ein tiefer Atemzug, Ende. Ich habe es, denke ich, sehr gut gemacht. Doch meine Richter sind unzufrieden. »Deine Stimme«, sagt Arnold Keyserling, »klang viel zu kindlich.« Ich frage: »Soll ich es wiederholen?« Da kommt die Rechnung für alles, auch die drei Tränke stehen darauf. »Aber das ist«, fahre ich fort, »vielleicht zu teuer?« Wir einigen uns darauf, daß das Bild bleibt und nur die Akustik wiederholt wird. »Du kannst mich ab Oktober anrufen«, sagt Totenrichter Jörg Mauthe. Ich denke, wieso? Sagte er mir nicht eben noch, als wir miteinander durch die fremde vertraute Stadt gingen, jederzeit? Er bliebe noch bis September?

Rindlberg, 16. Juli 1986

Traum heute nacht, noch in Wien: Ein freundlicher brauner Neger ist mein Diener. Ich bin eine Dame und lebe allein. Der Diener verwandelt sich in einen schwarzen Neger, wortkarg und schroff. Ich schreibe einer weißen Dame (mir selbst?) einen Brief, in dem ich bezeuge, daß ich mit dem Schwarzen zufrieden bin. Ich stehe erst gegen Mittag auf. Mein schwarzer Diener war, während ich schlief, an vielen entfernten Orten. Denn seine Potenz, sagt er und meint es kaum sexuell, wäre groß. Ich überlege, was er an diesen fernen Orten trieb?

In meinem Zimmer steht ein Fernseher. Mein Schwarzer stellt ihn ein, und statt des vertrauten Programms erfüllt ein völlig fremdes das Zimmer. Ein Programm wie aus einer anderen Welt. Mir wird bang. Ich stelle wieder das gewohnte Programm ein.

Ich erinnere mich, schon mehrere solcher Fernsehträume (fremdes Programm) gehabt zu haben.

Rindlberg, 20. Juli 1986

Mein Geburtstag. Schneeflöckchen bringt ein sterbendes junges Häschen ins Haus. Es stirbt in meinen Armen. Kein Traum. Ich hülle es in einen indischen Seidenschal und begrabe es bei den anderen Tieren.

Rindlberg, 21. Juli 1986

Traum heute mittag, zwischen ein und drei Uhr: Ich bin in Gottfrieds Turm. Kenne ihn schon aus vielen Träumen. (Völlig anders als der sogenannte Turm in der Marokkanergasse.) Er ist groß, schön, verlassen. Ich denke, daß wir (ich?) nun ausziehen werden, und ich bin traurig darüber. Gehe auf die Straße. Das jenseitige Wien. Ein schwarzer Hund fängt an meinem Schuh (ich glaube, dem rechten) zu knabbern an. Ich setze mich aufs Pflaster. Soll ich den Schuh ausziehen? Der Hund hat Hunger.

Ich beschließe, ihm etwas zum Fressen zu kaufen. Gehe mit ihm durch die Stadt. Die Häuser sind höher, grauer, alles düsterer als sonst. Wir gehen Hand in Pfote, der Hund aufrecht. Ich weiß, er wird bei mir bleiben. Und auch ich will mich nicht mehr von ihm trennen. Aber alle Lebensmitelläden sind geschlossen. Wir gehen durch die Mahlerstraße. Da finde ich einen kleinen offenen Laden. In ihm treffe ich Gottfried. Er ist sehr böse. Ich will eine Knackwurst für den Hund. Gottfried kauft einen Teller Suppe, mit dem er zornig aus dem Laden stürzt.

Ich erwache von einem beharrlichen Flügelschlagen. Ein großer dunkler Schmetterling ist in meinem Zimmer gefangen. Schlägt mit den Flügeln gegen das Glas der Nordtür. Ich springe auf, sehr taumelig, öffne die Tür und lasse ihn frei. (Schlafe sonst ganz kurz, wirklich nicht stundenlang wie heute mittag.)

Gestern, am späten Abend meines Geburtstags, zog ich eine Karte aus dem Maya-Tarot mit der Frage, was dieses (letzte halbe?) Jahr mir bringen wird. (Den Tod?) Ich zog die Münz-Fünf: Ein Jaguar pirscht sich an einen reichen Mann, der verkrüppelt ist und sich auf eine Krücke und einen Stab stützt. »Diese Karte weist auf schlechte Gesundheit. Die Konstitution ist schwach und muß geschützt werden. In spiritueller Hinsicht handelt es sich um die Kapelle der Gefahren.«

Beschließe, sie als Buchtitel zu nehmen.

Rindlberg, 22. Juli 1986

Packte heute nacht im Traum mein ganzes Hab und Gut in große Schachteln, die ich aus der ehelichen Wohnung trug. (Im Traum verschmelzen beide Männer manchmal.) Unten wartete ein Wagen. Ich schleppte alles, auch die Katzen, über lange Treppen hinunter. Noch immer fand ich Dinge, die mir gehörten und die ich nicht brauchte. Die letzte Tasche öffnete ich und warf ihren Inhalt – Krimskrams, Schnaps- und Weinflaschen, voll, halbvoll und leer – weg.

Ich zog in die jenseitige Wiener Wohnung ein, doch mein Traum endete vorläufig im ersten Stock des daneben gelegenen Restaurants. Dort saß ich mit meinem soeben von mir geschiedenen Mann. Doch glich er weder dem ersten noch dem zweiten im Traum, sondern war ein fremder junger Verleger. Ich bat, ihn jede Woche einmal sehen zu dürfen. Mein Plan war, ihn nach dem Essen in meine jenseitige Wohnung zu locken.

Eulenbotschaft

Am *Donnerstag,* den 10. Juli, ruft der Bildhauer Bruno Weber aus Zürich an; ich bin am Telefon. Seine Eule auf dem Karlsplatz wird angegriffen und soll dem Volkszorn weichen. Gottfried verspricht Hilfe.

Am *Dienstag,* den 15. Juli, trifft Gottfried sich zu Mittag mit Bruno Weber, dem Schöpfer der Eule, im Firenze in Wien. Bruno Weber schickt mir durch Gottfried einen Kerzenleuchter in Gestalt einer geflügelten Schlangengottheit, die ich sofort liebe. Ich kenne Bruno Weber überhaupt nicht. Gottfried lernt ihn erst an diesem Tag kennen. Am Nachmittag wird das Schicksal der Eule entschieden. Gottfried wirkte im Hintergrund. Die Eule bleibt! Bruno Weber schickt ihm ein Telegramm.

Am *Donnerstag,* den 17. Juli, ist die gesamte Presse voll von der Eule. Pro und Contra, und daß Gottfried für die Eule war.

Am Mittwoch, den 23. Juli, besucht uns Rupert Riedl in Rindlberg und bringt seine *Strategie der Genesis* mit. Um Mitternacht verabschiedet er sich. Ich gehe schlafen und schlage im Bett, es ist schon *Donnerstag,* das Buch blind und neugierig auf. Blind? Es ist die Seite 222, und mein erster Blick fällt auf die achte Zeile, die Eulen!

Am *Donnerstag,* den 24. Juli, schlage ich die »Wochenpresse« (oder war es »Profil«?) auf: die Eule! Und ein ganzseitiges Bild, unser Bautenminister als Eule.

Am *Dienstag,* den 29. Juli, öffne ich zum ersten Mal das Buch *Naturinseln* (Michael Lohmann, BLV Verlag; ein Geburtstagsgeschenk meines Bruders). Wo? Natürlich auf Seite 21 mit dem Bild einer Schleiereule mit Jungen.

Am 30. Juli, das ist allerdings ein Mittwoch, bekomme ich einen wunderschönen Brief von Renate Etling aus Meckenheim, die ich nicht kenne. Sie hat mein *Nächtebuch* gelesen und schenkt mir, in sonderbares Papier mit lauter *Eulen und Käuzchen* verpackt ... Aber ich zitiere sie selbst: »Zur Frage, ob ich Ihnen überhaupt schreiben soll, zog ich den Narren – zum Buch von Frau Tweedie die Sechs der Münzen. – Es dauerte mehrere Stunden, bis ich endlich begriff, daß ich Sie auf das Buch nicht hinweisen, sondern es Ihnen schicken (geben!) soll. Nun machen Sie damit, was Sie wollen. Vielleicht ist es wichtig für Sie – – –« Der Titel des Buches: *Wie Phönix aus der Asche*. Jörg Mauthes Leichnam wurde verbrannt. Sein Lieblingsspiel war Tarock. Der Phönix gehört zur Sonne.

Am 31. Juli lese ich in der Niederösterreich-Beilage des »Kurier« den Bericht über eine Ingrid Nöbauer in Göstling an der Ybbs, die ihre Liebe zu Tieren – sie hat genau achtundsiebzig! – in den Ruin trieb. Ich will sie spontan mit allem Getier hier aufnehmen, Gottfried sagt, er zieht aus. Ich lasse die Idee sofort fallen. Nachmittags beim Teetrinken sagt Gottfried auf einmal: »Gut, sie braucht Hilfe. Fahren wir sofort hin!« Ich zögere. Das sind mit dem Auto drei oder vier Stunden hin und ebensoviele zurück. Aber Gottfried läßt mich nicht einmal das Teegeschirr abwaschen.

Im Auto stellen wir fest, daß wir über Weiten fahren und die Donau bei Weitenegg überqueren müssen. In Weiten steht die Mollenburg mit dem Turm, zu dem sieben Stufen führen. Auf der heimlichen achten steht die Urne mit Jörg Mauthes Asche. Was ist heute, fragen wir alarmiert, für ein Tag? Ach so, *Donnerstag!* Wir fahren an der Mollenburg vorbei und winken Jörgs Asche im Totenturm zu.

Gottfried bezahlt die Mietschulden der Tierfreundin, aber ihre Geschichte verflüchtigt sich, berührt uns nicht mehr. Wir haben diese verrückte Reise nur, weil Jörg sie uns eingab, gemacht. Genau ein halbes Jahr nach seinem Tod.

Botschaften an eine Eule. Siehst du? Ich bin immer noch da! O ja, ich sehe. Nur begreife ich nicht, wie Mauthe, der Trickster, das macht.

Tritt der Lebende, der uns in der Außenwelt begegnet, durch seinen Tod in unsere Innenwelt ein? Findet der Dialog von nun an mit einer einzigen Stimme, der unseren, statt? Halten wir die Botschaften des Toten für die eigenen Gedanken, sein Drängen für unsere Spontaneität?

Wäre es möglich, daß der Tote manchmal mit dem Lebenden *verschmilzt?*

Rindlberg, 3. August 1986

Träumte, Cufo (Frau Dr. Cufodonti, unsere längst verstorbene Ärztin) und Felix (Prof. Mlczoch, unser lebendiger Hausarzt) kommen über Nacht zu uns. Ich war verlegen. Sie kamen nicht zusammen, und sie paßten auch nicht zusammen. In dem großen Raum, in dem wir alle schliefen, schaltete ich das Fernsehgerät ein. Da wurde ein völlig phantastisches Programm ausgestrahlt. In leuchtenden Farben, die alles überfluteten. Ich habe keine Sprache für das, was geschah. Etwas absolut Fremdes, Unbekanntes sprang aus dem Bildschirm und besetzte den Raum, den ganzen. Verzweifelt versuchte ich, dieses gefährliche Programm auszuschalten, doch gelang es mir nicht. Da kam die tote Cufodonti und stellte den Sender mit einem einzigen Griff ab.

Nächste Traumerinnerung: Gottfried und ich in einer südamerikanischen Residenz. Gottfried will eine Woche lang allein in den Bergen wandern. (Den Anden?) Zusammen mit einem jungen, eher dunklen Diener der Residenz begleite ich ihn dahin. Es ist so schön. Grüne Berge, blauer Himmel und darunter das Meer. Die Farben leuchten. Ich würde so gern mit Gottfried wandern. Aber er nimmt schon seinen Rucksack (?) und geht. Ich werde mit dem jungen Diener im Auto in die Residenz zurückkehren. Die Fahrt dauert drei Tage. Ich frage, was er auf der Reise essen wird? Er sagt, er fastet. Er will drei Tage in der Residenz bleiben und danach Gottfried aus den grünen Bergen holen, um mit ihm zurückzufliegen. Am Abend vor unserer Rückreise treffen wir Gottfried unerwartet noch einmal. Er ist im ersten Hotel abgestiegen und hat schon einen Führer durch die Anden (?) engagiert. Ich bin erleichtert.

Rindlberg, 5. August 1986

Heute nacht wollte Gottfried im Traum verreisen. (In meinem Traum.) Er bat Paul, der aus Amerika zurückgekehrt war, um seinen Mantel. Paul, der im Leben einen dunkelblauen Mantel trug, schickte Gottfried durch Alma, länglich verschnürt, einen dunkelroten Mantel.

Rindlberg, 7. August 1986

Donnerstag! Die Zeitung begrüßt mich mit einem Bild dreier Uhus. Uhus sind Eulen. Wird für Tote die ganze Welt zum Briefpapier? (Vielleicht für die Lebenden auch?)

Rindlberg, 8. August 1986

Im Traum besuche ich einen fremden Antiquar. Er führt mich in eine große Bibliothek und zeigte mir Bücher voll eines Wissens, das ich nicht kenne. Als ich ihn wieder aufsuchen will, um diese Bücher zu erwerben, weiß ich seinen Namen nicht mehr. Nun will ich ihn anrufen. Viele Telefonbücher. Aber das eine mit dem vergessenen Namen ist nicht darunter.

Rindlberg, 9. August 1986

Vor dem Mittagsschläfchen (zwischen zwölf und eins, fast immer, ich liebe diese Stunde) bat ich Jörg, mir im Traum das Bild des Todes zu zeigen. Ich schlief sofort ein. Mehrere intensive Bildsequenzen, die alle beim Aufwachen verschwanden. Nur an das letzte Traumbild erinnere ich mich: Ich komme um die Ecke eines Gartenwegs. Auf diesem Weg liegen zwei weiße Blumensträuße, ein großer und ein kleiner. Ich bücke mich, um beide aufzuheben und ins Wasser zu stellen.

Aber die Traumantwort bedrückt mich. Von den Wurzeln des Lebens abgeschnitten, welken wir im Wasser noch ein paar Tage dahin. Halten wir diesen flüchtigen, postlebendigen Zustand für die Unsterblichkeit?

Oder bedeutet das Bild, daß wir von der Erde abgeschnitten werden und ins Wasser kommen, unser nächstes Element? Das Wasser des Lebens, das Wasser des Todes, die Unterwelt.

Weiß, sagte oder schrieb Jörg, ist die Farbe des Todes. Nicht Schwarz! Auch die entwurzelten Blumen verstehe ich. Aber zu Sträußen gebunden, großen und kleinen? Ist nicht das Individuum unsere Identität, sondern der gebundene Strauß? Werden wir also nicht einzeln, werden wir zu Sträußen gepflückt und von wem?

Rindlberg, 27. August 1986

Fuhren heute, den Carinthischen Sommer verlassend, mit der Eisenbahn von Villach nach Linz. Nahmen, da der Zug voll war, ein Abteil erster Klasse. Es war leer, aber plötzlich sah ich schräg gegenüber von mir in der Ecke ein großes dunkles junges Mädchen sitzen. Ihr Gesicht war ein Schatten. Und schon war sie überhaupt ganz verschwunden. Dann redeten Gottfried und ich über den Tod, aber heiter, und erzählten einander, wem wir am liebsten begegnen möchten. Ich nannte William Blake, Giordano Bruno und Heraklit. Gottfried sagte, weil er ihn so liebt, Edvard Munch. Die Fahrt dauerte fünf Stunden. Wir waren schon in Wels und hatten längst das Thema gewechselt, als Gottfried auf einmal sagte: »Wieso sitzt seit einer Stunde dieser Mann neben mir?« Nach und nach erzählte er mir, er hätte den Fremden zuerst für einen gewöhnlichen Fahrgast gehalten, obwohl er nicht bemerkte, daß jemand zustieg. Erst zuletzt begriff er, daß irgend etwas nicht stimmt.

Der Fremde saß auf einem Platz (dem neben dem Mädchen, das aber nur ich gesehen habe und viel früher), der mit Zeitungen und Krimskrams belegt war, als wäre das gar nicht vorhanden. Gottfried schaute ihn mehrmals an, und der Fremde schaute zurück, aber durch Gottfried hindurch. Er nahm ihn nicht wahr. Gottfried beschrieb ihn: etwa 35 Jahre, groß, schlank, blondes Haar, kleines Bärtchen, blaue, sehr stille Augen, nachdenkliches Gesicht mit tief eingekerbten Linien. Hose (keine Jeans), bläuliche Cordjacke mit drei blonden Hornknöpfen. Und während Gottfried ihn beschrieb, sah er ihn immerzu an, las von ihm ab, was er beschrieb. Ich stand auf und tastete mit den Händen vorsichtig die Luft um die für mich unsichtbare Gestalt ab. Dort, wo er sitzen mußte, spürte ich Kälte in meinen Handflächen. Wir sprachen zu ihm, wünschten ihm Gutes, luden ihn ein. Und gleich darauf war er verschwunden. Gottfried sagt, er hatte tote Hände, wäre aber lebendig gewesen, und Gottfried hätte uns beide verglichen, sich fragend, wer von uns beiden wirklicher war?

Wir verließen den Zug. Vor dem Bahnhof sagte Gottfried plötzlich: »Munch. Das war Edvard Munch.« Wir fuhren mit dem Auto nach Rindlberg. Unterwegs sagte Gottfried, er sähe mich manchmal am späten Abend an meinem Schreibtisch sitzen. (Realiter, er riecht so gern die Nachtluft auf unserer Wiese.) Aber ich wäre, auch wenn ich am Schreibtisch säße, nicht immer da. Und er merkt jedes Mal, ob nur meine Gestalt da sitzt oder ich selbst. (Wahr ist, daß mir oft große Stücke aus der Zeit fehlen, als wären sie einfach herausgefallen aus dem Kontinuum.)

Rindlberg, 30. August 1986

Nahm heute *Edvard Munch* (Du Mont) aus der Bibliothek und blätterte das Buch mit Gottfried durch. Beim Selbstportrait 1895 mit der Totenhand sagt er: »Ja. Das war der Mann im Zug neben mir. Nur die Kleidung war eine andere.« Ich lese den Text: »Ein Selbstportrait ... verwandelt die grüblerische Selbstverlorenheit ... in eine Vision des Todes.« In der Eisenbahn sprachen Gottfried und ich davon, welchen Toten wir im jenseitigen Zustand begegnen möchten. Andererseits kannte Gottfried natürlich Buch und Lithographie. Gibt es eine Möglichkeit, festzustellen, ob Munch eine bläuliche Cordjacke mit drei blonden Hornknöpfen besaß? Und ich sah zwar nicht ihn, aber lang vorher dieses dunkle Mädchen. Ich vermute, die Welten durchdringen sich wirklich. Die Zeiten. Die Zustände.

Rindlberg, 1. September 1986

Ein bunter, sehr komplexer Traum heute nacht. Ich erinnere mich nur an eine einzige Sequenz. Stehe mit Gottfried vor dem Wiener Schwarzenbergplatz. (Also dem Platz des Schwarzen Berges, was immer das bedeutet.) Drei junge Neger kommen vom Stadtzentrum her auf uns zu. Gottfried warnt mich. »Gib acht, die Schwarzen überfallen dich. Lauf in deine Wohnung! (Gemeint ist die jenseitige.) Ich kann nicht mit dir kommen.« Und er geht über den Schwarzenbergplatz davon. Es wird plötzlich dunkel. Die Neger (aber sie sind eigentlich nur schwarz, ohne Kraushaar und dicke Lippen) nähern sich drohend. Ich habe Angst, renne los, sie mir nach, ich schlage einen Haken und laufe in totaler Finsternis, die ich aus anderen Träumen schon kenne, durch eine der Gassen (Walfisch? Anna?

Himmelpfort?) zur Kärntnerstraße hinauf. Im letzten Drittel der Gasse sehe ich ein paar Lichtpunkte. Es sind Menschen unterwegs, und sie leuchten wie Leuchtkäfer. In der Kärntnerstraße werden es mehr, lauter menschliche Leuchtkäfer, und ich habe nicht mehr so große Angst. Erreiche meine jenseitige Wohnung; diesmal schaut sie ganz anders aus, fast wie in einem Hotel und nicht so schön wie sonst. Nach einer Weile kommt Gottfried und sagt: »Es ist etwas geschehen, das die ganze Stadt verändern wird, völlig verwandeln.« »Was«, frage ich, doch er geht schweigend ins nächste Zimmer. Ist dort ein Waschtisch? Ich sehe sein Gesicht nur mehr im Spiegel.

Ein fremdes Programm

Television und auch Radio scheinen Symbole für den Empfang von verschiedenen Welten zu sein. Die meisten Menschen empfangen zeitlebens nur ein einziges Programm, nur eine einzige Welt. Diejenigen, die andere Programme, andere Welten empfangen, teilen wir in Schamanen und Propheten, Mystiker, Geisteskranke und Künstler ein, je nach der Harmonie oder Dissonanz, die ihr Programm mit dem unseren bildet.

Wenn ich also immer wieder von einem anderen, fremden, einem völlig unbeschreiblichen Programm träumte, bedeutet es wahrscheinlich, daß ich die Wirklichkeit wechsle. Und dagegen, auch das verraten die Träume, wehre ich mich.

In welcher Beziehung steht der Empfänger zum Sender, und sind beide am Ende nur einer?

»Das Ich«, so notierte ich eines Nachts, »gebrochen in ein Spektrum der Schicksale – ist das die sogenannte Wiedergeburt?«

Vielleicht ist auch das Sein in ein Spektrum der Wirklichkeiten gebrochen, sichtbarer und unsichtbarer. Der Spiegel des Heiligen Paulus ...

Die dunklen Diener und Banditen sind wohl Gesandte des Hades, von dem Heraklit sagt, daß er eins mit Dionysos sei.

Und Jörg Mauthe, der seine Botschaften aus dem Hades durch die Zeitung ins Haus schickt? Nun, er war auch Journalist. Es hat also seine posthume Logik. Und ist mir trotzdem ein Rätsel!

Habe ich eine Erklärung für den lebendigen Toten im Zug? Natürlich nicht. Oder konnte es sich um eine gewissermaßen enthemmte Wahrnehmung handeln?

»Die Wirklichkeit«, sagt die Mizzi in einem meiner Theaterstücke, der *Letzten Rose* – »die Wirklichkeit fällt mir von den Augen wie Schuppen.«

Der Mizzi, dem Gottfried. Und eines Tages uns allen.

Rindlberg, 9. September 1986

Am 2. August trafen wir bei unseren Freunden Rudi und Karin Schwarz – er ist leitender Redakteur bei HÖR ZU, Hamburg, und sie haben im Nachbardorf ein Haus – Robert Szolesnay, einen Kaufmann aus Wien, der auch Sterndeuter ist, und was für einer! Alles, was er uns je prophezeite, traf ein. »Astrologie?«, sagte ich zu ihm. »In den Himmel schaust du doch wie die Hexe in die Kristallkugel. Mit den Sternen hat das bestimmt nichts zu tun!« So oder so, er sagte mir, mein ganzes Leben würde jetzt in Bewegung geraten; nichts bliebe, wie es war. Jede Menge Erfolg, und vom Ehepartner trenne ich mich. »Sowieso«, sagte ich, »wenn ich abkratze. Ich sterbe also mit einem Erfolgserlebnis?« Und mußte lachen, denn ausgerechnet im März erreicht diese Glückssträhne ihren Höhepunkt. Wenn ich will, kann ich mir also eine echt goldene Urne leisten. Na bitte! Eine neue Liebe aus der Vergangenheit versprach er mir auch, und da meine liebsten Liebhaber schon tot sind, könnte das sogar stimmen.

Heute, Dienstag, kam dieser Brief von der Sills-Fuchs: »Bartholomäa! Die Götter entscheiden über Leben und Tod, nicht wir. Da können wir nur demütig und ehrfürchtig sein! Erforschen wir genau ihren Willen! Demnächst komme ich ins Waldviertel, den Elementen Manuskriptteile zu übergeben. Ich bitte Dich und Deinen Gatten um Eure Gegenwart und Beihilfe. Dann sehen wir uns in Arbesbach. Ich will Euch dort die keltische Stadt zeigen, die ausgegraben werden muß. Das, Bartholomäa, erfordert deine tätige Mithilfe mit allen Deinen beflügelnden Anstößen! Überlege ein Opfer!«

Bartholomäa nennt sie mich. Im Keltischen bedeutet das »Welle«, die Urbewegung des Wassers. Genau das, sagt sie, bin ich. Und ich würde nicht sterben, es wandelt sich nur mein Bewußtsein.

Merkwürdig. Ich glaube an die Götter, und ich glaube nicht an sie. Es gibt sie, und es gibt sie nicht, und da ist kein Widerspruch. Überhaupt keiner! Vermutlich hängt es von der jeweiligen Wahl unserer Wirklichkeit ab.

Mit Gottfried hatte ich nachmittags ein langes Gespräch am kalten Kamin. Ausgelöst wurde es durch die Pietschmann-

Reihe über Schamanismus im Fernsehen. Wir sind begeistert. Pietschmann ist immerhin unser Ordinarius für theoretische Physik. Daß er sich für praktische Metaphysik einsetzt, ist toll! Ein Thema war die Besessenheit, und Gottfried sagte: »Das ist dein Fall.« Zuerst verstand ich ihn nicht. Aber dann erzählte er mir, was er bisher immer nur andeutete und was ich für normale Garstigkeit hielt. Aber fünf- oder sechsmal während unserer Ehe scheine ich mich in etwas abnormal Entsetzliches verwandelt zu haben.

Nur nachts, in völliger Dunkelheit und wenn ich getrunken hatte. Obwohl ich beim Wein der »Seid umschlungen, Millionen!«-Typ bin. Aber in ein paar Fällen, ohne ersichtlichen Grund, nicht. Obwohl Gottfried mir leider oder zum Glück wenig davon verriet.

Ich: »Betrunken?«

Gottfried: »O nein, ganz klar. Gesammelt. Eiskalt. Man verbrennt sich, als wäre es Feuer. Du hast dann eine andere Stimme. Sehr tief.«

Ich: »Was sage ich?«

Gottfried: »Nackter Haß. Schlimmer, Mord. Nein, noch schlimmer.«

Ich: »Beschimpfungen? Zoten?«

Gottfried: »Nein. Du verfluchst mich.«

Ich: »Aber ich habe nicht die geringste Erinnerung daran.«

Gottfried: »Du zerstückelst mich. Nimmst mich ganz auseinander. Nimmst mir das Recht, zu leben. Jeder andere an meiner Stelle hätte sich längst umgebracht.«

Ich: »Wie schaue ich aus?«

Gottfried: »Ich hab dich noch nie so gesehen. Es war immer dunkel. Zu diesen Zuständen scheint die Dunkelheit zu gehören. Und dann bricht es wie Magma aus dir, wie die Erde, erinnerst du dich an den Vulkan, an den Ätna? Als hättest du einen Riß, einen Spalt. Du bist nicht geschlossen.«

Ich: »Und du glaubst, durch diesen Spalt ... Meinst du wirklich Besessenheit?«

Gottfried: »Etwas Dämonisches ist es. Nicht nur, was du sagst. Diese furchtbaren Sachen. Und mit dieser schrecklichen Stimme. Da ist noch etwas hinter der Stimme ...«

Ich: »Magie?«
Gottfried: »Ja. Und du verfluchst mich.«

Mitten hinein in dieses Gespräch kommt ein Telegramm: »Herzlichen Glückwunsch zur Verleihung des Kulturpreises des Landes Niederösterreich.« Das war komisch. Kein Preis, um den man einreicht. Man bekommt ihn. Der Dämon von Niederösterreich!

Als ich lachen will, fällt mir plötzlich etwas Vergessenes ein: Mein erster Mann, mit dem ich sechzehn Jahre lang verheiratet war, hat einmal fast genau dasselbe Gespräch mit mir gehabt. Wir nannten den Dämon meine schwarze Schwester.

Rindlberg, 10. September 1986

Im »Kurier« begrüßt mich ein großer schöner Uhu. Mittwoch, Jörgs Sterbetag.

Rindlberg, 11. September 1986

Im Traum bin ich ein Kind. In einem fremden Haus liege ich im Gitterbett. Draußen klopft es an die Tür. Ich weiß, wer klopft. Rufe Gottfried zu, er möge ihn einlassen. Gottfried öffnet die Haustür, und der Krampus kommt zu mir. Rote Teufelsmaske, schwarzes Fell. Er erschreckt mich und greift durch die Gitterstäbe nach mir. Er hat kleine, zarte, blasse Kinderhände.

Rindlberg, 12. September 1986

Im Traum bin ich im Haus des Bischofs Kapellari. Zwei Katzen sind bei mir. Ich habe dort ein Zimmer. Aber die Katzen schrumpfen im Haus des Bischofs zu winzigen Amphibien in kleinen, mit Wasser gefüllten Silbersärgen. In einem großen Raum versammeln sich alle Bewohner des Hauses, auch ich. Immer wieder läutet das Telefon. Die dienenden Frauen des Bischofs nehmen die Gespräche entgegen, und gedämpft höre ich die fremde Stimme des Anrufers: »Hier spricht das Fernsehen von Atlantis. Frau Ingrisch wird gebeten, unser Programm zu empfangen. Wir erwarten ihre spätere Mitarbeit.«

Aber die dienenden Frauen bleiben stumm, keine bestellt mir die Botschaft. Im Haus des Bischofs habe ich keinen Zugang zu einem Empfangsgerät. Traurig suche ich mein Zimmer, voller Angst, daß die verwandelten Katzen schon tot sind. Aber während ich durch das Haus irre, erkenne ich, daß es sich in ein Museum verwandelt hat, und auch mein Zimmer ist Teil des Museums. Mühsam entziffere ich auf der graugrünen Tür die verblassende Nummer: 232. Oder war es 234? Ich bin nicht mehr sicher.

Rindlberg, 13. September 1986

Ich irre im Traum mit meinem sterbenden schwarzen Kater Wui Wui durch ein großes fremdes Gebäude. Über eine geheime Treppe gelange ich zu einer chinesischen Heilerin. Sie trennt den Kopf des Katers von seinem Leib. Als sie auch mich untersucht, stellt sie die Diagnose: »Aber das ist ja ganz schrecklich! Entsetzlich ...« Ich irre weiter. Der Kopf des Katers verwandelt sich hintereinander in eine braune Tigerkatze und einen Schmetterling in meiner Hand. Gottfried öffnet meine Hand, und der Schmetterling fliegt auf einen stufenförmigen Berg aus Granit und Gras. Ich will ihm folgen, aber jede Stufe bricht unter mir ein. Aus der Tasche meines Mantels ziehe ich einen mit Blut gefüllten Beutel, den toten Katzenleib. Der Schmetterling erhebt sich über den Berg und verschwindet in der Luft.

Rindlberg, 14. September 1986

Mit Gottfried schaue ich mir im Fernsehen den BBC-Film »Mit den Augen der Tiere« an. Natürlich jede Menge Eulen! Aber es wird auch die ultraviolette Farbwahrnehmung mancher Tiere gezeigt. Und genau das, stellen wir fest, sieht Gottfried als Farbenpracht auf einem für mich grauen Himmel.

Rindlberg, 15. September 1986

Im Traum werde ich von Kopf bis Fuß neu eingekleidet.

Rindlberg, 16. September 1986

Vor ein paar Tagen sagte mir die Sills-Fuchs, ich hätte einen schlimmen Dämon im Haus, der mir viel Energie raubt. Was an sich stimmt, aber ich habe immer Gottfried für meinen Energieräuber gehalten. Nein, sagt die Sills-Fuchs, der Dämon ist wirklich da, aber sie hat den Quiddon, meinen Kobold, gebeten, ihn zu vertreiben. Das Verrückte daran ist, daß das Loch, aus dem mir die Energie ausrann, tatsächlich geflickt zu sein scheint. Ich verfüge wieder über mich und meine Kraft.

Wien, 18. September 1986

Abendessen mit Hofrat Schirmböck, dessen schöne blaue Augen in viele Welten zugleich schauen. Mit Pendel und Wünschelrute hat er vor Jahren unsere Betten in Rindlberg auf die richtigen Stellen gerückt. Aber er spürt viel mehr auf als gekreuzte Wasseradern und Quellen! Wir haben ihm schon die abenteuerlichsten Fragen gestellt, und stets gab er, wie die Zukunft bestätigte, die richtigen Antworten. Als hätte er Zugang zu sämtlichen Informationen dieser Welt ... Er braucht nicht einmal mehr ein Pendel, nur der Zeigefinger seiner rechten Hand zuckt ganz leicht hin und her, während seine Augen im Nirgendwo sind. Also eigentlich wollten wir nur von ihm wissen, was mit dem »Tulifanten« los ist? Die Oper war ein Auftrag des Theaters an der Wien. Die Uraufführung hätte schon vor einem Jahr sein sollen, aber bis 87, 88 oder 89 spielt man Cats. Die Salzburger Festspiele wollen das Ding auch nicht haben, es paßt, schreiben sie, nicht in ihr Programm. Logisch! Es ist halt eine grüne, auf dem wunderbaren Weltbild des Giordano Bruno basierende Oper. Wieso merken die Industriezwerge der Vergangenheit nicht, daß sie schon tot sind? Leichen besetzen noch immer die Führungspositionen in Politik und Kultur. Leichen bestimmen über unser Leben und das Leben unseres Planeten. Wie traurig, wie häßlich! Aber der liebe Hofrat hat für uns in die Zukunft geguckt, und so schlimm ist sie gar nicht. Natürlich wollte der neugierige Gottfried auch noch von ihm wissen, wann ich endlich gestorben bin? Der hofrätliche Finger zuckte, und zwar viel zu lang.

Rindlberg, 22. September 1986

Gestern erzählte mir Gottfried abends am Kamin, daß er zwei Tage zuvor in Wien auf der Straße Leute gehen sah, die offenbar gar nicht da gingen. Denn er schritt mühelos durch sie hindurch, als wären sie Luft. Und in die Luft hinein, also in den Himmel, spazierte auch ein elegant gekleideter schlanker Herr mit Hut.

Im Traum ging ich nachts über eine überschwemmte Brücke; das Wasser reichte mir fast bis zu den Hüften. Drüben traf ich Gottfried; seine Füße waren naß. Also war er auch über die Brücke gegangen.

Zum Hofrat am 18. vergaß ich: es war Donnerstag, natürlich! Er sagte, ich erhielte im März 1987 meine dritte Einweihung (was immer das ist) und würde den Pfad der Erleuchtung betreten. Also wenn ich erleuchtet bin, ist es mir egal, ob tot oder lebendig. Ohnehin glaube ich ja immer mehr, daß Leben und Tod nur zwei verschiedene Weisen der Wahrnehmung sind.

Am Kamin erzählte Gottfried auch noch, daß er mit dem linken Ohr die normale Welt hört, aber mit dem rechten die Musik, die er komponiert. Hingegen sieht er die gewöhnliche Welt mit dem rechten, die Anderswelt mit dem (viel schwächeren) linken Auge. Ich verstehe das eigentlich nicht. Müßte er musikalische Inspirationen nicht auch, wie Unsichtbares mit dem linken Auge, mit seinem linken Ohr empfangen? Da ist doch dieselbe Hirnhemisphäre zuständig, nämlich die rechte – oder?

Rindlberg, 25. September 1986

Martha Sills-Fuchs, die uns Samstag in Arbesbach die Stelle zeigen wollte, unter der die Keltenstadt liegt, ist schwer erkrankt.

Rindlberg, 26. September 1986

Ein keltischer Urfreitag, wie mir Martha vor mehreren Tagen erklärte. Sehr gefährlich. Die Ursache, völlig natürlich, ein Strahlenbombardement der Erde. Die Blutgefäße ziehen sich zusammen, Schwerkranke sterben. Ich mache mir Sorgen um Martha.

Nachts im Traum reiste ich im Zug, der zugleich ein Schiff war, über das Meer. Ich besuchte einen bezaubernden viktorianischen Schlafsalon auf dem Schiff, mit vielen Betten und Tischchen und den wunderbarsten Ausblicken. Kehrte aber dann doch in mein Vierer-Abteil des Zuges zurück. Meine drei Mitpassagiere: Gottfried, Willie und Arnold Keyserling.

Beim Nickerchen nach dem Mittagessen, so zwischen halb eins und halb zwei, eher nach eins oder noch später, hatte ich zweimal hintereinander das Gefühl einer liebreichen Anwesenheit hinter meinem Kopf. Bei geschlossenen Augen. Als ich sie öffnete, war das Gefühl weg.

Rindlberg, 27. September 1986

Gestern abend wieder das Gefühl einer Anwesenheit, diesmal beruhigend. Es pfiff, knackte, krachte. Die Katzen blieben allerdings ruhig. Letzter Traum der Nacht: Ich bin auf einer Insel im Meer, tief im Süden, auf der anderen Seite der Erde. Die Menschen dort erschienen mir alle vertraut. Milde Luft und ein schönes dunkles Licht, als würde der Tag nicht von der Sonne erleuchtet, sondern vom Mond. Gottfried und die Katzen würden nachkommen auf diese Insel. Besprach mit den anderen Inselbewohnern die lebendige Hecke, die uns eingrenzen würde. Verschiedene Pflanzen bot man mir dafür an, ich sollte wählen. Und alle waren sie von ganz fremder Art. Einer graugrünen, seidenweichen Pflanze, die in langen Wellen aus der Luft zu wachsen schien, stimmte ich zu.

Mittags auf der Liege: Etwa zehn Minuten nach zwölf spüre ich eine eindringliche Berührung meines Rückens, und gleich darauf kracht es laut bei der Haustür. Ich schlafe halb ein, und in diesem Zustand vollziehe ich ein sonderbares Ritual. Aus einer Schale gieße ich Blut auf die Köpfe zweier Schlangen.

Gottfried und ich fahren nach Arbesbach und suchen die Stelle, unter der die Keltenstadt liegt. Wir ersteigen die Burgruine. Im Hausgarten der Ruine steht eine weißhaarige Frau mit blauen Augen. Einem Impuls folgend, kehre ich um und gehe auf sie zu. Sie begrüßt mich beim Namen, kennt mich aus den

Medien. Ich erwähne unser Problem. Sie lädt mich ein, nach dem Besuch der Ruine in ihr Haus zu kommen. Sie bewirtet uns, legt Bücher über die Geschichte von Arbesbach und seinen Sagenkreis auf den Tisch. Bei den Sagen stoße ich immer wieder auf versunkene Städte und Dörfer. Ein Hinweis? Die liebe Dame heißt Gertrud Forstner. »Schade«, sagt sie, »daß mein Sohn heute erst um sieben Uhr kommt, er kennt sich in diesen Dingen aus.« So lang können wir nicht bleiben, denn wir erwarten um sechs einen Gast. Da geht die Tür auf, und der Sohn, blaue Keltenaugen wie die Mama, tritt ein. Um zwei oder drei Stunden zu früh und also gerade recht. Er besitzt alte verbotene Luftaufnahmen von Arbesbach und überläßt uns eine davon. Als Junge hat er selbst nach vergangenen Schätzen gegraben. Er besitzt Tonscherben, sie sollen untersucht werden. Auch Münzen wurden gefunden. Er ist Feuer und Flamme und wird uns helfen. Die Autoren der Bücher, Herr und Frau Mauritz, wohnen nur ein paar Häuser weiter, sind Freunde. Sind wir auf der richtigen Spur?

Wien, 30. September 1986

Martha ließ anrufen, es ginge schlecht. Fuhr mit den Katzen nach Wien und sofort zu ihr. Sie hat große Schmerzen, ihr Geist ist aber klar wie Kristall.

Wien, 2. Oktober 1986

Vormittag bei Martha. Wir vereinbarten, uns nach ihrem Tod beim Herzstein zu treffen, unter dem unsere Quelle entspringt. Nachmittag bei Felix Mlczoch, unserem Arzt. Ich habe seit vielen Monaten Schmerzen in der Brust und wollte gern Bescheid wissen. Pech! Herz und Lunge sind völlig in Ordnung. Felix kann bezeugen, daß ich glaubte, heute wäre Mittwoch. Ich hatte eine Einladung der Sigmund-Freud-Gesellschaft zur Eröffnung der Ausstellung »Die Geschichte der Psychoanalyse in Wien und Deutschland«, und zu Gottfrieds und meiner eigenen Verwunderung war ich ganz versessen darauf, hinzugehen. Ich mag Freud nämlich nicht. Also ich fragte Felix, ob er mitkommen will? Er sagte ja, und auf dem Weg ins Rathaus wurde mir blitzartig klar: Natürlich, heute ist Donnerstag, da reitet mich Jörgs Geist. Und wohin will er? Ins Rathaus, wo er sieben Jahre lang als Stadtrat saß. Noch dazu kam die Einladung aus der Berggasse, wo nicht nur Freud wirkte, sondern auch Jörg sein Büro hatte. Wie deutlich Jörg Mauthe zu mir spricht! Noch dazu bekomme ich nie Einladungen von der Freud-Gesellschaft! Bei dieser traf ich Helmut Strutzmann, meinen *Amour noir*-Verleger, der mir zweierlei sagte: Er hätte mich eingeladen (Multi-Art, seine Firma, betreut viele Veranstaltungen), und im Mai würde er Papa. Ob es da noch einen Zusammenhang gibt? Vielleicht Jörgs Wiederkehr? Wir tranken auf das kleine Wesen unterwegs, und wenn ich im Mai noch da bin, schau ich es mir ganz gründlich an.

Wien, 6. Oktober 1986

Im Traum heute nacht bekomme ich von einer älteren Dame ein Buch. Es ist ein schönes altes Buch und hat ihrem verstorbenen Mann, einem Baron Heskell (?) oder so ähnlich gehört. Sein Name steht noch auf der ersten Seite, verwandelt sich in ein weißes Bahrtuch, das die Dame lächelnd abzieht. In diesem Buch steht, daß jeder Mensch (und somit auch sein Schicksal) durch eine Position im Raum bestimmt wird. Aber das glaube ich ja auch! Und Gottfried spricht in diesem Traum von mystischer Geographie. Später bittet mein Vater mich energisch, Strümpfe anzuziehen. Strümpfe für den Sarg, in dem ich bald liegen würde.

Rindlberg, 8. Oktober 1986

Im Traum verlasse ich eine dunkelgrüne Landschaft, üppig und voller Früchte. Ich steige in ein an dieses Land grenzendes Wasser, fast goldfarben und sehr lebendig. Zu meiner Überraschung gehe ich auf festem Grund ans andere Ufer, das aus hohen weißen Stufen besteht. Jede Stufe droht unter meinen Füßen abzustürzen. Aber ich gelange heil in ein großes Haus. Viele Menschen, die in diesem Haus da oben leben, kenne ich schon.

Rindlberg, 9. Oktober 1986

Donnerstag. Es hat sich nichts Besonderes ereignet. Nur schlief ich mehrere Male während des Tages im Sitzen ein. Bleierne Müdigkeit.

Rindlberg, 10. Oktober 1986

Letzte Nacht fuhr ich im Traum auf einem weißen Schiff durch ein leuchtend blaues Meer, und wie Gold leuchtete auch der Tag. Die Katzen waren an Bord, Gottfried auch. Vor einer Tür küsse ich ihn leidenschaftlich, und mitten im Kuß überfällt mich ein Gefühl des Abschieds. Ich werde an einem sehr fernen Ufer landen. Im Traum glaube ich, dafür neue Badekleider kaufen zu müssen.

Rindlberg, 12. Oktober 1986

Im Traum der letzten Nacht wohne ich in einem Hotel. Am Morgen suche ich auswärts schwarzen Kaffee und ein Zuckerkipferl, die ich im Hotel nicht bekomme. Mit Gottfried steige ich, umständlich mit übereinander getürmten Gefäßen beladen, in eine offenbar südamerikanische Straßenbahn. Die südamerikanische dunkle Schaffnerin klagt, daß sie sogar Donnerstag die Straßenbahn fahren muß, obwohl Donnerstag ihr freier Tag ist. Im Traum hat der Donnerstag die Bedeutung eines Sonntags. Sie sagt, ohne freien Donnerstag herrsche in Südamerika das Chaos.

Aufwachend denke ich: Also ein tiefer Traum war das nicht. Gleichzeitig alarmiert mich etwas, und ein Gefühl der Bedeutung, ein Zwang zur Deutung stellt sich ein. Aber natürlich! Donnerstag ist der Tag, an dem ich an Jörgs statt in die Unterwelt gehe, während er meinen Platz in der Oberwelt einnimmt. Bisher dachte ich, ich müßte ihm, gewissermaßen, etwas Ordentliches bieten. Ganz falsch! Ein Ruhetag, ein Feiertag soll dieser Donnerstag sein, damit ich Jörg meine ganzen Energien überlassen und seine in mich aufnehmen kann.

Rindlberg, 13. Oktober 1986

Etwas völlig Verrücktes. Gestern vor dem Einschlafen, aber ich hatte das Licht schon gelöscht, sind mir Bäume erschienen. Große, fremde, wunderliche Bäume beugten sich über mich. Ich habe solche zuvor nie gesehen, und auch ihre Farben waren von ungewohnter Intensität. Überhaupt war es, als würde ich zum ersten Mal wirklich *sehen*.

Wien, 16. Oktober 1986

Träumte letzte Nacht, wir wohnten in einem dreistöckigen Haus mit dem Blick (oder vielmehr den Blicken, da sie in jedem Stockwerk andere waren) auf einen dichten dunkelgrünen Hochwald, höher als ich je einen sah, und ein Gebirge, eine Felskette von so fremdartiger und bizarrer Schönheit, einer solchen Phantasie der Formen, daß es geradezu unglaublich war. Aber irgend etwas stimmte nicht mit dem Haus. Was, hab ich beim Aufwachen sofort verdrängt. Ich weiß nur mehr, daß ich mich auf kleinen Skiern durch hohen Schnee bewegte und zuletzt in einen Abgrund springen mußte, in einen sehr tiefen Abgrund, und ich hatte, obwohl auch vor mir Leute hinabsprangen, eine wahnsinnige Angst. Eine eiserne Leiter führte zuerst ein paar Stufen hinunter, aber dann war da nichts mehr. Und tief unten ein langer schmaler Granit, auf dem ich landen würde. Ich warf die Skier, beide Stöcke und zwei rosa Kopfkissen hinunter, dann sprang ich. Und landete zu meiner Überraschung sehr sanft und leicht. Ich suchte nach meinen Dingen, fand aber nur mehr ein rosa Kopfkissen. Längst wach, erkannte ich den Granit: Es ist ein alter Grabstein aus dem Ort Engelstein, den Helena Neuwirth mir für meinen offenen Kamin in Rindlberg schenkte. Da schließt er ihn ab, und darüber hängt Damians Bild von der Lichtlandschaft mitten im violetten Himmel, die ich immer für ein schönes Bild des Todes hielt.

Rindlberg, 17. Oktober 1986

Was hat Jörg gestern, Donnerstag, getan? Er ging, wohin sonst, in den ORF, wo er so viele Jahre Programmplaner war, denn ich sollte den Wiener Intendanten Othmar Urban besuchen, aber ursprünglich Mittwoch – und die Sekretärin sagte dann mitten während des Telefonats: »Nein, lieber Donnerstag.« Gegen Abend fuhr ich mit Gottfried im Taxi zum Messepalast. Der Taxixhauffeur machte abenteuerliche Umwege. Er fuhr umständlich am Rathaus entlang; klar, dort war Jörg Stadtrat, und anschließend über das Café Raimund, wo Jörg seinerzeit am legendären Hans-Weigel-Tisch saß, mit anderen Literaten. Ich glaube, ich kenne ihn sogar vom Café Raimund; genau weiß ich es nicht mehr. Jedenfalls ließ er kaum etwas aus, denn auch an der Güntergasse, wo er gewohnt hat, fuhr das Taxi vorbei.

Aber wie das funktioniert, ist mir noch immer ein Rätsel!

Das Donnerstagbuch

So könnte es auch heißen. Allerdings hab ich bemerkt, daß die Botschaften nur dann durchkommen, wenn ich sie nicht erwarte. Also wenn ich vergesse, daß gerade Donnerstag ist. Zum Glück vergesse ich leicht!

In den – von der verhängnisvollen Tarotkarte angekündigten – Verwirrungen zwischen September und Oktober vergaß ich auch die Zäsur. Heute, einen Tag nach der Mondfinsternis, und viel zu spät, verknüpfe ich die Monate. Zizi sitzt auf meiner linken Schulter und spielt mit den Haaren. Sie ist eine winzige Mischung aus Siam- und Hauskater, und wir haben sie vor ein paar Tagen aufgenommen.

Werde ich im März sterben? Ich weiß es nicht. Noch bin ich ganz gesund. Seit einiger Zeit scheine ich meinen eigenen Tod zu verdrängen. Steigt das Thema in mir auf, lasse ich es sofort fallen. Unwillkürlich. Habe ich also Angst? Ich spüre keine. Aber warum nehme ich noch Aufträge an? Spür ich, daß ich genug Zeit habe, sie auszuführen – oder bin ich auf der Flucht?

Heute fiel ich während des Tages immer wieder in tiefsten Schlaf. Ob ich am Ende gar ein Medium werde? Ich hab mich mit diesen Dingen nicht viel beschäftigt, mochte sie nicht. Aber sind Medien nicht unseren Nervenzellen vergleichbar? Impulse, Informationen, Botschaften empfangend und weiterleitend? Sind sie Nervenzellen oder Neuriten in den großen Körpern der Völker, der Kulturen?

Nur solange wir uns als etwas Festes, Begrenztes begreifen, gibt es den Tod. Wenn wir uns selbst im Fließen finden, in der Verwandlung, wenn wir keinen Widerstand leisten, ganz durchsichtig, ganz durchlässig werden ... Aber für wen oder was? Das ist die Frage, und solang sie es ist, nehmen wir uns selbst als Sterbende wahr.

Rindlberg, 19. Oktober 1986

Habe heute Marthas *Mittagshirsch* der Erde übergeben. Ich grub ihn am Stein über der Quelle unter zwei Birken ein; und dem Feuer. Ich verbrannte ihn im offenen Kamin. Heute ist Sonntag; die Sonne als fünftes Element (Licht?) nahm ihn auf.

Rindlberg, 20. Oktober 1986

Habe heute den *Mittagshirsch* dem Wasser übergeben, dem Bach hinter unserem Haus. Und dem Sturm, der sich gleich darauf erhob. Ich bin zum Keltenstein auf dem »Bärenkopf« gefahren, dort warf ich ihn in die Luft. Das zerschnittene Manuskript wirbelte wie Schneeflocken davon. Heute ist Montag, und der Mond (das Element des Todes?) nahm es an.

Ich habe mit allen Elementen gesprochen, in einem Zustand, der nicht mein gewöhnlicher war.

Rindlberg, 21. Oktober 1986

Marthas Walliser Freundin hat mich besucht, und gemeinsam fuhren wir nach Arbesbach. Ich glaube, ich kenne genau die Stelle, unter der die Keltenstadt liegt. Gegenüber vom Galgenberg, hinterm Friedhof, in einer großen Mulde. Eine sehr klare Quelle entspringt dort.

Rindlberg, 23. Oktober 1986

Donnerstag. Ich wartete, und natürlich passierte überhaupt nichts. Eigentlich wollte ich fasten, aber der Hunger war stärker. Am späten Nachmittag fand ich beim Krämer ein mit lauter Eulen bedrucktes Geschenkpapier. So etwas führt er sonst nie, und ich betrachtete es als kleinen Gruß.

Rindlberg, 24. Oktober 1986

Heute gegen zwei Uhr nachmittag sagt Gottfried plötzlich: »Wer ist da oben in meinem Zimmer?« Da kam er gerade aus seiner Schlafkammer, die direkt darunter liegt. Er ging die

Treppe hinauf und schaute nach. Nichts. Wäre ja auch sonderbar gewesen, wenn jemand durch die versperrte Tür ins Haus gelangt wäre. »Katzen«, fragte ich, »Siebenschläfer?« »Aber nein«, sagte Gottfried und war ein bißchen verstört. Es waren drei Doppelschritte, ganz fest aufgetretene, und er machte sie mir vor. Naja, die üblichen Gespenster.

Wien, 2. November 1986

Träumte letzte Nacht, Gottfried wäre gestorben. Ich fühle keinen Schmerz. Gehe mühelos über eine von goldfarbenem klarem Wasser umspülte breite Steintreppe hinunter, gehe durch einen goldfarbenen klaren Fluß und wieder eine breite, vom gleichen Wasser umspülte steinerne Treppe hinauf. Alles ist von einem tiefen, bernsteinfarbenen Leuchten erfüllt.

In der Nacht vorher träumte Gottfried, man legte ihm in einem oben durchsichtigen Pappkarton fünf blau-braun gestreifte Mädchenkleider in den Arm. Alle seine Schränke waren noch voll mit Büchern und Kleidern, und er hatte keine Säcke, bloß eine Aktenmappe für den Transport. In die Aktenmappe tat er Bücher hinein. Er war in einem Hotel, und die Leute, die sein Zimmer beziehen wollten, ein Ehepaar, warteten schon. Er wäre, meint er, ausgezogen und mit dem Zug weitergefahren.

Wien, 4. November 1986

Heute nachmittag hat Erhard Busek im Rittersaal des Landhauses meine *Schmetterlingsschule* präsentiert. Meine alte Lateinprofessorin Mariechen Schuschitz war auch gekommen. Ich erzählte ihr, daß mir manchmal von ihrem längst verstorbenen Kollegen, dem Religionsprofessor Hans Friedrich, träumt. Die beiden waren meine Schutzengel an einem für mich gräßlichen Gymnasium in der Billrothstraße. Und zwar, so erzählte ich Mariechen, besuche ich den Hans Friedrich im Traum immer wieder in einer engen Gasse und trete in ein auf der rechten Seite gelegenes kleines ebenerdiges altes Haus ein, in dem er mich erwartet. »Aber«, sagt mein Mariechen, »das war ja sein Haus! Sein Elternhaus in Maissau, ich war oft dort! Und genauso sieht es aus.«

Keine spektakuläre, aber eine erstaunliche Geschichte. Ich kenne Maissau nicht, nur die am Ort vorbeiführende Straße ins Waldviertel. In Maissau selbst war ich nie, und schon gar nicht in Hans Friedrichs Haus. Also wieso besuche ich ihn seit seinem Tod dort? Und es ist immer eine glückliche Zeit, die wir miteinander verbringen. Manchmal gehen wir auch in dieser kleinen Gasse auf und ab. Wir mochten einander sehr.

Freiburg, 8. November 1986

Im Haus von Manfred Burkhart-Gallé, der meine Reinkarnationskomödie *Geisterstunde* inszenieren wollte – die Inszenierung zerschlug sich, und es wurde eine Lesung daraus –, traf ich Dr. Christian Lauermann, der mich eigentümlich faszinierte. Nach einem Gespräch über Plato und den Doktorvater, der Lauermanns Universitätslaufbahn verhinderte, pendelte ich eine Frage, die mich schon die ganze Zeit bedrängte, aus. Lautlos, denn sie schien mir einfach zu verrückt, um ausgesprochen zu werden. Die Antwort war Ja. Daraufhin bat ich Lauermann, der sich gleichfalls auf das Pendeln versteht, selbst das Pendel zu befragen. Die Antwort war wiederum Ja. Also nahm ich mir ein Herz und fragte ihn, ob er Giordano Bruno gewesen sei?

»Ja«, sagte Lauermann. »Aber das weiß außer mir und dem Mann, der die Rückführung mit mir machte, nur meine Frau. Ich habe es niemandem gesagt.« Ich war wie betäubt, denn ich habe meinem eigenen Erkennen nicht geglaubt. Da saß ich also mit Giordano Bruno, über den ich ein Opernlibretto geschrieben habe – *Der Tulifant*, dem Komponisten dieses Librettos Gottfried von Einem und drei Zeugen des Unglaublichen bei Wein und Kuchen an einem Tisch. Am nächsten Tag würde ich aus dem *Nächtebuch* und der *Schmetterlingsschule* lesen, in der ich so viel von Giordano Bruno zitiert habe. Denn ich liebe sein Weltbild, es ist auch das meine, und die Oper handelt von einem Kind, das ihn aus dem Totenreich zurückholt, vom Scheiterhaufen, auf dem er 1600 verbrannte.

Lauermann mit dem intensiven, aufrührerischen Blick – an dem hab ich ihn wohl wiedererkannt – wollte dann wissen, ob wir einander damals begegnet wären, und ob ich vielleicht eine Frau war? »Nein«, sagte ich spontan, »einer der Häscher.« Wir befragten das Pendel, das offenbar mit unserer rechten, nicht verbalisierbaren Hirnhemisphäre korrespondiert. Also ich scheine damals der Geistlichkeit angehört zu haben, der römisch-katholischen, und ihm in meinem Glaubenshaß einen Arm ausgerenkt oder ausgerissen zu haben. Jetzt verstehe ich endlich meine ambivalente, geradezu leidenschaftliche Beziehung zur Kirche. Ich hasse sie, bin längst ausgetreten, aber irgendein Teil in mir gehört ihr noch immer an. Hat *Jesu Hochzeit*, die zum Opernskandal wurde, etwas damit zu tun?

Gottfried hat Lauermann eingeladen, zu uns ins Waldviertel zu kommen und eine Rückführung zu versuchen. Da er auch diesmal ein unkonventioneller Philosoph ist, kennt er die Grenzpässe, über die wir unsere Wirklichkeit überschreiten können. Er hat uns auch erzählt, warum Giordano wirklich verurteilt wurde. Weil, wenn wir ihn recht verstanden haben, er in der Annahme unendlich vieler Welten die Erlösungstat Christi nur für diese eine gelten ließ. Aber das muß er uns alles genau erzählen, wenn er kommt!

Wien, 10. November 1986

Die Lesung gestern verlief sehr gut, Giordano Bruno saß in der ersten Reihe, und nachher fand sich ein Freundeskreis mit der Verlegerin Gabriele Wälder, die wie eine schöne französische Prinzessin aussah, bei Hanne zusammen. Wir tranken den ganzen Nachmittag Wein, es war wunderbar. Aber als ich heute früh im Schlafwagen aufwachte, sagte Gottfried zu mir, ich hätte im Zug von Freiburg nach Basel und später im Baseler Schlafwagen wieder einen Anfall tödlichen Hasses gehabt. Hätte wildfremden Leuten erklärt, daß er an Leib und Seele stänke und sich aus dem Zug stürzen solle. Nicht stammelnd oder betrunken, sondern mit dieser tiefen, fremden, glasklaren Stimme, die er schon an mir kennt. Ich hätte mich dann, sagt er, von ihm getrennt und wäre allein in einem dunklen Abteil gesessen. Ich bin entsetzt. Denn die Lotte Ingrisch, die ich kenne, ist eine freundliche und dezente Person. Bin ich besessen (von einem abgespalteten Teil meiner selbst?) oder werde ich schön langsam verrückt? Allerdings weiß ich, daß ich, wenn auch sehr selten, eines mörderischen Hasses fähig bin.

Rindlberg, 12. November 1986

Sehr sonderbarer Traum heute nacht: Ich komme in unsere alte Wiener Wohnung in der Marokkanergasse. Zu beiden Seiten des Korridors (was in Wirklichkeit nicht möglich wäre) ereignen sich Rohrbrüche, und das Wasser schießt aus den Wänden und überflutet die Böden. Die ganze Wohnung ist groß, trist und leer. Ich stehe im Korridor und versuche, telefonisch Hilfe herbeizurufen. Aber ich erreiche weder den Klempner noch meinen ersten Mann. Die Verbindungen, um die ich mich so bemühe, kommen gar nicht oder nur fehlerhaft. Hugos Stimme, zum Beispiel, sagte zerhackt und wie ein Automat, daß er nicht sprechen könne. Und das Wasser in der Wohnung stieg und stieg... Aber da war noch jemand neben mir. Als ich kurz aufwachte (die Kater Tüpferl und Schnäuzchen halten mich noch immer für ihre Mutter und saugen an meinem Mund) und mich fragte, wer, da sagte eine Stimme in mir, das war ein Mann von einem anderen Stern. Im gleichen Moment wurde, ich spürte das sehr deutlich, jede Information über diesen Sternmann in meinem Bewußtsein gelöscht.

Ich träumte weiter, und Gäste kamen in die Marokkanergasse, viele Gäste, es war ein Mittagsempfang, von dem mir keiner etwas gesagt hatte. Aber wie anders war jetzt die eben noch kahle, ertrinkende Wohnung! Von einer solchen Schönheit und intimen Pracht, daß ich mich nicht um die Gäste kümmerte, sondern mit Tränen in den Augen von Zimmer zu Zimmer ging und nicht begriff, wie ich dieses Heim jemals verlassen konnte. Da waren heimliche Höfe zwischen den Zimmern, ganz aus Holz und Himmel, und kleine Wasserwege, von Bögen umspannt, führten direkt in einen mächtigen Strom, den ich für die Donau hielt, obwohl er die sicher nicht war. Zuletzt gelangte ich auch in das Zimmer der toten Frau von Einem, Gottfrieds erster Frau Lianne, die aber nie dort gewohnt hat. Dieses Zimmer ist nur ganz selten zu finden, es liegt irgendwie auf der Rückseite der Wohnung, und nur, wenn man einen ganz bestimmten, heimlichen Winkel einschlägt, gelangt man dahin. Es war schon in früheren Träumen ein verzauberter Raum. Aber erst diese Nacht! Farben und Kombinationen von Farben, wie ich sie noch nie sah, und zum Weinen schön, auch die Möbel.

Und da war wieder der Strom; ich konnte ihn vom Zimmer aus erreichen, und ein Fenster, durch das ich in drei grüne Baumkronen sah.

Ich glaube, die tote Frau von Einem ist nicht Lianne. Die tote Frau von Einem bin ich selbst.

Rindlberg, 16. November 1986

Heute rief Elfriede Hablé an; sie spielt auf der singenden Säge, schreibt Aphorismen und erzählte ihren Traum von Freitag auf Samstag: Wir waren zusammen auf einer Gesellschaft. Ich war vermummt. Nicht dunkel vermummt, sondern hell, in den Farben beige, weiß und rot. Sie konnte mich nur hören, denn ich zeigte mich nicht. Meine Augen waren schwarze Schlitze. Auf die Frage, warum ich mich nicht zeigte, antwortete ich, ich wöge nur mehr 23 Kilo. Die Vermummung war eine zweite Haut, unter der ich zappelte. Dann aber lief ich in meiner Normalgestalt mit ihr und Gottfried Tribünen hinauf und hinunter. Wir saßen auf Sitzen, die hoch und nieder wippten, und sie hat mit Gottfried getanzt.

Zappelt der Schmetterling in der Puppe?

An den Donnerstagen sehe ich weiterhin Eulen; eine sprang mir sogar als Handtäschchen ins Auge. Neuerdings aber auch an anderen Tagen. Vielleicht, weil meine Aufmerksamkeit gerichtet ist. Aber da war etwas Merkwürdiges mit Dr. Lauermann. Er sagte, die Erinnerung an sein Leben als Giordano wurde durch einen Käuzchenruf ausgelöst. Das muß er genauer erzählen!

Kinderspiele

Vor vielen Jahren empfahl Jörg Mauthe mir ein Buch, dessen Autor unsere Kinderspiele bis zu ihren dunklen, magisch-archaischen Ursprüngen verfolgte. Das Buch war vergriffen, aber ich betrachte Kinderspiele seither mit anderen und sehr neugierigen Augen.

Fangerln und Versteckerln zum Beispiel, wie es bei uns heißt. Man läuft so lange vor seinem Verfolger davon, bis man von ihm einen Schlag auf die Schulter bekommt, also geschlagen und gefangen ist. Durch den Schlag wird man selbst zum Verfolger, bis man wiederum einen anderen – oder auch denselben – geschlagen und gefangen hat. Während man den Schlag erteilt, ruft man laut »Bist es!«, also *»Du bist es.«*

Ganz abgesehen von der Dreideutigkeit dieses Rufs, scheint das ein Leben-und-Tod-Spiel zu sein, und der Schlag markiert die Grenze zwischen den beiden abwechselnden Zuständen. Der Tote verfolgt den Lebenden, fängt ihn, die Rollen werden getauscht. Das Spiel hat notwendigerweise einen Anfang, aber kein Ende. Man hört einfach irgendwann auf.

Das Versteckenspiel dürfte dieselbe Genesis haben. Wer stirbt, geht in die Verborgenheit, wird unsichtbar. Aber der Suchende, der hinter die Dinge schaut, vermag ihn zu finden. Und wenn er ihn gefunden hat, muß er sich selbst verstecken, unsichtbar werden. Wer den Toten gefunden hat, stirbt. Aber der gefundene Tote lebt wieder und beginnt seine Suche.

Und dann gibt es das Bäumchen-wechsle-dich-Spiel, das bei uns *Vater, Vater, leih mir d' Scher'* hieß. Warum hieß es so, was wurde abgeschnitten? Jedes Kind stand vor einem Baum, nur eins hatte keinen und eröffnete das Spiel. Los! Alle rannten und vertauschten die Bäume, nur ein Kind blieb übrig und ohne Baum. Das Kind ohne Baum eröffnete das nächste Spiel, und theoretisch konnte es immer so weitergehen.

Kleine Lebensbäume? Oder wahrscheinlich Lebensrollen, welche die Spieler tauschten. Wer keinen Baum, keine Rolle, kein Leben errannte, also der Tote, eröffnete das nächste Spiel, das ihm den Eingang ins Leben wiederum öffnete.

Deute ich richtig? Und gibt es das überhaupt, eine richtige Deutung? Gibt es nicht viele, und alle nehmen auf der Skala der Richtigkeit zu und ab?

Ich habe mir so fest vorgenommen, das Leben zu verstehen und zu erklären, bevor ich sterbe. Und erst jetzt beginne ich zu ahnen, daß es kein Verstehen und Erklären gibt. Unser Geist, oder wie wir dieses begrenzte, pulsierende Bewußtsein nennen wollen, wechselt seine Positionen, das ist alles. Er fließt, und die Welt fließt, nur gibt es so viele Geschwindigkeiten des Fließens. Des eigenen und des alles anderen auch. Ob die Zeit, wie wir diese vielen Geschwindigkeiten nennen, nicht auch eins unserer Kinderspiele ist? Wir können es ewig weiterspielen oder irgendwann aufhören damit.

Auch mit dem Spiel der Erklärung, die ein Spiel für Erwachsene ist. Und, wie sie selbst, weit von den Ursprüngen entfernt. Erwachsene sind noch keine Kinder. Kinder haben viel schönere Spiele.

Eben fange ich an, ein Kind zu sein.

Rindlberg, 20. November 1986

Machte gestern im Traum eine Schiffsreise, auf der ich ein Kind bekam. (Keine Erinnerung an Kindsvater und Kind. Soll das Kind ein Symbol für etwas anderes sein?) Dann besuche ich meine tote Mutter. Mein Bruder kommt mit mir in das Haus am Gaußplatz, in dem sie gelebt hat. Aber die Treppe gehe ich allein hinauf. Meine Mutter öffnet mir als junges Mädchen mit einer altmodischen Schneckenfigur. Später merke ich, daß ihre Jugend durch das Alter hindurchscheint wie durch eine Maske. Sie startet mein Auto und fährt mit mir fort. (Im Leben wagte sie nicht einmal, mit der U-Bahn zu fahren.) Wir gehen in den ersten Stock einer Konditorei, nehmen an einem der Tische Platz. Sie geht noch einmal weg, kehrt mit einem grauen, leicht verwest aussehenden, aber durchaus lebendigen Hund zurück. (Sari-Mäuschen, der tote Hund meines Bruders?)

Rindlberg, 21. November 1986

Gestern abend vor dem Einschlafen begann ich ein Buch zu lesen, das Gottfried mir schon vor längerer Zeit geschenkt hat, *Elidor* von Alan Garner. Ich lag schon im Bett, las schläfrig. Da sprang mich ein Wort an, ein Satz: »Und geht's hier nicht zu deiner Thursday Street?« auf Seite 13. Jetzt wurde ich aufmerksam, war nicht gerade Donnerstag? Natürlich, und ich hatte nicht daran gedacht. Ich fing noch einmal mit dem Buch an. Sein Motto, aus König Lear: »Herr Roland kam zum finstern Turm«. Ja, Jörg kam auch zum finstern Turm, kam als Asche in einer Urne. Die Geschichte handelt von vier Kindern, die in der Donnerstag-Straße plötzlich in eine ganz andere Welt geraten. Und zwar dreht Roland an einem Räderwerk von Stadtplan, bei dem zu jeder Straße ein Buchstabe gehört und eine Zahl. Bei Thursday Street hält die Trommel an. »Thursday Street. Zehn, Sieben L.« Der zehnte Buchstabe ist J wie Jörg. Dann kommt die Sieben, die in seinem Leben und auch in seinem Tod eine so große Rolle gespielt hat. Sieben Jahre lang saß er als Stadtrat auf Stiege sieben im Zimmer sieben. Sieben Stufen führen im »finstern Turm« zu seiner Asche. »Sieben Stufen zu Leben und Tod.« (Jörg Mauthe, *Demnächst*) »Sieben Jahre hat meine Amtszeit als Stadtrat gedauert. Sieben Jahre lang ging ich in diesem verrückten Gebäude ein und aus, sieben Jahre brauchte ich, ehe ich – von L darauf hingewiesen – bemerkte, daß die Stiege, die ich all die Zeit als fast einzige benutzte, die Stiege Nr. VII war.« (Jörg Mauthe, *Demnächst*) »Ich erfuhr auch, daß ›Mond‹ einer meiner geheimen Namen war. Und künftig wird der Vollmond auf der Burg sehr genau hinter dem Turm mit den sieben Stufen aufgehen. Sieben ist die ihm zugehörige Zahl.« (Jörg Mauthe, *Demnächst*) Sieben ist auch die Zahl des Todes. Also Donnerstag-Straße, Jörg, Sieben, L wie Lotte. Könnte es deutlicher sein?

Allmählich wurde mir klar, daß Jörg mir von seiner Todesreise erzählte. »Die Kinder zogen los, die ehemalige Thursday Street entlang. – Nirgends gab es irgendein Geräusch oder eine Bewegung. – Wo kommt denn die Musik her? – Die Häuser schienen in die Dämmerung hineingemalt zu sein. Sie waren so unwirklich wie eine Küstenlinie, die man vom Meer aus sieht. –

Da hinein drang ein anderes Geräusch. Es war tief und dröhnend, wie Wind in einem Kamin. Es wurde lauter, straffer, die Mauern schwankten, und der Boden bebte. Das ganze Kirchengebäude war von dem Geräusch durchdrungen: es pulsierte vor Schall. Dann hörte er, wie eine schwere Tür aufging, und sich schloß; und das Geräusch verklang. Jetzt war es zu ruhig in der Kirche, und unten im Gang bewegten sich Schritte über den Schutt. ›Wer ist da?‹ fragte Roland. Die Schritte erreichten die Treppe und kamen höher. ›Wer ist da?‹ ›Fürchte dich nicht‹, sagte eine Stimme. – In der Tür stand der Geiger. – Roland streckte die Hand aus, um den Bogen zu greifen, aber als er ihn gerade berühren wollte, traf seine Fingerspitzen ein Schlag, der ihm Licht durch die Stirn zwischen die Augen trieb. Es war, als ob in seinem Geist ein Fensterladen aufgestoßen worden wäre, und in dem Augenblick, ehe er wieder zufiel, sah er etwas; aber es ging so schnell vorbei, daß er nur den Umriß von Leere im Sinn behielt. ›Was hast du gesehen?‹ ›Gesehen? Ich habe nicht – gesehen. Gesehen? Türme – wie Flammen. – Eine Kerze im Dunkeln. – Ein finsterer Wind.‹ – Roland taumelte zur Tür, packte den eisernen Griff und zog mit seinem ganzen Gewicht daran. Die Tür ging auf, und er rannte, Kopf nach unten, auf das Straßenpflaster hinaus. Aber er kam nicht auf dem Bürgersteig auf der anderen Straßenseite an, denn die Pflastersteine bewegten sich unter ihm. Er wandte sich um. Der Umriß der Kirche wogte in der Luft und verschwand. Er stand zwischen Felsbrocken an einer Meeresküste, und die Musik erstarb im Getöse der Brecher und im langgezogenen Fallen der Brandung.« (Alan Garner, *Elidor*)

Hat Jörg den Tod, wie im Buch, als blinden Geiger erlebt, dessen Bogen sein drittes Auge öffnete? Und während ich tippe, wie die Kirche in der Luft verschwindet und Roland durch die Kirchentür, statt auf die Straße, an eine Meeresküste gerät, muß ich plötzlich an den Titel dieses Buchs denken: *Die Kapelle der Gefahren.*

Rindlberg, 23. November 1986

Heute kam Giordano Bruno alias Dr. Christian Lauermann mit seiner Frau Gisela bei uns an. Als Gastgeschenk brachte er seine – eigenen – Werke, photokopiert und in Leder gebunden: *Die Vertreibung der triumphierenden Bestie* und *Kabbala, Kyllenischer Esel, Reden, Inquisitionsakten.* Gisela ist blond, schlicht, rundäugig. Sie hat ein Kindergesicht und spitze Elbenohren. Und sie ist schüchtern und sehr still.

Wir wollen fünf Rückführungen machen, ohne Hypnose. Giordano schreibt, was ich sage, mit. Zu unserer großen Erleichterung – irgendwie erwarteten wir das von Giordano Bruno nicht – hat er einen heftigen, aber keineswegs unfreundlichen Humor. Er hat seine Gitarre mitgebracht.

Rindlberg, 25. November 1986

Träumte letzte Nacht, wir zögen in die Wohnung von Walter Schuppich, Präsident der Rechtsanwaltskammer, ein. Eine Wohnung in der City, aber wenn man aus dem Fenster schaut, gibt es keine Häuser, sondern nur Landschaft. Ein schmaler Weg, ungepflastert, führt steil auf einen Berg hinauf. Viele große Nadelbäume. Alles ist geheimnisvoll und sehr schön.

Rindlberg, 26. November 1986

Heute sind Giordano und Gisela abgereist. Er hat uns Widmungen in seine Bruno-Bücher geschrieben, zum Teil in lateinischen Reimen. Gisela sagte, der Wald hinter unserem Haus wäre voll von Kobolden, aber alle wären sie traurig. Sie hat sie nicht direkt gesehen, nur ein Huschen. Obwohl es totenstill im Wald war, einen ungeheuren Lärm gehört. Giordano hat sich mein Horoskop angeschaut. Mein Deszendent, das ist der Ausstieg aus diesem Leben, liegt tatsächlich im März. Er sagt, 15. oder 16. März; das Jahr ist im Horoskop nicht zu erkennen.

Als er uns am offenen Kamin alte Musik auf seiner Gitarre vorspielte, hab ich ihn gefragt, wie er sich daran erinnerte, einmal Giordano Bruno gewesen zu sein. Er sagte, er hätte sich schon als Gymnasiast brennend für ihn interessiert. Und dabei wäre ihm aufgefallen, daß er *wußte*, was er las. Ohne Anstrengung. Dann, 1970, hätte er ein Hörspiel über Bruno gehört, das den Verdacht, gegen den er sich aus Bescheidenheit wehrte, fast zur Gewißheit werden ließ. Obwohl, sagt er, manches in diesem

Hörspiel gar nicht gestimmt hat. (Er gab mir die Kassette schon in Freiburg, aber als ich sie spielen wollte, ging zuerst mein Siemens- und dann auch noch mein Sony-Gerät kaputt. Zwei weitere Apparate, einen Brionvega und einen Sony-Transistor, hat er durch seine bloße Anwesenheit gleichfalls ruiniert. Wie ist so etwas möglich? Er wußte es auch nicht.)

Ja, und dann hörte er ein Käuzchen rufen und machte den Ruf des Käuzchens zu seinem Orakel. Würde es *Ja* rufen oder *Nein*? Das Käuzchen rief Ja, und er akzeptierte, daß er wirklich Giordano Bruno war. Eine spätere Rückführung bestätigte es. Komisch ist nur, daß der Jörg mir, bevor er starb, sagte, ich wäre ein Käuzchen. Und ich habe ihn ja wirklich und vor Zeugen in Freiburg erkannt, also Ja gerufen!

Als Giordano bei uns war, und es war ein ungewöhnlich milder November, bekam er Brandblasen an den Händen. Er meinte, die kämen von der Kälte und der schlechten Durchblutung. Aber es war nicht kalt, und Frostbeulen sind rot. Das aber waren eindeutig weiße Brandblasen. Gut, ich würde das nicht als Beweis gelten lassen. Mit der Psychiatrie und hysterischen Symptomen, selbst wenn sie bei Heiligen auftreten, bin ich durchaus vertraut. Aber da ist, außer den Protokollen, die gleich folgen werden, noch anderes passiert.

Heute führte Giordano mich in Existenzen jenseits unserer Erde zurück, es war die reinste Himmelfahrt. Und als wir fertig waren, klingelte das Telefon. Eine sehr angenehme Stimme meldete sich: »Hier Himmel!« Also mich wundert schon nichts mehr, und so war ich nicht einmal überrascht. Ein Herr Manfred Himmel lud mich ein, einen Vortrag und Work-Shops bei den Externsteinen zu halten. Er nannte mir die illustre Liste der Teilnehmer, darunter eine Ulla Wittmann, die gerade ein exzellentes Buch über Giordano Bruno schreibt. »Ja«, sagte ich, »für den koche ich gerade Suppe. Ich muß ohnedies umrühren, also hole ich ihn inzwischen ans Telefon.« Was geschah. Ulla Wittmann, von der Giordano nichts wußte, lebt in Freiburg, wie Lauermann auch. Und natürlich stürzt er jetzt auf sie, seine Biographie, zu! Da wir heute nach Wien fahren müssen, rief ich Alexandra Steinbeis, unsere Nichte und wahre Verwandte – wir kennen kein lebendigeres Geschöpf und lieben sie zärtlich – in Oberlaindern an. Natürlich wollte sie Giordano kennenlernen, war aber für den Abend schon mit chinesischen Freunden verabredet. Die Lauermanns würden bei ihr übernachten, und für den Abend lud sie unseren gemeinsamen Freund Herbert Röttgen ein, den Verleger. »Giordano Bruno?« rief er am Telefon. »Ich komme sofort! Seit einem halben Jahr beschäftige ich mich mit nichts anderem mehr als mit ihm.«

Das sind erkennbar werdende Muster! Keine Aneinanderreihung von Zufällen. Ich erkenne die Muster, aber noch nicht ihre Bedeutung.

Erste Rückführung: Sonntag, 23. November 1986

Ich sehe einen spitzen Berg. Hoch, schmal. In seiner lila-violetten Mitte nach allen Seiten ausstrahlend. Der Himmel ist von diffusem Goldgrau. Ein Meer zwischen mir und dem Berg. Wasser. Der Gipfel des Berges ist mit Schnee bedeckt. Ich besteige den Berg in immer höheren und engeren Kreisen. Dies tat ich schon oft im Traum, obwohl ich mich an keine Kreise erinnere. Ein steiler Weg durch baumloses Geröll. Dann Hochwald, Nadelbäume, sehr grün. Der Weg ist braun. Im Traum kehre ich in einem Wirtshaus ein, in immer demselben. Holz und Stein, dunkle Wände, zeitlos. Der Wirt ist groß, kräftig, dunkel. Vollbart und blaue Schürze.

Ich steige höher. Geröll, ein gerader Weg, düstere Dämmerung. Das goldbraune Leuchten ist verschwunden. Dunkle Wolken am Himmel. Ich bin allein. Erreiche die Schneegrenze. Der Schnee ist wie Daunen, doch versinke ich nicht in ihm. Aber ich hinterlasse auch keine Spuren. Der Schnee ist mein Bruder, mein Gefährte, der mich trägt.

Mein Engel ist ganz blau. Er neigt sich über mich, berührt meine Schulter. Sein Gesicht kann ich nicht erkennen. Als ich noch jung war, neigte er sich nachts an der Schlafgrenze über mich. So oft. Seine Gesichtslosigkeit stürzte mich in Entsetzen. Ich wagte nicht einzuschlafen. Er war eine Bedrohung, flößte mir Angst ein. Es war am Anfang meiner zwanziger Jahre. Daß er mein Engel sein könnte, nahm ich damals nicht an. Jetzt graut mir nicht mehr vor seiner Gesichtslosigkeit.

Auf seiner Spitze gehe ich in den Berg selbst hinein. Er ist innen ganz schwarz und glatt wie Basalt. In der Mitte ein Feuergürtel, ein goldroter Kranz. Keine Hitze geht von ihm aus. Wir durchschreiten den Feuergürtel. Vor ihm ist Nebel und hinter dem Nebel lauter Licht. Ein horizontaler Spalt öffnet sich im Nebel, und ich schwebe horizontal hindurch. Mein Engel hat sich völlig im Raum aufgelöst.

Ich stehe auf einer Wiese mit Blumen und Gewässern, obwohl ich die Landschaft nicht sehe und auch weiß, daß es sie nicht gibt. Nichts ist mehr wirklich. Ich schwebe in die Mitte. Da ist ein schwefelgelbes Leuchten, wird zum schwefelgelben Vogel mit Eulenaugen und gebogenem Schnabel. Er hackt mir beide Augen aus. Aber es tut nicht weh. Wo meine Augen waren, entstehen zwei schwarze Löcher wie Brunnen. Ich falle hinein, falle viel tiefer, als der Berg hoch ist. Spiegelsymmetrisch ragt der Berg unter die Erde. Ich bin jetzt im Mittelpunkt des dem oberen Gipfel unten entsprechenden Trichters. Dort ist vollkommene Stille, Bewegungslosigkeit; ich selbst bin ohne Gestalt.

Ich komme aus dem Trichter, der unteren Bergspitze, heraus. Nicht auf die Erde, sondern in dunkelblauen Sternenhimmel. Die Sterne stehen dicht beieinander, funkeln, sind lebendig und in Bewegung. Auch ich beginne zu funkeln und mich zu bewegen als ein Stern.

Mein Engel erscheint jetzt mit goldener Krone. Sein Mantel ist blau, und die Sterne sind in ihn verwoben. Er ist kein blauer Engel mehr, sondern ein König mit blondbraunem Haar, blauen Augen und lächelndem Mund. Und er sieht ganz irdisch aus! Vertrauenerweckend. Jemand, der gern ißt und trinkt.

Das Reich der falschen Ziele

Die Gerechtigkeit. Ich versuche, den Weg der Gerechtigkeit zu gehen. Er führt im Kreis, öffnet sich nicht. Ein Kreis, auf dem nichts wächst und gedeiht.

Erlösung. Ich bin nicht Jesus, obwohl ich jedes Kreuz auf mich nehmen würde, um alle anderen zu erlösen. Der Engel ist nun mit mir verschmolzen. Ich soll nicht versuchen, helfend in andere Seelen einzugreifen. Das ist, als würde ein Stern in die Bahn eines anderen Sterns eingreifen, und nicht Harmonie entstünde, sondern Disharmonie.

Mein Engel entfernt sich als Licht schräg aufwärts von mir.

Er lehrt mich, zu lieben und zu lassen. Wichtig ist nicht die Tat, sondern die Liebe. Gerechtigkeit ist ein Vorhang, der die Wirklichkeit verbirgt. Ich soll ihn zerreißen. Gerechtigkeit ist, wie alle Werte, eine menschliche Idee.

Werte sind Treppensteine, über die man irgendwohin gelangen kann. Ist man darüber gegangen, sind sie bedeutungslos.

Glück ist ein Zustand des Strahlens. Nicht durch Tun bewirkt, sondern durch Zeit und ihre Grenze zur Zeitlosigkeit. Glück ist das Passieren dieser Grenze. Wir verlieren unsere Farben, unsere Person verbrennt, wird Licht. Das Ziel ist die Ewigkeit hinter der Schwelle. Der Engel geht immer wieder über die Schwelle, herüber, hinüber, sich mit Glück aufladend, das er versprüht.

Alle anderen Ziele sind falsch. Das Sein ist ziellos.

Wege sind Muster, und alle Wege sind ineinander verschlungen wie Fäden, Linien eines Ornaments. Es gibt lange und kurze Fäden, einfache Linien und komplizierte im Muster.

Karma ist das Muster, das sich bewegt wie der bunte Faden in einem Tuch. Kann man gegen den Sinn des Karmas leben? Der Faden kann sich nicht gegen den Sinn der Nadel führen. Doch kann er reißen, endet im Bild, ohne Fortsetzung, endgültig.

Und wieder ist der blaue Engel ohne Gesicht.

Das Spiegelbild der Kindheit

Ein blasses, mageres trauriges Mädchen geht rechts neben mir. Nun wird es fröhlich, blickt lachend zu mir auf. Es möchte zum Druidenstein gehen. Dort verwandelt es sich in einen alten Mann mit blauem Umhang und weißem Haar, der Zeremonien auf dem Stein vollführt. Auch andere Leute sind da, stehen im Halbkreis um ihn herum. Wo früher der See war, steht jetzt ein Stein. Der alte Mann ist der Druide des Steins. Wie lange das her ist? Die Zahl 13 erscheint auf dem Stein. Jahreszahlen, sagt der Engel, sind in Träumen ohne Bedeutung. Die Zahl ist ein

Kompaß. Vor dreizehn Rhythmen oder vor siebenhundertsiebenundsiebzig. Jeweils drei Leben hängen zusammen, bilden einen Körper, aufeinander bezogen wie drei Schenkel eines Dreiecks.

Was tat das Kind als Druide am liebsten? *Schlachten.* Ich sehe Blut auf den Stein fließen. Das Blut eines großen schwarzen Vogels. Ich habe ihn anstelle der Göttin Morrigan geschlachtet, daß ihre Kraft auf mich übergeht. Der schwarze Vogel ist eine Krähe. Er sagt, er wäre mein Freund und nähme mich in die Vogelwelt mit. Die Vögel wissen, daß sie keine einzelnen sind; jeder erlebt sich selbst als Teil des Schwarms, und ihre Gedanken sind nicht durch Körper getrennt. Auch nicht ihr Wille, und ihr Bewußtsein ist eins.

Die Krähe verspricht, als unbewußter Vogel in mir zu bleiben. Sie öffnet ihren Schnabel, aus dem eine goldene Kugel in den Teich fällt. Wo Stein war, ist wieder Teich, und Kreise entstehen im Wasser. Der Vogel löst sich im Himmel auf. Wo er sich auflöst, ist der Himmel von dunklerem Blau. Real sind, sagt mein Engel, nur Farben, nicht die Gestalt.

Er legt die Hand auf meinen Scheitel, lächelt ohne Gesicht, entfernt sich langsam. Noch immer fühle ich auf meinem Scheitel den starken Druck seines Daumens.

Zweite Rückführung: Montag, 24. November 1986

Ich sehe eine brennende Kerze. Ich stehe im rechten Kirchenschiff vor einem Nebenaltar. Ich bin ein Mönch in brauner Kutte, eher klein, mit braunem Haarkranz und rötlichem Gesicht voll Eifer, Rechthaberei und Neid.

Giordano geht durch das Hauptschiff der Kirche. Hinter einer Säule beobachte ich ihn. Ich hasse Giordano Bruno. Mein Motiv ist der Neid. Aber ich rechtfertige meinen Haß, indem ich meinen Glauben rechtens wähne und Giordano so der Ketzerei beschuldigen kann.

Wir kannten einander schon als Kinder. Ich war immer der Unterlegene. Er war kräftiger, schöner als ich, und er hatte Mitleid mit mir. Das ertrug ich noch weniger, denn sein Mitleid entsprang der Verachtung. Er war besser als ich, und wir wußten es beide. Weil er Mönch wurde, wurde auch ich Mönch.

Ich sehe ein blaugraues Tier, Wolf oder Hund, seinen Rachen aufreißend, mich bedrohend. Ich liege auf dem Totenbett.

Meine Aufgabe war gering. Ich hatte für die Kerzen zu sorgen und das Messing der Leuchter zu putzen. Wir gehörten nicht dem gleichen Orden an, doch trafen wir einander in der Kirche. Er sieht mich nicht an, geht vorüber. Ich empfinde Neid. Er ist angesehen. Seine Schriften, die ich nicht verstehe, werden diskutiert.

Meine Aufgabe als Mönch? Ich muß so lange die Leuchter putzen, bis ich selbst zum Leuchter werde, zur Lichtkerze. Ich wußte es damals schon, verdrängte es aber tief. Warum ist Gott nicht gerecht und bevorzugt Giordano?

Ich habe gestohlen. Trug einen Leuchter unter meiner Kutte aus der Kirche und verkaufte ihn einem Händler in der Hinterstadt. – Mein Engel sagt, das Erlernen der Demut ist für deinen Stolz ...

Ich sehe mich als Frau mit schwarzen Augen, straff nach hinten gekämmtem schwarzem Haar, fliehender Stirn, grausamstolzem Mund. Mein Gesicht könnte schön sein, hätte nicht dieser Stolz es verzerrt. Ich bin vierzig Jahre alt. Auf meinem Kopf trage ich Schmuck. Ich bin reich und ohne Mitleid. Habe Diener und Dienerinnen, die ich quäle. Mein Mann ist gestorben und hinterließ mir einen großen Besitz. Ich vergiftete seinen Wein im Silberpokal mit goldenem Grund. Er rutschte langsam seitwärts von seinem Sitz, ohnmächtig. Der Arzt, den ich rufen ließ, war mein Liebhaber. Er bestätigte eine natürliche Todesursache und erpreßte mich dann. Immer wieder mußte ich ihm Geld geben. Er war mager und häßlich.

Mein Ehemann war im Senat. Römer. Stattlich, beleibt. Er schlief mit meiner Dienerin. Sie war jung und blond, und er zog sie mir vor. Ob ich diesem Ehemann wieder begegnet bin? – Gottfried? – Ich sehe mich weinen. Ich liebte den Doktor, meinen Liebhaber, nicht. Ich tat es aus Haß.

Was mein Engel geraten hätte? Die Fäden zu entwirren. Den Schleier des Schicksals, den Schleier aus Träumen zu heben und die Wirklichkeit dahinter zu erkennen. Wir sollen aus den Träumen unserer Schicksale erwachen.

Ich sehe ein einziges blindes Auge. Ich bin blind für die Wirklichkeit hinter dem selbst gewobenen Schleier.

Auch Jesus ist in den Schleier verwoben; kein Jesus ist hinter dem Schleier.

Ich soll, dies ist meine Aufgabe, den Schleier verbrennen? Das Auge sendet blaues Licht aus. Das Verbrennen des Schleiers ist der wirkliche Tod. Ich habe keine Gestalt mehr, es gibt keinen Ehemann, keine Probleme.

Ich verbrenne den Haß gegen Giordano mit dem Feuer der Liebe.

Ich drängte mich hinzu. Gehörte der Inquisition nicht an, war nur Zuschauer. Rannte hinter ihm her und riß ihn an den Armen. Giordano wendete den Kopf, erkannte mich und hat mir verziehen. Zum Auskugeln seiner Arme war ich zu schwach. Schmächtig, mickerig. Er schaute mich mitleidig an, doch ohne Verachtung. Ich schlich davon und weinte. (Ich breche, von Dr. Lauermann nicht notiert, plötzlich und überraschend in Tränen aus. Unter dem dunklen Tuch, das meine Stirn bedeckt, springen sie mir nur so aus den Augen, und mein Mund zuckt.) Ich habe ihn schon als Kind geliebt und bewundert. (Erlange meine Beherrschung zurück.)

Die Zeit Christi?

Ich sehe ein weißes Haus. Trete aus der Tür. Bin eine Frau. Gehe zum Brunnen. Mit einem Krug. Meine Haut ist olivbraun, um meinen Kopf ist ein Tuch gewunden. Die Frauen am Brunnen reden über Jesus. Ich sage nichts. Höre zu und sage kein Wort. – Ich will mich erinnern, aber noch nicht.

Die Erde ist dürr, die Felder tragen wenig Frucht. Ich habe keine Kinder. Mein Ehemann ist krank. Ich will mich jetzt nicht erinnern.

Giordano war einer von denen, die mit Jesus gingen. – Ich will mich jetzt nicht erinnern, mein Kopf schmerzt.

Dritte Rückführung: Montag, 24. November 1986

Ich bin eine Explosion. Wie unser Universum dehne auch ich als Lichtpunkt mich mehr und mehr in Raum und Zeit aus. Die vielen Existenzen, in denen ich erscheine, gleichen Sternen der

Milchstraße, einem expandierenden System. Ich explodiere nach allen Richtungen, meine Existenzen breiten sich strahlenförmig nach allen Seiten aus. Je länger die Strahlen werden, um so mehr Licht verlieren sie. In der Mitte bin ich Feuer. Im Verbrennen sende ich Licht in die Existenzen. Ich bin ein Universum.

Ein Horizont und hinter dem Horizont blauviolettes Licht. Wenn ich auf dem Strahl zurückreise, bin ich nicht sicher, mich noch anzutreffen; nicht sicher, daß meine Mitte noch leuchtet. Jeder Strahl hat einen anderen Engel.

Meine Mitte ist nicht erloschen, sondern in einem Anderswo, das kein Strahl erreichen kann.

Ich sehe ein Herz aus schwarzem Licht; aus dem bin ich gekommen.

Erste Erdinkarnation?

Ich klettere auf den Bäumen, ein kleiner Affe mit blauem Gesicht.

Atlantikinkarnation?

Etwas stürzt über mir zusammen, ich werde von den Trümmern begraben. Die Erde schüttelt mich ab wie ein großes Tier das lästige Insekt. Ich empfinde weder Angst noch Schrecken. Es wird dunkel. Ich sehe zum letzten Mal den Strand und das Meer, eine runde Bucht; jetzt ist sie erloschen. Ich bin nicht traurig. Die Erde hat uns abgeschüttelt, weil sie uns nicht mehr wollte, weil wir in Disharmonie zu ihr lebten.

Etwas kommt von oben auf mich zu, aus der Luft, mit einer riesigen Öffnung, die mich aufsaugt. Wir selbst haben es gebaut. Damit konnten wir alles von der Erde absaugen, das war schlimm. Ich selbst war weder Erbauer noch Lenker eines solchen Metallrüssels.

Immer wieder das Meer und die Bucht, ein Drittelkreis. Ich habe dort gelehrt. Den bewußten Tod. Wie man das Wissen mitnimmt, daß es nicht verlorengeht. Es ist wie ein Schatz in uns allen vergraben. Schon bald können wir diesen Schatz heben. Der Schatz ist die Kenntnis unserer Freiheit, in jeder Form, die wir wünschen zu leben. Unsere Ungebundenheit. Wir können uns beliebig verwandeln. Kein Element bindet uns. Ich kann in der Luft leben ohne Flügel und ohne Flugapparat. Ich kann gasförmig sein und kann flüssig sein, steinern und feurig, wenn ich es will. Die Lehre unserer totalen Verwandlungsfähigkeit habe ich als Schatz in meinen Schülern vergraben, weil ich wußte, daß bald alles einstürzen wird.

Du (Christian Lauermann alias Giordano Bruno, und nur dieses eine Mal duzte ich ihn) warst damals mein Schüler, mein liebster Schüler. Du warst noch jung und ich sehr, sehr alt. Nun mußt du diesen Schatz in dir selbst heben.

Es wird hier wieder eine Katastrophe kommen wie damals, und in menschlicher Form können wir sie nicht überleben. Wir müssen uns verwandeln. Die anderen müssen erlöschen am Ende des Strahles. Es hat nichts mit Zauber und Magie zu tun, sondern die Pole unseres Bewußtseins und seine Achse müssen springen. Wir müssen unseren Schwerpunkt verlagern. Wir werden nicht mehr auf der Erde stehen können, aber auf der Luft ...

(Dr. Lauermann fragt nach dem in meinem *Nächtebuch* beschriebenen Raumzeitausfall, als mein Mann und ich während einer Autofahrt eine markante Strecke von drei Kilometern mit der Stadt Weitra samt Schloß und Umgebung auf unerklärliche Weise vermißten.)

Ein Flugkörper, wie ein sehr großer Fisch, schwimmt auf uns zu. Anders als damals. Damals war die Einsaugung zerstörerisch. Wenn wir diesmal eingesaugt werden, geschieht uns nichts Böses.

Ein Wesen, das nicht menschlich aussieht. Das Raumschiff ist nicht aus Materie, wie wir sie kennen, sondern gasförmig. Es bewegt sich in der Luft ohne das, was wir Technik nennen, und ohne das, was wir Energie nennen. Eine andere Energie bewegt es. Das Wesen ist durchsichtig. Hat eine Gestalt, und hat keine Gestalt. Denn sie verdrängt nichts. Ein langer Kopf wie der eines Pferdes oder Stiers. Das Wesen ist bläulich. Silbern und blau.

Mitteilung: Es hängt mit der Verwandlungsfähigkeit zusammen. Dieses Raumschiff wird nicht mit Materie, sondern mit unserer Traumkraft gebaut. Wer Materie sieht, kommt in der Katastrophe um. Wer Traum sieht, träumt weiter. Man kann das Träumen nicht üben. Der innere Polsprung geschieht plötzlich und spontan.

Die karmischen Bindungen durchschauen, durch sie hindurchschauen. Was wir für karmische Wirklichkeit halten, ist eine Mauer, die durchsichtig werden kann wie Luft. Solange wir an Karma glauben, haben wir Karma.

Das schwarzlichtige Herz.

Das schwarzlichtige Herz wird zum schwarzen Spiegel, in dem wir uns selbst in unendlich vielen Gestalten erblicken. Nachtwächter und Narren.

Ich bin eingeschlossen in einen Kreis hoher Berge. Über mir Felszacken und Sternenhimmel.

Vierte Rückführung: Dienstag, 25. November 1986

Der Meister unseres Schicksals

Ich bin ein sichtbarer Schatten, den mein unsichtbarer Engel wirft. Meine Wirklichkeit ist die Wirklichkeit eines Schattens. Wenn der Schatten kürzer wird, bleibt, der ihn wirft, unverändert. Er ist allein wirklich.

Der Schatten geht wieder in den Engel ein und wird in andere Zeiten und Räume geworfen.

Was der Schatten als Gerechtigkeit versteht, ist in Wirklichkeit die Harmonie in meinem Universum. Keine moralische Kategorie, sondern Physik des Unsichtbaren.

Eine vorirdische Zeit? Keine vor unserer Erdzeit.

Der Schatten fällt auf die Sterne, wenn sich der unsichtbare Engel bewegt. Daß der Schatten seiner selbst bewußt wurde, nannten wir Sünde.

Der Schatten hat keine eigene Identität.

Etwas Drohendes. Ich höre ein zischendes, saugendes Geräusch, als würde ein ganzer Stern zischen und saugen. Er schließt sich um mich. Ich bin eingeschlossen in den Stern.

Wie eine Kugel, eine mondfarbene Kugel, werde ich aus dem

Stern geschossen, mit ungeheuerlicher Geschwindigkeit in die Leere. Der ganze Stern stülpt sich um, ändert seine Form, die Pole biegen sich zueinander, verschmelzen.

Ich empfinde, wie Zorn in mir aufsteigt. Meine Beine beginnen zu schmerzen, ein Schmerz der Erinnerung. Wie ein alter Schuh wurde der Stern zusammengekrümmt, bis sich die Pole berührten, und fortgeworfen wie Abfall. (Das deutliche Bild eines Schuhs, nach innen gerollt, bis Spitze und Ferse zusammen sind.) Haben wir den Stern zerstört? – Ja. – Will noch nicht anschauen.

Wir hatten viel mehr Macht damals. Wir haben sie gegen den Stern gewendet. Wollten ihn bändigen wie ein Tier. Seine Bahn verändern. Wir haben seine Harmonie zerstört.

Es wäre dann immer Sommer gewesen. Wir hatten Hunger. Unsere Bedürfnisse konnten nicht mehr vom Stern gestillt werden. Wir waren so viele. Haben alles Nichtmenschliche ausgerottet. Wir wären sonst gestorben.

So sind wir auch gestorben.

Was der Sinn eines Sterns ist? Alle Sterne zusammen sind jemand anderer. Tiere und Pflanzen sind alle Teile des Sterns, Zellen seiner lebendigen Haut.

Es war nicht die Erde. Ein Stern im Sternbild des Schwans. Es gibt ihn nicht mehr. Kosmischer Abfall.

Alles seine eigenen Bahnen ziehen lassen. Sterne, Pflanzen, Tiere.

Was ich damals war? Polizist. Ein Polizist verhaftet. Wen habe ich verhaftet? Sehe ein Auge, aus dem Tränen rinnen. Das Auge schaut nicht mich an, sondern rechts an mir vorbei. Rechts. Ein Kind?

Jetzt sehe ich mich. Ich bin ein Mann. Mein Gesicht ist häßlich und böse. Das Auge weint immer noch. Ich habe den Tod des Kindes verschuldet. War ich der Ehemann der weinenden Frau? Ich habe das Kind im Zorn erschlagen. Arme, arme Frau. Habe sie mißhandelt, war nicht gut zu ihr. Sie ist abgehärmt, ist traurig, hat Angst vor mir. Ich genieße ihre Angst. Jetzt sind lauter Flecken auf meinem Gesicht. Schwarze Pocken. Ich bin tot, verwese.

Ich bin in keinem Leben zu dieser Frau zurückgekehrt, sie verdiente Besseres als mich. Ich höre eine Stimme sagen »Alma.

Alma.« (Alma ist meine Freundin Alma Zsolnay, Tochter des Verlegers, Enkelin Gustav Mahlers und noch immer traurig und abgehärmt. Aber nicht meinetwegen, und sie hat keine Angst vor mir, sondern wir sind einander zugetan.)

Was das bedeutet, Polizist? Polizei steht für etwas anderes, ist ein Symbol.

Diese schönen, schönen Berge kommen näher, sind schneebedeckt. Haben wir den *Stern* verhaftet? Ihn zu unserem Gefangenen zu machen versucht? Wir hielten uns für die Polizei der Sterne. Dachten, wir könnten Sterne gefangennehmen.

Wir sind keine Herrscher, keine Polizisten. Wir sind die Schatten des Engels und haben vergessen, daß *er* uns wirft.

Fünfte Rückführung: Dienstag, 25. November 1986

Ein blaues Gesicht mit goldenen Augen. Schön. Es trägt mich zurück in die Zeit.

Die Frau am Brunnen schweigt über Jesus. Ihr kranker Mann im Hinterzimmer des weißen Hauses. Die Brunnenfrauen raten, ihn zu Jesus zu bringen, damit er ihn durch Handauflegung heilt.

Ich bringe ihn nicht zu Jesus, denn ich wünsche ihm, meinem Ehemann, den Tod. Er hätte geheilt werden können. Ich will ihn nicht mehr haben. Er ist alt und krank. Ich bin jünger als er und in einen Apostel Jesu verliebt. Doch er beachtet mich nicht. Zieht nur mit Jesus. Wegen des Jakobus lauere ich Jesus überall auf. Er zog immer mit Jesus, aber nicht mit mir.

War ich schlecht? Nein, nur töricht. Ich begriff nicht, daß man nicht einen bestimmten Menschen lieben soll, sondern lieben. Lieben, wie die Sonne nach allen Richtungen scheint. Ich hätte Jakobus lieben können und meinen kranken Mann und alles auf dieser und anderen Erden.

Jesus lehrte die Liebe, die keine Unterschiede macht. Ich habe diese Liebe hier und jetzt erkannt, aber noch nicht das Vermögen entwickelt, sie auch zu leben. Dieses Vermögen wird durch Erwartungslosigkeit entwickelt. – Alles loslassen, geschehen lassen, nichts erwarten.

Ich fühle mich immer verantwortlich. Aber wir sind nur verantwortlich für unsere Beziehung zur Welt, nicht für die Welt.

Die Fälschungen der Schrift müssen getilgt werden. Jesus hielt sich nie für Gott. Er war ein Mensch wie wir. Aber sein Engel wurde durch ihn sichtbar und hörbar.

Welche Bedeutung er heute im Unsichtbaren hat? Er ist der Bildstock, der uns immer noch prägt.

Bildstöcke sind eine Verführung. Alle Lehren sind Bildstöcke. Bildstöcke sind wie Wege, die man gehen kann. Aber es gibt keine richtigen und falschen Wege. Wenn man ankommt, wohin man nie gehen wollte, hat man falsch gewählt. Die Wahl war falsch, nicht der Weg.

In der Vergangenheit wählte ich den christlichen Weg und bin ihn zu heftig gegangen, so daß er falsch wurde.

Wir können uns viele Wege einverleiben und zu einer einzigen inneren Straße aus Licht machen.

Über Jesus gelangen wir nur hinaus, wenn wir ihn verschlungen haben. Er ist nicht das Ende, sondern der Anfang. Wir müssen uns in ihn verwandeln, weil dann erst unsere nächste große Verwandlung beginnt.

Aus dem linken Auge des Engels fahren Blitze, das rechte ist dunkel. Manchmal ist sein Gesicht das eines Dämons. Seine beiden Seiten sind durch Höheres als Weisheit geeint.

Der Verbrannte

Giordano Bruno nämlich, der mir nicht aus dem Kopf geht und auch nicht aus dem Herzen, schon lang. Hätte ich ihn sonst zum Helden meines zweiten Opernlibrettos gemacht? Der Held des ersten war Jesus.

Als ich jetzt die Protokolle der Rückführungen tippte – Dr. Lauermann schrieb alles mit – war ich verwirrt und zutiefst unsicher. Übrigens nahm ich eine kleine Korrektur vor. Christian Lauermann sprach vom *Unsichtbaren Begleiter*. Gegen diesen Terminus hab ich einen geradezu unüberwindlichen Widerstand. Also nenne ich ihn, was mir natürlich erscheint, meinen blauen Engel.

Und die Informationen aus meinen Rückführungen, woher stammen sie? Zunächst muß ich gestehen, und das geht auch aus den Texten hervor: gesehen habe ich wenig. Wenn mich jemand fragt, was ich sehe, sehe ich für gewöhnlich nichts. Allein, und wenn es niemand einschließlich meiner selbst von mir erwartet, schon. Geführt also hat mich eindeutig das Wort, die Sprache, auch wenn sie manchmal von Farben und mehr oder weniger deutlichen Bildern begleitet war.

War ich es, die sprach? Ich meine, mein gewöhnliches Ich? Nachher fragte ich Lauermann, ob alle so ähnlich sprechen würden wie ich. Nein, sagte er, die anderen hätten Emotionen. Ich hatte, bis auf eine einzige Ausnahme (Giordano Brunos Tod) keine. Meine Stimme, die ich ja hörte, war höher als sonst, viel langsamer, und oft so leise, daß es kaum ein Flüstern war. Davon abgesehen sprach ich fließend und ohne das nächste Wort jeweils vorher zu kennen.

Widersprechen die Texte meiner Bildung und meinem Wesen? Nun, im allgemeinen nicht. Der Feuergürtel, von dem keine Hitze ausgeht, ist kein mir vertrautes Bild. Auch nicht die offenbar aufeinander bezogenen Vogelszenen. Andererseits ist mir Morrigan, die Unterweltsgöttin und Königin der Spukgeister, durchaus ein Begriff. Und ich habe genügend verhaltensforschende Zoologen wie Konrad Lorenz et cetera gelesen, um über tierisches Bewußtsein spekulieren zu können.

Und der kleine braune Mönch? Ich glaube nicht, daß Neid in meinem jetzigen Leben je eine besondere oder gar katastrophale Rolle gespielt hat. Nein, bestimmt nicht. Das einzige, was ich noch immer mit ihm gemeinsam habe, ist, daß mir Mitleid ein Greuel ist. Und das, obwohl ich selbst sehr leicht Mitleid empfinde und dieses Mitleid noch leichter in spontane Liebe (nicht in Verachtung!) umschlägt.

Hätte ich mir, als Dramatikerin, diese widerwärtige Mönchsrolle auf den Leib geschrieben? Wohl kaum! Ich bin einigermaßen bescheiden, gut. Aber masochistisch?

Auch Stolz, Grausamkeit und Eifersucht sind keine gegenwärtigen Probleme. Vielleicht deshalb nicht, weil es schon solche waren? Also mir ist der armselige braune Mönch ebenso gleichgültig wie die römische Giftmischerin. Ich empfinde überhaupt nichts für sie. Ist das typisch? Keine Ahnung. Allerdings merke ich, daß mich Schicksale, besonders meine eigenen, immer weniger interessieren.

Bin ich eine Explosion? Dehne mich aus? Natürlich bin ich mit der Urknall-Theorie, die ich für falsch halte, und anderen physikalischen Theorien vertraut. Bedeuten partielle Übereinstimmungen, daß ich einen Bildungs-Cocktail gemixt habe? Nicht unbedingt. Erstens erschien das Bild mir selbst neu, und zweitens müssen Visionen nicht im Gegensatz zur Wissenschaft stehen, im Gegenteil. Wissenschaft ist selbst eine Vision!

Gibt es, gab es Atlantis? Darüber, ich muß es gestehen, habe ich mir nie den Kopf zerbrochen. Plato ist kein Typ, der flunkert. Andererseits besteht die Geschichte, da hat Mommsen gewiß recht, zum größeren Teil aus falschen Zeugenaussagen. Die Fähigkeit zur Verwandlung habe ich immer im Menschen vermutet. Das Bild des im Schüler vergrabenen Schatzes hat mich selbst überrascht, was aber auch auf mein miserables Gedächtnis zurückführbar sein könnte. Dasselbe gilt für den Polsprung des Bewußtseins.

Unbekannte Flugobjekte? Selbstverständlich, da ich – wie Giordano Bruno – unendlich viele Welten annehme. Mir selbst wäre diese Erklärung für die verlorene Raumzeit allerdings nicht in den Sinn gekommen. Warum eigentlich nicht? Gab es da etwas, das unterdrückt werden mußte, verdrängt und vergessen? Vielleicht sogar auf Befehl oder Wunsch?

Die Physik des Unsichtbaren erscheint mir funkelnagelneu, ohne daß sie es deshalb auch sein muß.

Kann man die Bahn eines Sterns verändern, wurde das jemals versucht, gibt es Spekulationen darüber? Ich weiß es nicht. Aber da spüre ich irgendeine Erinnerung.

Und Jakobus? Nach dieser Rückführung habe ich ihn sofort im großen Brockhaus gesucht. »Es war Jakobus der Jüngere«, versicherte ich Dr. Lauermann, der mein plötzliches Interesse milde zu mißbilligen schien. Aber das Netteste hat er nach der Rückführung in den kleinen braunen Mönch getan. Da reichte er mir nämlich spontan (und mit einer ganz unnachahmlichen Bewegung) die Hand zur Versöhnung. Giordano verzieh. Und ich war tatsächlich glücklich.

So war alles wahr und die Selbstzweifel unbegründet? Ja, vielleicht. Giordano Bruno jedenfalls ist, auch als Christian Lauermann, ein Geist von großer Strahlkraft und makelloser Aufrichtigkeit. Und Giordano Bruno glaubte, auch im 16. Jahrhundert, an Reinkarnation.

Nun gibt es, daran zweifelt die neue Physik kaum mehr, verschiedene Realitätsebenen. Auf einer bestimmten Stufe unserer Entwicklung interpretieren wir unser Erscheinen auf diesen Ebenen als Reinkarnation.

Auf anderen Stufen, darunter und darüber, werden wir dieses bestürzende Faktum jeweils anders interpretieren.

Keine Interpretation ist richtig, und keine ist falsch. Oder, das vermute ich wenigstens, Begriffe wie Falsch und Richtig sind Denkwerkzeuge, primitiv und notwendig für den Kopf wie die Axt für die Hände. Über die Wirklichkeit verraten sie nichts.

Rindlberg, 8. Dezember 1986

In der Nacht vom 1. auf den 2. Dezember, genau um 0.30 Uhr, starb Martha Sills-Fuchs. Ich habe es nicht gespürt, obwohl ich so sicher war, ich würde ihr über die Schwelle helfen und sie gleich darauf in Rindlberg empfangen. Nun ja, vielleicht habe ich das alles getan. Nur, ich weiß nichts davon.

Ihr Sterben war eine schwere Arbeit und dauerte drei Monate

lang. Schwestern, die ich befragte, berichteten von äußersten Qualen, in denen sie Feuervisionen hatte und schrie: »Es brennt!« Aber auch von Zuständen der Verzückung, in denen sie in anderen Welten zu weilen schien. Pferde spielten eine große Rolle in ihren Gesichten und auch schwarze Männer, die sich auf ihr Bett setzten und ihr Angst einflößten.

Noch vermute ich sie in einem Zwischenzustand zwischen Erde und Licht.

Wien, 10. Dezember 1986

Heute wurde Martha auf dem Meidlinger Friedhof begraben. Bei Josefine, einer ihrer Freundinnen, tobt sie anscheinend mit Lärm und Krach in der Wohnung. Alle anderen sind ohne Verbindung zu ihr. Sie haben, wie ich selbst, das Gefühl, daß sie sich noch in einem Zustand tiefer Betäubung befindet.

Rindlberg, 15. Dezember 1986

Zum Wochenende haben uns Alexandra und Ruppse Steinbeis besucht. Beiläufig fragte ich sie nach dem kleinen schwarzen Kater, der – er war erst ein halbes Jahr alt – von einem Auto angefahren wurde und eine Hirnblutung erlitt. Dies hatte sie mir vor einiger Zeit am Telefon erzählt, und auch, daß sie mitten in der Nacht mit dem Tierchen zu ihrem homöopathischen Veterinärarzt fuhr, jedoch fast wieder die Flucht ergriffen hätte, da er sternhagelvoll betrunken war. Und trotzdem hat er den Kater mit einer einzigen Injektion, ich glaube Arnica, gerettet, so daß er nach zwei Tagen schon wieder munter umherlief.

Wirklich keine spektakuläre Geschichte. Interessant an ihr ist eigentlich nur, daß sie nicht stimmt. Sie würde genau zu ihr passen, sagt Alexandra. Aber ereignet hat sie sich nicht, und wir hätten dieses Telefongespräch nie geführt. Nun *weiß* ich aber, daß wir es doch führten! Eine Verwechslung ist nicht möglich, außerdem kenne ich außer Alexandra und natürlich mir selbst niemanden, der seine Katzen homöopathisch behandelt. Was ist passiert?

Stimmt die Theorie von dem sich beständig verzweigenden Universum – und den sich beständig verzweigenden Personen –

und habe ich gewissermaßen mit einem anderen Zweig von Alexandra telefoniert?

Da gibt es nämlich noch ein paar ganz ähnliche Geschichten, spektakulärere, und für die habe ich einen Zeugen!

Basel vor einigen Jahren. Eine Reinkarnationskomödie von mir, *Geisterstunde oder Vorleben mit Nachteilen*, wurde uraufgeführt. Hans Hollmann wollte die Regie machen, gab sie aber im letzten Moment, da er Theaterdirektor wurde, an seinen Regieassistenten ab. Der war ein besonders netter junger Mann, an dessen Namen ich mich nicht mehr erinnere, doch war er der letzte Erbe des legendären »Weißen Rössl« am Wolfgangsee. Jener also erzählte Gottfried und mir, er hätte eine Kriegerwitwe geheiratet, die er mit viel Liebe für den erlittenen Schmerz zu entschädigen versuchte. Als Gottfried und ich dann allein waren, redeten wir endlos darüber. Der Regisseur war drei- oder vierundzwanzig. Hat er, fragten wir bestürzt, seine Großmutter geheiratet? Am nächsten Tag war Generalprobe, und der Regisseur stellte uns seine Frau vor. Sie war etwa zwanzig und bildschön. »Aber«, fragte ich, aus allen Wolken gefallen, »Sie können doch keine Kriegerwitwe sein?« Sie schaute mich an wie einen Idioten. »Natürlich nicht«, sagte sie. »Ich kam ja erst lang nach dem Krieg auf die Welt.« Gottfried und ich starrten uns an ...

Wahrscheinlich waren die beiden während des Krieges verheiratet, er fiel, sie starb. Dann kehrten sie wieder und heirateten noch einmal. Ich finde das durchaus einleuchtend. Nur, auf welchem Weg erhielten wir beide, Gottfried und ich, gleichzeitig diese Information? Der Regisseur stritt natürlich alles ab, und er kann uns diese Geschichte auch gar nicht erzählt haben! Nicht mit seinem normalen Bewußtsein. Betrunken sind wir auch nicht gewesen, keiner von uns dreien. Das Fragezeichen steht noch immer in meinem Kopf.

Dann mein Freund Lambert Binder, Regierungsrat bei der Post, Spezialist in Hexen und Feen. Jetzt ist er schon tot. Aber einmal rief er mich in Rindlberg an und sagte: »Stell dir vor, ich habe soeben erfahren, daß der Felix Braun ein halbes Jahr lang mit einer Fee namens Hedwig verheiratet war.« Der Gottfried stand neben mir, hörte meine Ahs und Os, und natürlich haben wir das hinterher gehörig besprochen. Felix Braun war ein

Dichter, den wir alle das Astralschaf nannten. Aber ich hatte ihn gern. Er lebte als Hagestolz mit seiner gleichfalls alleinstehenden alten Schwester in der Heiligenstädterstraße in Wien, und sie hatten nicht einmal einen Schrank. Halt ein Dichter und keine Subventionshyäne. Als wir wieder in Wien waren und mich der Lambert in der Marokkanergasse besuchte, fragte ich ihn natürlich nach Hedwig, der Fee, aus. »Was für eine Fee?« Der Regierungsrat verstand nicht, wovon ich sprach. Auch angerufen hat er mich nicht. Gottfried und ich teilten unsere Verblüffung gerecht, und merkwürdigerweise hat es mich gar nicht gegruselt. Ich bin sogar ziemlich überzeugt, daß die Information von der halbjährigen Feenehe stimmt. Nur, wie geriet sie in unser Telefonnetz?

Weil es vielleicht dazu paßt oder vielleicht auch nicht: Einer meiner ältesten Freunde war der Universitätsprofessor für Philosophie Karl von Roretz. Er in den Sechzigern, ich noch nicht zwanzig. Und Philosophie war damals eine große Liebe von mir. Die Freundschaft dauerte lang, und ich verdanke ihr viel. Gestern oder vorgestern nacht besuchte ich ihn wieder im Traum und warf einen Brief, den ich ihm geschrieben hatte, in seinen Briefkasten. Nach dem Aufwachen erinnerte ich mich, daß ich ihn jedes Mal, wenn ich von ihm träume, in dem gleichen Haus besuche. Es ist ein großes helles Haus im Stil der Jahrhundertwende, von grünen Bäumen umgeben. Trotzdem steht es in einer Stadt. Das Haus gehört ihm allein, und manchmal empfängt er mich dort. In Wirklichkeit wohnte er recht armselig im letzten Stock eines dunkelgrauen Hauses in der Neulinggasse, ohne Lift, und das Wasser war auf dem Gang. Er war schon über neunzig, als er darin starb. Und wo steht das Haus, in dem ich ihn besuche, das Haus, in dem er jetzt lebt?

Rindlberg, 19. Dezember 1986

Gestern abend beim Einschlafen dachte ich: Donnerstag, und gar nichts Donnerstägliches ist passiert! Dann träumte ich von der Ermordung einer alten Frau. Ihr gehörte ein großes reiches Haus mit vielen prächtigen Zimmern und Treppen. Sie selbst war tief im Innern des Hauses, fast im Verborgenen, denn ich sah sie nicht. Ich wußte nur, daß sie getötet werden sollte und daß ihr Reichtum dann mir gehörte. Schon packten ihre Diener kostbare Brokate und wer weiß was noch für mich ein. Ich würde diese schönen Dinge mitnehmen und fortgehen, nach Haus. Denn ich lebte anderswo. Dann hörte ich die alte Frau schreien, und sie schrie schrecklich und laut. Ich wußte, nun geschah der Mord. Und obwohl ich ihn nicht wollte, verhinderte ich ihn nicht, sondern irrte nur ganz allein in dem Haus umher. Dann wurde sie zum zweiten Mal getötet, und da schrie sie nicht mehr. Im Traum wunderte der doppelte Tod mich überhaupt nicht.

Ich wachte auf, noch in der Nacht. Was bedeutete dieser Traum? Ich bin nicht habgierig, wirklich nicht. Es muß sich also um Schätze der anderen Art handeln. Ist mein Körper das Haus der Frau, und ist sie mein altes Ich? Es waren ja ihre Diener, die sie ermordeten und ihre Schätze für mich einpackten, damit ich sie forttrüge. Welches Ich und wohin?

Zur letzten Eintragung über geheimnisvolle Informationen fiel mir noch etwas ein: Michael Bull, ein englischer Freund und Feenliebhaber, erzählte mir vor ein paar Jahren, wer sein wirklicher Vater wäre, und ich staunte sehr. Denn es handelte sich um eine außerordentlich hohe und berühmte Persönlichkeit. Noch tagelang später freute ich mich für ihn. Nur hatte ich merkwürdigerweise schon am nächsten Morgen die sensationelle Identität dieses Vaters vergessen. Also fragte ich ihn, als wir einander wieder trafen, danach. »Wieso«, antwortete er verständnislos. »Mein Vater war überhaupt nichts Besonderes.« Er erinnerte sich wirklich nicht daran, mir das Geheimnis anvertraut zu haben. Doch bedrängte er nun, irritiert geworden, seine Mama. Vergeblich, die Mutter schwor, kein anderer als der, den er kannte, sei es gewesen.

Nur, warum sollte ich ausgerechnet einen berühmten Vater für Michael Bull erfunden haben? Es gibt dafür einfach keinen Grund. Also fand das Gespräch in einem anderen Zweig meiner selbst statt und gelangte durch eine undichte Stelle in diesen?

Gottfried sieht wieder Katzen. Heute nachmittag eine schwarze; sie sprang in Augenhöhe aus der Wand.

Rindlberg, 20. Dezember 1986

Heute besuchten uns Klaus Brudny und Claudia Habsburg, nahe Freunde der Sills-Fuchs, denen sie die Vollendung ihres letzten Buches, *Der Mittagshirsch*, anvertraut hat. Mit dem Erlös sollte eine Keltenstiftung gegründet werden. Aber Marthas Familie hat das in gutbürgerlichem und keineswegs bösartigem Unverständnis verhindert. Klaus und Claudia wurde der Besuch bei der Sterbenden verwehrt. Darunter haben alle drei sehr gelitten.

Klaus und Claudia sind Geomanten. Wir saßen beim Kaffee in der Küche, draußen stürmte und schneite es. Plötzlich wurde Klaus sehr unruhig, sprang auf. Irgend etwas komme auf das Haus zu, sagte er. Was, wüßte er nicht. Und ohne wenigstens einen Mantel umzuwerfen, lief er hinaus. Ich beobachtete ihn durch das Fenster. Er streckte beide Hände immer wieder nach dem Westen aus, seine große Gestalt schwankte. Vielleicht eine Viertelstunde verging so, zuletzt drehte er sich ostwärts. Er taumelte, als er wieder ins Haus kam. »Sie ist aufgegangen«, sagte er. »Die Sonne.« Tränen standen in seinen Augen. Und wirklich, Schnee und Sturm waren verschwunden, die Sonne strahlte. Er hätte, sagte er, um dieses Zeichen gebeten. Damit er sich selbst und dem, was er soeben erfahren hatte, trauen könnte. Also, er ist Martha begegnet. Sie erwachte aus ihrer Betäubung und ging in eine andere Sphäre ein. Ich glaube, er half ihr dabei. Daß er das kann, weiß ich noch von ihr selbst. Er scheint eine Art Transformator für menschliche Energien zu sein. Jedenfalls, wir waren alle sehr glücklich. Hatten endlich das Gefühl, nun wäre alles gut. Martha hat mir ja auch vor ihrem Tode versprochen, zu kommen. »Ist sie jetzt ganz fort?«, fragte ich Klaus. »Nein«, sagte er. »Sie ist frei. Jetzt kann sie überall sein.« Und dann erst merkten wir, daß Wintersonnenwende ist, heute und morgen.

Rindlberg, 21. Dezember 1986

Im Traum erstand ich ein blaues Samtkleid mit weißem Kragen, wie ich es als Kind trug. Während ich es anzog, ging Jörg Mauthe vorbei. Es war dunkel, doch konnte ich in der Dunkelheit sehen. Plötzlich befand ich mich auf einem Schiff. Alma

Zsolnay war auch dabei. Sie fragte mich, ob ich Paul (ihren Vater und meinen längst verstorbenen lieben Freund) schon gesehen hätte, er wäre auch auf dem Schiff. Ich sah ihn nicht. Wußte nur, um neun würden wir ankommen. Im Vorübergleiten sah ich, wie auf einem imaginären Schiffsbahnhof, ein Schild: »Ried im Innkreis.« Hielt den Traum nach dem Aufwachen für sinnlos.

Gegen Abend telefonierte ich mit Alma, und da fiel der Traum mir wieder ein. »Sagt dir«, fragte ich, »Ried im Innkreis« irgendwas? Ich selbst kenne den Ort nur dem Namen nach, aber Alma wurde ganz aufgeregt. »Aus Ried im Innkreis«, sagte sie, »stammt doch der Franz.« Das war ihr Ehemann. Eine unglückselige Geschichte, und jetzt sind sie endlich geschieden. Also fuhren wir an einer abgeschlossenen Station ihres Lebens vorbei? »Wenn der Paul auf dem Schiff war«, sagte sie, »war es ein Totenschiff.«

Rindlberg, 22. Dezember 1986

Der Traum der zweiten Wintersonnwendnacht: Ich lebe mit Katzen und zwei Ziegen, aber die Ziegen habe ich im Keller meines Elternhauses vergessen. Es ist ein riesiger Keller mit vielen Räumen und Gängen, auch solchen unter freiem Himmel. Ich bekomme einen großen goldenen Schlüssel, mit dem ich den Keller aufsperren kann. Doch lauern mir vor dem Keller und auch in ihm dämonische Männer und Frauen auf, die Informationen über den Grafen Keyserling von mir erpressen wollen. Sie verfolgen und bedrohen mich; dazwischen geben sie mir in Wirtshäusern Wein zu trinken. Zum letzten Wein allerdings lade ich ein: ein Liter weißer und ein Liter roter Wein.

Die Ziegen finde ich nicht, erfahre aber, daß jemand die Flechten auf dem Dach frißt. Meine Ziegen? Nun suche ich sie auf dem Dach, und wirklich, dort wurden sie gesehen. Auch das Dach ist kein gewöhnliches, sondern so groß wie der Keller und an einigen Stellen selbst überdacht.

Eine der beiden Ziegen, sie ist braungelb getigert, finde ich auf einer Kreuzung, die andere suche ich noch.

Arnold Keyserling steht im Traum, so nehme ich an, für den weisen Alten oder das höhere Selbst, nämlich mein eigenes.

Arnold heißt, noch dazu, Adler. Aber wer sind die Ziegen, die ich im Keller meines Elternhauses, also wohl meiner eigenen Unterwelt, zu der ich den großen goldenen Schlüssel besitze, vergaß? Und welche Dämonen lauern vor dem Keller, verfolgen mich hinein, um den Adler aus meinem Bewußtsein zu rauben? Adler und Dach sind vielleicht synonym, und jedenfalls gelangten meine Ziegen aus dem Keller aufs Dach, auch wenn ich nur eine von ihnen wiederfand.

Der Traum erzählt die Geschichte eines geistigen Prozesses, und ich kann sie nicht lesen.

Rindlberg, 27. Dezember 1986

Wirre Träume in den letzten Nächten. Feste bei Arnold Keyserling. Marktgänge. Im Traum besuche ich oft Märkte, und die meisten kenne ich schon. Ich verlange und bekomme Ziegenmilch zu trinken. Aber Gottfried vertauscht sie gegen Champagner. Aus dem Keller (?) holen wir unsere bunten prächtigen Möbel in die Wohnung und beschließen, sie endlich aufzustellen. Um Platz dafür zu haben, müssen wir manches weniger Schöne von unserer bisherigen Einrichtung aufgeben.

Gehört das in den »Ziegen-auf-dem-Dach-Prozeß«?

Versuche heute nach dem Mittagessen zu schlafen, es geht nicht. Da höre ich Schläge hinter mir. (Ich liege mit dem Rücken zur Südtür, die von meinem Zimmer auf die Holunderwiese führt und jetzt in den Schnee.) Nicht eigentlich Schläge an Haus oder Tür. Es klingt anders. Als schlüge ein Stab gegen die Luft, und die Luft klingt. Also ich zähle die Schläge, und während ich noch zähle – ich hielt irgendwo unter zehn – bin ich eingeschlafen. Nur für einen Moment, wie ich glaubte. Aber eine Stunde später erst bin ich glücklich erwacht. Wirklich glücklich!

Noch während des Zählens dachte ich, die Sills-Fuchs klopfte bei mir an. War ich mit ihr zusammen?

Etwas will ich schon lang erzählen und vergesse es immer wieder. Einer unserer Kater, Mümmy, Schatzmaus oder Mumbuduku Bumbuwu, wurde überfahren. Ich habe ihn praktisch mit dem Spachtel von der Straße gekratzt, sein zerstückeltes Körperchen begraben und einen weißen Knochensplitter aufbewahrt. Irgendwann, ich achtete zuerst nicht darauf, begann ein anderer unserer Kater, Mea Mea Seidenprinz, allmählich Mümmys zum Teil ausgefallene Gewohnheiten anzunehmen. Von Zeit zu Zeit – keineswegs immer! – habe ich das Gefühl, daß der tote Kater im lebendigen wohnt. Mea Mea ist sehr freundlich und süß, er würde jedem Geist Gastfreundschaft gewähren. Natürlich kann es sein, daß ich spinne. Aber warum nur manchmal? Und immerhin habe ich das auch schon bei Menschen erlebt. Daß jemand anderer, Toter, mich durch das Gesicht eines Lebendigen anschaut. Gefürchtet hab ich mich dabei nie, im Gegenteil. Es war immer wie ein Moment der Verzückung. Und was ist schon erstaunlich daran, wenn zwei Geister in einem Leib hausen? Oder auch mehr. Es scheint also auch friedliche, undramatische Fälle von Besessenheit zu geben.

Rindlberg, 29. Dezember 1986

Ich mache Karriere! Bisher war ich eigentlich lauter miserable Personen, außer in Atlantis, aber das ist auch untergegangen.

Jetzt kriege ich einen Brief von Manfred Burkhart-Gallé aus Freiburg, den Giordano Bruno alias Dr. Lauermann rückgeführt hat: »Liebe Lotte! Lieber Maximilian! – Mit Christian hab ich rausgesucht, woher wir uns kennen! Maximilian! Ich war Deine kleine Schwester, und wir hatten heftig was miteinander, bis ich mit siebzehn an der kaiserlichen Krankheit starb. Verblüht halt. Du hast dann von Österreich bis Spanien regiert und Verpflichtungen gehabt. Aber mich ein Leben lang nicht vergessen. Ich habe im Lexikon nachgeschaut. Die Zeit kommt genau bei Maximilian I. hin. – Deine kleine Schwester Manfred (Prinzessin!)«

Dieser Brief hat mich unerwartet fröhlich gemacht, und gegen alle meine Gewohnheiten beantwortete ich ihn sofort. Wahr ist, daß Manfred sich seit Jahren unermüdlich um meinen Besuch in Freiburg bemüht hat, als er mich noch gar nicht kannte. Er schrieb, er rief an, spielte, inszenierte, und er backt die köstlichsten Kuchen, mit denen er mich die beiden Male in Freiburg verwöhnte.

Mitten in der Nacht stand ich auf und grub meine Biographie aus dem großen Brockhaus und aus dem Kulturfahrplan auch.

Fand sogar mein von Dürer gezeichnetes Portrait. Sah eigentlich recht gut aus. Und, lustig, gedichtet hab ich als Maximilian auch schon. Die Frauennamen aus seinem Leben sind mir, die sich nie für Geschichte interessiert und auch in der Schule nicht aufgepaßt hat, merkwürdig vertraut. Maria von Burgund. Anna von Bretagne. Johanna, die Wahnsinnige, seine unglückliche Schwiegertochter. Gegen Wels habe ich immer eine große Abneigung gehabt. Klar, dort bin ich schließlich gestorben. War er in Barcelona, und was geschah dort? Denn als ich vor vielen Jahren hinkam, verfiel ich, die wirklich nicht zum Trübsinn neigt, in eine geradezu erschreckende Depression und wollte nichts als fort!

Ja, und Lisi Buchhöcker, eine Freundin aus Weitra, besuchte mit uns den dortigen Christkindlmarkt. Dabei trafen wir ihren Sohn Arthur, der mir sofort gefiel. Ein großer blonder Arzt. Aber wir wechselten kaum fünf Worte. Nun rief sie mich an und sagt, daß er sich genau an mich erinnert. Ägypten. Ich war eine Prinzessin. Und hielt immer eine Katze auf dem Arm.

Tatsache ist, daß ich mir schon in meiner Jugend Literatur über die ägyptische Kultur besorgte und mit Herzklopfen las. Auch das ägyptische Totenbuch liebe ich sehr, und kürzlich verschlang ich altägyptische Märchen und ägyptische Mythologie. Ja, vor bald zwanzig Jahren ersteigerte ich sogar im Wiener Dorotheum eine sündteure ägyptische Mumienhand. Sie ist von filigraner Schönheit, und ich dachte manchmal, ob sie nicht vielleicht meine eigene war?

Natürlich steht und fällt die Reinkarnationslehre, wie man sie allgemein versteht, mit dem Begriff der linearen Zeit. An diese lineare Zeit glaube ich aber nicht. Wäre es also möglich, daß nicht nur Vergangenheit die Erinnerung, sondern auch Erinnerung die Vergangenheit erschafft? Ich hab das Gefühl, da bin ich auf einer wichtigen Spur, auch wenn sie noch nicht ganz die richtige ist.

Ansonsten verlaufen die Rauhnächte geradezu blamabel.

Rindlberg, 1. Jänner 1987

Zu Silvester saß ich bis Mitternacht allein an der Schreibmaschine, da Gottfried Sterbelieder komponieren möchte. Ich mache die Texte. Irgendwie fand ich das sehr passend für die letzte Nacht des Jahres.

Mein Neujahrstraum: In dem Waldviertler Haus, in dem ich so oft bin und das doch ganz anders als unser Rindlberger Taghaus ist, lasse ich das Tonband der letzten Nacht laufen. Politische Nachrichten, die ich tatsächlich gehört habe, vermischen sich mit Gedanken und Plänen, die mir beim Verfassen der Sterbelieder wirklich durch den Kopf gingen, ohne daß ich sie aussprach. Plötzlich wurde meine Stimme zum grenzenlos erstaunten, grenzenlos entzückten Flüstern: »Wie schön du bist!« Gleichzeitig erkannte ich im Traum, daß diese Worte sich auf eine dem wachen Bewußtsein unsichtbar gebliebene Erscheinung bezogen, und – noch schlafend – eilte ich in Gottfrieds Schlafkammer, um ihm das Wunderbare zu berichten.

Ich reiße meine Wurzeln aus der Zeit

Das ist keine Notiz aus einer der letzten Nächte. Sondern ich fand sie auf einem vor ungefähr achtundzwanzig Jahren beschriebenen Papier. Es war die Skizze zu meinem Roman *Amour noir*, und darüber steht groß *Tarski,* der Name der Hauptfigur. Damals bin ich genau halb so alt wie heute gewesen.

So ist es vielleicht kein Zufall, daß dieses längst vergessene Blatt, vergilbt und zerknittert, gerade jetzt wieder in meine Hände geriet. Beim Lesen mußte ich an die alten Spielkarten mit dem Doppelbild denken. Herzkönig oben und Herzkönig unten, wie man es auch dreht.

Wie eine dieser Spielkarten komme ich mir nun selbst vor. Die Zukunft wird zum Ebenbild der Vergangenheit, und umgekehrt. Glaubte ich wirklich, mich in der Zeit verändert zu haben?

Womöglich sind wir alle lauter Doppelfiguren, und nur in unserer Richtung durch die unsichtbare Linie der Gegenwart von uns selbst getrennt.

So setze ich also diese alte Handschrift, in der Zukunft und Vergangenheit einander spiegeln, zwischen die beiden Jahre:

»Leben und Tod sind nicht zwei Qualitäten, sondern die beiden äußersten Quantitäten einer einzigen Qualität. An einem bestimmten Punkt schlägt das Leben immer in den Tod um.

Der Mensch steckt in der Zeit (fest), ist in ihr verwurzelt wie die Pflanze (im Erdreich) im Raum. Das Tier ist frei beweglich im Raum, der Engel (Geist) in der Zeit. Es ist also unsere natürliche Entwicklung, die Zeitfesseln abzustreifen (zu sprengen)! Ich glaube an die Mutation des Individuums, eine psychische Mutation. Ich glaube, daß ich *alles* kann. Ich will frei sein im Raum und in der Zeit. Ist die völlige Eroberung des Raums durch den Menschen, die eben beginnt, nicht schon das Zeichen, das auch die künftige Überwindung der Zeit für alle verspricht? Wären wir frei beweglich in der Zeit wie im Raum, wäre alles unendliche Gegenwart. Zeit als Funktion des Raums! (Überwindung des Raums – auch Überwindung der Zeit?)

Je mehr ich Identität anstrebe, um so größer wird – parallel hierzu – mein Verlangen nach Dualität. Ich will beides! Mit allem identisch sein und von allem getrennt. Erst die Vereinigung der Gegensätze wäre Erfüllung. Ich will beides! Aus meinem Sein die Gestalt schaffen und aus meiner Gestalt das Sein. Ich will die Gestaltlosigkeit (Bildlosigkeit) in der Gestalt (Bild) erkennen und die Gestalt (Bild) in der Gestaltlosigkeit (Bildlosigkeit). Die beiden Hemisphären – Osten und Westen –, sind sie es nicht auch im Geist? Hälften! Ich will mich morgenländisch auslöschen und abendländisch manifestieren, ganz namenlos sein und ganz Name, alles sein und gesondert von allem. Vielleicht ist, ganz zuletzt, beides das gleiche? Gestalt sein möchte ich immer nur um der Beziehung zu anderen Gestalten (einer einzigen) willen. Das Sein = beziehungslos. Erkenne ich alles in dem Maß, in dem ich mich selbst erkenne?

Sich selbst durchschauen bedeutet, daß etwas hinter uns sein muß, das wir erst erkennen, wenn wir selbst ganz durchsichtig geworden sind.

Aus der Wolke meines Speicherbewußtseinseins strömt (fällt) der Regen der Bilder.

Gesetz von der Periodizität der Formen.

Ideal und Wirklichkeit (Realität) erzeugen sich gegenseitig.

Ich selbst bin das schöpferische Prinzip.

Osten und Westen sind in mir selbst.

Das Gedächtnis = die gefangene Zeit.

Wir sehen die Welt durch die Vergangenheit.

Gesellschaft der Toten, und je höher wir ins Geistige wachsen, um so mehr leben wir mit den Toten!

(Abgeschieden – wovon?)

Auch der Künstler ist paranormal.

Lebe ich *gleichzeitig* in verschiedenen (mehreren) Sphären?
Das Nichts = der archimedische Punkt, von dem aus ich die Welt aus den Angeln heben kann.

Die Unbestimmtheitsrelation gilt auch für Menschen! (Menschliche Beziehungen.)

Tarski wird selbst zum Problem der Zeit.
Er erkennt, daß *er selbst* alle Figuren *ist*.
Er reißt seine Wurzeln aus der Zeit!«

Soweit die unkorrigierten Notizen. Drei Sätze, die ich selbst nicht mehr verstehe, ließ ich weg. Zum Beispiel: »Steinsärge in den alten Klosterruinen.« Meinte ich damit den Friedhof in der asiatischen Türkei? Ein türkischer Major führte meinen ersten Mann und mich hin; keine Ahnung, warum. Wir hatten ihn eben erst kennengelernt. Also, kaum hatten wir den verfallenen Friedhof betreten, versank ich buchstäblich in Seligkeit. Sie schien von einem ganz bestimmten Grab auszugehen, das eigentlich nur mehr aus Erde und ein paar ausgebleichten Knochen bestand. Zu Hugos, Mustafas und meiner eigenen Überraschung betastete ich die Knochen und geriet in eine sehr stille Verzückung. Wollte und wollte nicht mehr fort. Hatte die Gewißheit, zu Hause angekommen zu sein. Es waren, daran zweifelte ich keinen Augenblick, meine eigenen Knochen. Später erkundigte ich mich bei Mustafa, dem Major, wer dort begraben sei? Angeblich Arius, sagte er. Aber würde man nicht sorgfältiger mit arianischem Gebein umgehen? Gab es auf diesem Friedhof Steinsärge, und machte ich die türkische Reise überhaupt zu dieser Zeit? Beschwören kann ich nur mehr den tiefen Frieden, die vollkommene Glückseligkeit an jenem Grab.

Mein Gedächtnis war immer schon schlecht. Bedeutet es, daß die gefangene Zeit in mir frei zu werden beginnt? Die Zeit ...

Ich habe im Lexikon nachgeschaut; damals gab es noch gar keine Raumfahrt, nur Sonden und Satelliten. Die beiden Hemisphären des Geistes haben die Hirnforscher auch erst viel später entdeckt. Und gewiß war die multidimensionale Existenz noch kein Thema. Das bedeutet?

Ich vermute, daß der Eintritt von Ereignissen in unseren Geist nicht bedeutet, daß Ereignisse an sich ein- oder austreten. Das strahlende Panorama der Ereignisse umgibt uns von allen Seiten, durch endlich oder unendlich viele Dimensionen nicht getrennt, sondern verbunden. Ich gehöre zu denjenigen, in deren Geist die Ereignisse unpünktlich, nämlich manchmal zu früh, eintreten. Und so wage ich es, unter die Prophetinnen zu gehen und unsere tatsächliche Überwindung der Zeit anzukündigen. Wer leben wird, wird sehen.

Und wer tot ist, auch!

Rindlberg, 2. Jänner 1987

Klaus Brudny rief heute an. In der Nacht weckte ihn seine Frau Irene, weil die offene Gartenpforte im Wind schlug. Er stand auf und schaute nach. Die Gartenpforte war fest geschlossen. Aber etwas oder jemand, sagte Irene, sei an der Pforte. Sie schlief ein und wachte wieder in einer Art Zwischenzustand auf, in dem sie das Telefon läuten hörte. Martha Sills-Fuchs rief an und bat, Klaus möge zu ihr auf den Friedhof kommen. Und während sie mit Martha sprach, ging Gottfried durch das Zimmer.

Das erzählte Klaus, als er mich nach Marthas Grab fragte, das er am nächsten Tag besuchen wollte.

»War«, erkundigte ich mich bei Gottfried, »irgendwas heute nacht?« »Ja«, sagte er. »Ich bin plötzlich ganz hellwach gewesen, und gleich darauf war ich fort. Es war wie eine Spaltung.« Da erzählte ich ihm, was geschah. Durch Gespräche mit ihm und Klaus konnte ich die Zeit bestimmen: zwischen zwei und drei Uhr früh.

Aufgeregt erzählte ich die Geschichte meinem Bruder. »So, in Kierling?«, kommentierte er trocken. »Und da behauptet der Gottfried immer, er gehe nie spazier'n.«

Rindlberg, 3. Jänner 1987

Gottfried hat Martha den letzten Satz seiner 4. Symphonie gewidmet, die eben fertig wurde. (Statt des versprochenen Liedes.) Die beendete Symphonie feierten wir abends bei Rotwein am Kamin. Für Martha füllten wir ein großes schönes Warzenglas, tranken jeder einen Schluck daraus und gossen den Wein in die Flammen. So hell hat das Feuer noch nie gebrannt!

Rindlberg, 4. Jänner 1987

Heute um drei Uhr nachmittags, wir tranken gerade Tee in der Küche, sah Gottfried eine weiße Katze mit schwarzen Flecken und weißem Schwanz. Sie lief an ihm vorüber ins Vorhaus und ohrfeigte unterwegs geschwind noch das vor dem grünen Herd sitzende Mea Mea. Gottfried schimpfte deshalb mit Schneeflöckchen; da merkten wir, daß Schneeflöckchen hinter dem Küchenherd im Körbchen schlief. Dudelinchen, das auch weiß und schwarz ist, obwohl rot dazu, schlief in einem anderen Körbchen auf dem Schrank. Alle unsere anderen Katzen schauen ganz anders aus. Wir waren verblüfft. Eine Geisterkatze, die einen lebendigen Kater abfotzt? Eine ganz neue Perspektive ...

Rindlberg, 7. Jänner 1987

Christine Busta, die Lyrikerin, wurde heute am Hüftgelenk operiert. Ingrid Wancura, unsere Freundin und Akupunktur-Ärztin, kümmerte sich um sie. Ingrid, Gottfried und ich waren, so glauben wir wenigstens, einmal Geschwister. Allerdings sehen wir uns immer nur als Kinder in einem Bild, das von Waldmüller gemalt sein könnte. Da wir mit der Busta auch sehr verbunden sind, fragte ich mich – während Gottfried mit Ingrid ein telefonisches Schutzengelgespräch führte –, ob die Christl damals wohl auch zur Familie gehört hat? Im gleichen Moment sah ich sie, kleiner als heute, viel weiblicher, eine rundliche Matrone im Umhang aus dunkelblauem Loden. Sie kam auf unser ländliches Haus, nicht das jetzige, zu. Und eine Stimme in mir sagte: »Die Muhme! Christel Busta war unsere Muhme.« Ich nahm Gottfried den Telefonhörer aus der Hand und rief: »Du, Ingrid, sie war unsere Muhme!« Da fing die Ingrid an, sich zu fürchten. Denn im Spital hat sie, wie sie mir gestand, gelogen. Um die Ärzte dort durch ihre mit guten Ratschlägen gespickte Anwesenheit nicht zu beleidigen, erklärte sie, daß die Busta ihre Taufpatin sei. Also doch keine Lüge?

Klar, ich kann diese Information über den telefonierenden Gottfried als Medium aus Ingrids Bewußtsein gezapft haben. Nur, in der Wissenschaft bevorzugt man einfache und elegante Lösungen. Also warum auf dieser so umständlichen beharren? Und schließlich hab ich die Muhme ganz deutlich gesehen!

Rindlberg, 10. Jänner 1987

Nein, erlebt hab ich nichts. Nur zweierlei wurde mir heute nacht klar. Nämlich wieso wir Leute, die im Traum oder in Gesichten ihr Alter, ihr Aussehen und zuweilen sogar ihr Geschlecht verändert haben, trotzdem sofort erkennen. Die Lösung des Rätsels fand ich in den vielen toten und lebendigen Sprachen. In jeder nimmt ein- und dasselbe Wort eine andere Gestalt an. Der Klang, die Wahl und Zahl der Buchstaben, das Geschlecht – alles verschieden, alles ganz anders! Und trotzdem erkennen wir jedes Wort.

Also läßt sich, wie das Wort, auch der Mensch übersetzen! Und nicht nur der Mensch. Wer und was noch? Ein Tier, ein Berg, ein Baum? Alles? Das ist ein sehr aufregender Gedanke, der noch ausreifen muß.

Dann, aber auf dieser Spur bin ich schon lange, kam mir in den Sinn, daß der Tod die gröbste Regel im Spiel der Verwandlungen ist. Solange wir uns nicht vorstellen können, daß wir uns selbst geradezu abenteuerlich verwandeln, bleibt diese Spielregel gültig. Jede unserer Gestalten muß einen Anfang haben, und jede ein Ende. Wir selbst haben den Tod erfunden, und er existiert nur in unserer Wahrnehmung und nirgendwo sonst.

Ist unser Bewußtsein einmal weiter und heller geworden, brauchen wir die Zäsuren des Todes nicht mehr, um uns an der Explosion unserer eigenen Verwandlungen zu erfreuen. Wir können dann auf die bittere Kindermedizin der Lethe verzichten. Auch die Konstruktion der linearen Zeit brauchen wir nicht, wenn unser Bewußtsein die Freiheit des Spiels ohne feste Regeln erlangt hat.

Eines Spiels überhaupt ohne Regeln? Ich weiß es nicht. Ob sie durch Intuition abgelöst werden? Regeln brauchen wir vielleicht nur, so lang unsere Intuition, die zur Ahnung verschleierte Allwissenheit, nicht mehr oder noch nicht funktioniert.

Bei den Tieren nennen wir diese Intuition Instinkt.

Wien, 20. Jänner 1987

Während ich mir heute nachmittag die Haare wusch, dachte ich an Freunde, die ich alle noch treffen wollte, und daß dies vielleicht nicht mehr möglich sein würde. Überlegte dann, daß ich statt der lebendigen Freunde immerhin William Blake treffen könnte und Heraklit und so weiter. Aber ob, spintisierte ich weiter, sie ihre geistige Gestalt behalten und nicht vielmehr aufgelöst haben? Ob es sie also noch gibt oder nicht?

In diesem Augenblick klingelte das Telefon. Ich warf ein Handtuch um den Kopf und ging hin. »Ich möchte«, sagte eine männliche Stimme, »Herrn Doktor Wiederkehr sprechen.« Für mich klang es, mitten in meine eigenen Gedanken hinein, wie ein metaphysischer Spaß. »Den gibt es leider nicht«, antwortete ich spontan. »Sie können nur mit Herrn Doktor Nimmermehr sprechen.« »Und mit wem«, fragte die Stimme, »spreche ich jetzt?« Ich nannte meinen Namen. »Sie sind also die Dame«, sagte der Anrufer, »die sich mit dem Unfaßlichen befaßt.« Dann entschuldigte er sich, und ich meinte, nicht nötig, das Gespräch wäre ja lustig gewesen. Erst hinterher merkte ich, daß dieses Gespräch viel mehr als lustig war. Ein Unbekannter hat meine Frage beantwortet und mich selbst klar kommentiert. Wenn ich Engel ausschließe, was ich prinzipell gar nicht tue, kann derartiges sich nur in einem gemeinsamen Bewußtsein ereignen, dessen holographische Zellen wir sind.

Rindlberg, 25. Jänner 1987

Heute abend saß ich mit Gottfried am Kamin. Da erzählte er mir, er hätte in der letzten Nacht, im halbwachen Zustand, gesehen, wie ich von einer von unserem Dach fallenden Schneelawine begraben wurde, und zwar neben der Haustür, wo die Heckenrose wächst. Er wäre sofort zu unserer Nachbarin, dem Deidei, gelaufen, die auch den anderen Nachbarn, Herrn Klein, verständigen sollte, damit man mich ausgräbt. Nicht ohne Entsetzen erwachte er aus diesem Halbtraum. Und heute nachmittag, etwa um fünf Uhr, sah er wach und ganz deutlich an der Haustür eine Schneestaublawine wie einen Blitz von oben herabkommen. Er öffnete sofort die Tür, um den neuen Schnee vom Eingang zu fegen. Aber da lag kein neuer Schnee, und es hat keine Lawine gegeben.

Ich werde Susi Hochwälder, Fritz Hochwälders Witwe, für den März nach Rindlberg einladen.

Rindlberg, 26. Jänner 1987

Heute morgen erzählte Gottfried mir seinen Traum der letzten Nacht:

»Ich sollte ein Ballett komponieren oder hatte es bereits komponiert. Nun saß ich in einem Theater und sah einer Probe zu. In der Reihe vor mir saßen ein Herr und eine Dame. Zur Dame fühlte ich mich stark hingezogen, war mit ihr verbunden. Da setzte sich eine junge Tänzerin neben mich und begann einen fast peinlichen Flirt, in dessen Verlauf sie ihr rechtes über mein linkes Bein legte. Die Dame vor mir wendete sich erstaunt und verstimmt um. Jetzt fehlt ein Traumstück. Zwei Figuren aus dem Ballett waren besonders wichtig. Sie trugen die chinesischen Namen *Xue* und *Goa*. Ich wollte Ingrid Wancura 5000 Schilling für eine Reise nach China geben. Wir trafen uns. Sie kam in einem weißen Kleid, dessen Oberteil den Schnitt der chinesischen Jacken hatte. Wir hielten uns in der Nähe einer Bank auf, und ich beauftragte einen ihrer Boys mit der Einlösung des Schecks. Er kam zurück und übergab mir eine Reisetasche aus Stoff mit Lederborten. »Das«, sagte er, »ist das Mehl für die alte Dame.« Ich öffnete den Reißzug einer eingenähten Tasche und entnahm ihr das Couvert mit dem Geld, wollte es aber nicht vor Zeugen übergeben. Wir gingen auf einen Platz mit lauter getrennten Sitzgelegenheiten, die so angeordnet waren, daß auf jeden Balken ein Streifen Erde folgte. Sehr unbequem! Fast überall saßen Leute oder spielten Kinder. Viele Baumgruppen befanden sich auf dem Platz. Endlich fanden wir einen leeren Balken; dort wollte ich Ingrid das Geld übergeben, und dabei wachte ich auf.«

»Ruf die Ingrid an«, sagte ich, »und erzähl ihr den Traum!« Ingrid ist unsere Freundin und Akupunkturärztin; sie hat zwei Jahre in China gelebt.

Nach diesem Telefongespräch berichtete Gottfried: »Weiß ist die Farbe des Todes. Die beiden chinesischen Namen bedeuten Blut und Land. Die Baumgruppen und sonderbaren Sitzgelegenheiten befinden sich auf dem Platz des Himmels in Peking. Ingrid hat schon ihre letzte Chinareise abgesagt. Mein Traum hat sie dazu bewegt, nie mehr nach China zu reisen.«

Rindlberg, 27. Jänner 1987

Meine eigenen Träume der letzten Nächte habe ich noch nicht erzählt. Es waren drei, an die ich mich erinnere.

Der erste: Auf dem Kopf- und dem Fußteil meines Bettes liegt je ein Berg voll Erde. Ich trage die Erde ab.

Der zweite: Nachts bin ich mit meinem Auto in einer riesigen Garage eingekeilt. Ich muß den Wagen durch einen finsteren, engen Tunnel steuern. Es gelingt, und ich fahre mit Gottfried auf einem herrlichen Waldweg nach Frankreich: links lauter Berge, und alles ist so schön, wie es in Wirklichkeit gar nicht sein kann. Wir wollen frühstücken, aber das erste Wirtshaus, weiß und rot und so hübsch, hat nur deutsche Küche. Das zweite, es war grün und auch ganz bezaubernd, kocht irisch. Ich fürchte, da es nichts Französisches gab, haben wir gar nichts gegessen. Aber die Waldschneise, durch die wir wieder talwärts fuhren, war wunderbar und hat uns für alles entschädigt.

Der dritte: Ich flog nach Berlin und auch sonst viel herum; traf mich mit einem sonderbaren, sehr großen Mann; zuletzt schwebte ich in einer riesigen schwarzen Gondel himmelwärts.

Übrigens habe ich Susi Hochwälder noch gestern abend eingeladen, und sie kommt am 5. März. Fritz ist im November, glaub ich, gestorben. Wir lieben beide sehr, und Susi scheint ein rechtes Medium zu sein. Auch ihr erscheinen die Toten.

Ja, und immer wieder steige ich nachts ins Meer, obwohl in meinen Träumen Tag ist und die Sonne scheint. Auch in Frankreich war Sommer.

Rindlberg, 28. Jänner 1987

Gestern abend, ich las noch im Bett Fechners *Zend-Avesta*, verspürte ich zum ersten Mal ein bißchen Angst. Und zum ersten Mal verstand ich die Geschichte von Jesus auf dem Ölberg. Es gibt also diesen schmalen Spalt zwischen Wissen und Fühlen, und in diesen Spalt können wir jederzeit stürzen. Auf einmal begann ich, diese Welt verzweifelt zu lieben, ich sah die Kirschbäume und die Sterne, und sie waren zum Weinen schön. Nein, geweint habe ich nicht. Ich bin, sagte ich zu mir, nur eine Welle auf dem Weg in ihr Tal. Dann goß ich mir einen Brandy ein und war wieder vergnügt.

Rindlberg, 29. Jänner 1987

Im Traum verfolgten mich lauter Kinder. Ich flüchtete zu unserer alten Wirtin auf den Berg. (In Wirklichkeit liegt ihr Wirtshaus im Tal.) Die Kinder versuchten, überall einzudringen. Sie wollten mich töten, weil ich eine Hexe bin. »Ich bin«, verteidigte ich mich, »keine Hexe. Ich bin eine Fee!« Die Fee lachte sehr, als sie am Morgen erwachte. Heute ist Jörg Mauthes erster Todestag. Eine Gedenktafel wird an seinem Haus angebracht. Wir wollten deshalb nach Wien fahren. Denn es ist ja Donnerstag, und er hätte gewiß seinen Platz mit mir getauscht. Aber wir sind vom Schnee ganz zugeweht. Unmöglich, mit sechs Katzen bis zur Straße zu kommen.

Aber sind Tote noch abhängig von Entfernungen? Kaum. Also habe ich mich gegen fünf Uhr nachmittags, als alle Freunde zu seinem Haus kamen, nieder- und den Stein, den er mir vor seinem Tod noch geschenkt hat, auf meine Stirn gelegt. Dann machte ich ein spontanes Ritual der Verbindung und hörte auf, ich selber zu sein. Irgendwann sah ich dunkel gekleidete Leute vor seinem Haus stehen, auch die Witwe. Aber das war keine Kunst, schließlich wußte ich ja, daß es so sein würde. Dann sprangen Tüpferl und Schnäuzchen auf mich, die kleinen Kater, die Gottfried die Schakale nennt, und ich stand wieder auf.

Rindlberg, 30. Jänner 1987

Gestern abend haben wir noch Feuer im Kamin gemacht und drei Gläser auf den Tisch gestellt, das dritte für Jörg. Wir tranken einen portugiesischen Vino Verde, weil er der edelste war, den wir gerade hatten. Dann einen Krimsekt, weil Jörg vor seinem Tod noch so gern Sekt trinken wollte; zuletzt eine Flasche erdigen Rotwein. Jörgs Glas tranken wir zuletzt immer gemeinsam bis zur Neige und gossen den Rest ins Feuer. Wir blieben bis zu seiner Todesstunde zusammen und feierten ihn.

Tarot und I Ging sagen, ich sterbe nicht diesen März. Mein Gefühl gibt ihnen recht. Und jetzt bin ich auf einmal enttäuscht. Die Welt ist nicht mehr zum Weinen schön; dafür fange ich an, richtig grantig zu werden. So ist der Mensch.

Das Paradies ist die Ganzheit

Das sagte ich Gottfried abends am Kamin, und ich fügte hinzu: »Das Jetzt ist der zerbrochene Spiegel.«

Ist Unvollkommenheit also nur unvollkommene Wahrnehmung? Und alles, was wir als Übel und Unglück erleben, Verengung des Bewußseins? Ich glaube es immer mehr. Ob wir unsere Welt als beste oder schlechteste aller Welten erkennen, ist tatsächlich eine Frage der Erkenntnis und nicht, wie wir immer annahmen, eine Frage der Welt!

Wien, 1. Februar 1987

Waren um elf Uhr bei der Matinee im Café Sperl. Zu Jörg Mauthes erstem Todestag wurde sein *Nachdenkbuch für Österreicher* neu aufgelegt. Ein Schauspieler las Texte daraus vor, darunter einen über die vielen Österreiche, die es gibt. Das geographische, das historische und so fort. Als er zum phantastischen Österreich kam, ritten am Fenster – ich traute meinen Augen nicht! – eine Dame und hinter ihr ein Herr vorbei. Der Herr trug einen steifen schwarzen Hut. Aber das war völlig unmöglich! Denn sie ritten durch die Gumpendorferstraße, wo die Tramway fährt und jede Menge Automobile. Aber gerade in diesem Augenblick war die Straße still und leer. Nach der Matinee fragte ich mindestens ein halbes Dutzend Leute, ob sie die beiden Reiter gesehen hätten? Ja, sie haben. Gottfried, und nur Gottfried, sah außerdem eine schwarze Kalesche. Keiner von uns zweifelte daran, daß wir soeben einen Blick ins phantastische Österreich getan hatten. Jörg Mauthe, der jenseitige Trickster ...

Rindlberg, 4. Februar 1987

Wenn ich die Augen zumache, sehe ich wieder die fremde Schrift. Sie bewegt sich, ein Tanz unbekannter Buchstaben.

Herbert Zand hat im letzten Jahr seines Lebens auch so eine Schrift gesehen; die Buchstaben waren lebendig und wanden sich wie Schlangen. Die Texte erschienen in Fortsetzungen.

Auch große Flächen, mit kleinen, präzisen Mustern bedeckt, entstehen und vergehen vor meinen Augen. Dazwischen blaues bis violettes Leuchten; diesmal ein neues Blau. Auch Gesichter, die ich nicht erkenne, schauen mich an. Immer von rechts.

Rindlberg, 5. Februar 1987

Endlich wieder ein richtiger Donnerstag! In den Zeitungen lauter Eulen. Und zwischen fünf und sechs Uhr nachmittags wurde ich plötzlich so müde, daß ich mich hinlegte. Dachte, das ist sicher der Jörg, der auf meinen Energien durch die Oberwelt reitet. Ließ ihn gern gewähren und spürte bald weder meinen Geist mehr, noch meinen eigenen Körper. War einfach verschwunden, schlief ein, wachte auf und war noch immer nicht da. Ein unerhört angenehmer Zustand. Gestalt- und bewegungslos durch vollkommene Harmonie. Gottfried kam ins Zimmer, sprach mit geschlossenen Augen zu ihm. Weit fort. Eine Art Trance, aus der ich mich lange nicht löste.

Rindlberg, 6. Februar 1987

Schlechte Nacht. Grippe. Aber am Morgen ging ich mit der Katze Zizi im Traum durch den Wald. Dort fand ich drei Muscheln. Sie waren ineinander enthalten und öffneten sich, als ich sie aufhob. Wie Blüten. Ich hob sie ans Ohr, um das Meer rauschen zu hören. Das Meer, dachte ich, war also vor dem Wald da. Hinter einer funkelnd blauen Mauer fuhr ein schwarzer Zug vor und hielt an. Gleich neben dem sonderbaren Bahnhof gab es ein Haus, das ich noch nicht kannte. Wenn ich wollte, konnte ich dort einziehen.

Ich wollte sehr.

Rindlberg, 7. Februar 1987

Glaube im Traum, wach zu sein, und suche schon wieder die Schlüssel zur Wohnung im jenseitigen Wien. Gehe in das Haus.

Ein alter Mann kommt im Lift aus dem Keller. Listig, mit Glatze, ein schwarzes Tuch schief um die Stirn geschlungen. Meine Wohnung ist um zwei Zimmer größer geworden und strahlend hell. Ob das sehr teuer ist? Ich frage den Mann – er scheint das Haus zu verwalten – was ich tun soll? »Bezahlen«, sagt er mit nach oben verdrehten Augen und fährt lächelnd in den Keller zurück.

Gottfried will noch immer nicht mit mir in diese bezaubernde Wohnung einziehen, sondern in das Haus des toten Dichters Heimito von Doderer. Als ich heute morgen die »Presse« aufschlage, sehe ich ein Riesenbild von Doderer.

Wien, 10. Februar 1987

Feierten gestern Arnold Keyserlings 65. Geburtstag. Ein herrliches Fest! Saß zwischen Arnold und Atti Auer. Atti erzählte mir, daß er in der Singerstraße einen rothaarigen Bekannten traf und sich ein paar Minuten lang mit ihm unterhielt. Als er sich schon verabschiedet hatte, fiel ihm ein, daß der Betreffende tot ist! Er drehte sich rasch um – aber da war niemand. Als hätte der Rothaarige sich in Luft aufgelöst.

Heute früh rief mich Attis Frau Eva an. Auch sie erzählte eine Geschichte. Eva ging durch die Liliengasse und traf die junge, besonders reizende Mitarbeiterin der damals allgewaltigen Herrscherin in der Galerie Würthle, Frau Luise. Eva war über die Begegnung erfreut. »Wie geht es Ihnen?« fragte sie. »Sehr gut«, versicherte die junge Galeristin. »Arbeiten Sie noch bei der Frau Luise?« »Aber nein, schon seit vier Jahren nicht mehr!« Man trennte sich, Eva betrat die Galerie Würthle an der Ecke Liliengasse und Weihburggasse. »Wissen Sie, wenn ich gerade getroffen habe? Ihre junge Mitarbeiterin X.Y.« Frau Luise wurde totenblaß. »X.Y. ist vor vier Jahren gestorben.«

Ich hatte selbst eine höchst mysteriöse Begegnung in der Singerstraße, an der gleichen Stelle wie Atti, und die Liliengasse ist nur ein paar Schritte von der Stelle entfernt. Ist dort ein Korridor, durch den man zwischen den Welten hin und hergehen kann? Eva meinte, dort wimmelte es vielleicht von Toten. Da fiel mir ein, daß ich gerade in der Singerstraße und in der Weihburggasse auch oft denken muß, wie es wäre, wenn mir jetzt meine tote Mutter entgegenkäme oder Herbert Zand, ein verstorbener Freund, oder oder oder. Aber warum denke ich das? Wahrscheinlich kommen sie mir in diesen Augenblicken wirklich entgegen, und mein Gehirn filtert die Wahrnehmung sofort aus.

Wien, 12. Februar 1987

Träumte in der Morgendämmerung von Gottfried. Er stand mit dem Rücken zu einer Tür. Wir küßten uns mit einer Liebe, die nicht von dieser Welt war. Alles war Farbe und Licht, und wir tanzten. Rechts über uns, inmitten der strahlenden Farben, tauchte blitzschnell das weiße Zifferblatt einer Uhr auf, mit schwarzen Strichen, und verschwand wieder. Dieses Zifferblatt hat mich erschreckt.

Dieser Traum hat mich an einen anderen vor vielen Jahren erinnert. Mein erster Mann Hugo und ich hatten uns gerade getrennt. Da begegnete ich ihm an einem Strand aus Sand, in dem die Farben von Himmel und Meer sich spiegelten. Rosa und blaue und grüne und violette Farben von einer unerhörten Schönheit. Langsam und schweigend gingen wir, von vollkommenem Frieden erfüllt, aneinander vorbei.

Wien, 13. Februar 1987

Am Morgen, wir wollten gerade nach Rindlberg fahren, rief mich ein fremder Inder an und bat dringend um ein Gespräch. Wir verabredeten uns sofort im Domcafe am Stephansplatz. Ich sah einen älteren Inder, sehr gut aussehend, die Rolltreppe der U-Bahn herauffahren. Ja, und dann ist er mitten auf der Treppe verschwunden. Was hat das zu bedeuten?

Der Inder, der bald darauf wirklich kam, sah ganz anders aus und heißt Vijay Chadha. Er hat eine mystische Geschichte von mir übersetzen und drucken lassen und wünscht eine engere Zusammenarbeit. Er lud mich sogar nach Indien ein und sagte, ich hätte Power. Die Geschichte vom anderen Inder, der sich in Luft auflöste, hab ich ihm nicht erzählt.

Rindlberg, 14. Februar 1987

Gestern abend mit Gottfried am Kamin. Wir tranken je eine Flasche Opernballwein und den roten Ochs von Lerchenau. Wenn Gottfried will, daß ich eine neue Flasche hole, gibt er dem Gespräch jedes Mal eine mystische oder wenigstens übersinnliche Wendung. Dann kann ich, das weiß er natürlich, nicht widerstehen und öffne den verbotenen Schrank.

Ich sagte, ich hätte bisher nicht verwirklicht, was ich mir am meisten gewünscht habe. Nämlich eine lebendige Brücke zwischen zwei Welten zu sein. Ich stelle mir vor, wenn es mir gelänge, Diesseits und Jenseits wie die Kerne zweier Atome zu fusionieren, würde eine so ungeheure Energie frei, daß unser ganzes Universum verändert wäre.

Alexandra Steinbeis, die Geliebte, rief heute an. Ihre Freunde nennen sie Taschenkrebs. Sie ist sehr klein, brünett, und man kann sich einfach nicht sattsehen an ihr. Alles an ihr scheint fortwährend auf das bezauberndste zu vibrieren, und nicht zwei Sekunden hintereinander schaut sie gleich aus. Sie ist Gottfrieds Nichte, die er verliebt »Tantchen« nennt.

Also, Alexandra hat mein Horoskop zusammen mit den beiden Astrologen von Dethlefsen studiert. Im März, sagen sie, passiert überhaupt nichts. Brisant wird es erst nächsten Jänner, da kommt die Saturn-Konstellation, und ich transformiere mich. In meinem 57. Jahr. Bin schrecklich neugierig! Habe aber meine Siebensachen trotzdem für diesen März in Ordnung gebracht, wenigstens fünf oder sechs davon.

Sollte ich heuer als Aprilscherz am Leben bleiben, hat mein Irrtum doch sein Gutes gehabt. Alle meine Wahrnehmungen sind auf das äußerste geschärft, und meiner Erwartung sind keinerlei konventionelle Grenzen gesetzt. Das fing als leise Panik an und blieb als Aufmerksamkeit.

Rindlberg, 17. Februar 1987

Mein Inder rief heute an, ich bin ihm nachts erschienen. Was ich davon wüßte? Nichts, sagte ich. Man weiß wirklich sehr wenig von sich selbst. Ich bin schon anderen Leuten erschienen und hab es auch nicht gewußt. Tatsache ist allerdings, daß ich Gottfried am späten Abend am Rindlberger Kamin von dem Inder erzählte, und nachts stand ich halt in Wien in seinem Zimmer. Wer weiß, wie viele Erscheinungsformen wir haben! Nicht nur menschliche ...

Der Inder will übrigens mein *Nächtebuch* in England oder Amerika publizieren.

Rindlberg, 19. Februar 1987

Im Traum stehe ich auf einem Bahnhof. Ein Mann tritt zu mir. Ich würde Donnerstag (es ist die Donnerstag-Nacht) angerufen. Ein Mann (Derselbe? Ich verstehe einen Namen, der so ähnlich wie Jenken klingt) würde mich initiieren, meine Transformation einleiten. (Falls die Botschaft verbal war, erinnere ich mich nicht mehr an das Wort.) Ich würde ihn an seiner Stimme erkennen, die fortwährend zwischen höchster Höhe und tiefster Tiefe schwankt. Im Traum höre ich die Stimme wie aus ferner Erinnerung. Hoch, tief, hoch, tief, hoch, tief. Das ist wie ein Rhythmus. Ich sage, diese Stimme wurde mir schon in Briefen prophezeit. Der Mann bittet mich um die Briefe. Ich suche sie im Schreibtisch einer Schule. Es ist mein eigener Schreibtisch, und ich selbst stehe als junges Mädchen davor, von lauter kleinen Kindern umringt. Nur, so habe ich nie ausgeschaut!

Rindlberg, 20. Februar 1987

Das wichtigste Zeichen, dachte ich heute früh, als ich mit der Milchkanne zum Bauern ging ... Das wichtigste Zeichen ist das Fragezeichen! Es gibt so schrecklich viele Antworten, und jede ist wie eine zugeschlagene Tür. Antworten, die wie altes und neues Gerümpel auf allen Wegen herumstehen und sie blockieren. Ob die Antwort gerade richtig oder falsch ist, spielt keine Rolle. Endgültig richtig kann sie sowieso nicht sein. Ich möchte Grammatik-Minister sein und einen Erlaß herausgeben: »Hinter jeder Antwort hat ein Fragezeichen zu stehen! Das Unterlassen von Fragezeichen wird mit Verachtung bestraft.«

Gestern nacht erkannte ich, was ich in vermutlich schon vielen Nächten erkannt habe: die Geschichte mit der Wiedergeburt stimmt, und sie stimmt nicht. Schweiß kann aus jeder Pore brechen, und Leben aus jedem Lauf. Unser Bewußtsein kann allen Lebensläufen folgen, wirklich allen, ohne mit einem von ihnen völlig identisch zu sein.

Auch Wasser fließt ja in allen Flüssen, steht in den Teichen, steigt als Nebel, fällt als Regen. Ist alles und nichts von alledem.

Die Theorie der Wiedergeburt hat mit der Theorie der Form zu tun, und die Theorie der Form mit der Theorie der Wahrnehmung. Mit anderen Worten, Wiedergeburt ist eine Funktion der Wahrnehmung.

Rindlberg, 23. Februar 1987

Träumte heute nacht, ich hätte drei meiner sechs Katzen in einem fremden Garten vergessen. Lief auf die Straße und rief sie. »Sabinettchen, Dudelinchen ...!« Weiter kam ich nicht, denn ich erwachte von einem Riesenkrach. Sabinettchen ist schon tot, aber Dudelinchen kam mit Gepolter vom hohen Schrank gesprungen und stürzte zu mir ins Bett. Selbst wenn ich im Schlaf laut gerufen hätte – Katzen kommen nur, wenn man sie mit dem Futternapf lockt. »Du erteilst«, sagte Gottfried, »den Katzen astrale Befehle.« Kann so etwas stimmen?

Wien, 27. Februar 1987

Am 2. März haben meine *Vanillikipferln* zusammen mit Alexander Lernet-Holenias *Ollapodrida* in den Kammerspielen Premiere, und der gemeinsame Verleger Ulrich Schulenburg lud uns und den Lernet-Erben, einen Großneffen, zum Abendessen ins Grinzinger Haus. Auf meine Bitte wurde auch für Alexander Lernet gedeckt, und ich setzte mich neben den Toten. Ich meine, für den Fall, daß er da war. Denn ich hatte und habe ihn sehr gern. Also kaum saßen wir da, sprang am anderen Ende des Zimmers ein Champagnerkorken mit großem Knall von selbst aus der Flasche. Gottfried sagte, er kannte ihn länger, Champagner sei Alexanders Lieblingsgetränk gewesen. Dann krachte es den ganzen Abend lang rund um uns herum, daß der Hausherr Ulrich ein paarmal aufsprang und nachguckte, ob nichts passiert ist. Nun ja, Alexander hat schon bei Lebzeiten zum blanken Entsetzen seiner Frau Eva in der Hofburg, wo sie wohnten, gespukt ...

Rindlberg, 4. März 1987

Gestern abend mit Gottfried am Kamin. Ich hatte immer wieder das Gefühl seiner Abwesenheit und schaute nach, ob er vielleicht eingeschlafen wäre? Nein, war er nicht. Doch sprach er sonderbar schleppend und mit abwärts gerichteten, fast geschlossenen Augen. Plötzlich sagte er:

»Ich bin in den letzten fünfzig Minuten an einem anderen Kamin gesessen. In Irland. Ein alter Gasthof mit von der Zeit blankgeriebenen Holztischen, an denen Männer und Frauen saßen und etwas Heißes tranken, vielleicht Punsch. Sie sprachen Gälisch und Englisch. Ich sah sie nicht verschwommen, sondern sehr deutlich. Gesichter mit Schnurrbärten, Vollbärten. Keine jungen Leute. So zwischen fünfzig und sechzig. Ich saß mitten unter ihnen und hörte zu. Das Klima war sehr freundlich, wie von einer Seelensonne durchwärmt. Da war eine merkwürdige Frau, etwa sechzig, sehr gut aussehend von Gesicht und Gestalt. Mir schien, als ob es ewig so sein könnte. Dies war kein zufälliges oder absichtsvolles Treffen, sondern ein freundlicher Zustand des Austauschs. Es hätten auch Tage vergangen sein können ...«

Das war abends zwischen zehn und elf. Dann, schon in der Tür seiner Schlafkammer: »Nachher war ich in Kreta. Obwohl ich in Wirklichkeit nie dort gewesen bin. Ich sah die Augen des Meeres. Diesmal nur kurze Zeit. Zehn Minuten? Die Landschaft, das Meer, die Luft. Die Helligkeit! Ganz woanders. Wenig Menschen. Tiere. Schafe, Hirten, ein weißer großer zotteliger Hirtenhund. Schön war vor allem das Licht! Sehr hell, aber nicht blendend.«

Und heute beim Frühstück, als ich ihn nochmals befragte: »Solche Zustände kommen immer häufiger, auch am Tag. Als ob die Zeit porös würde, durchlässig. Manchmal fasse ich mich an und frage, gibt es das noch, diese Materie? Ich gibt es ja nicht.«

Rindlberg, 9. März 1987

Wenn ich die Augen schließe, sehe ich jetzt oft Gesichter, die sich langsam vor mir drehen. Einige dieser Gesichter kehren immer wieder, sind mir schon vertraut. Andere sind fremd. Männer, Frauen – aber eigentlich sind alle irgendwie amenschlich. Und als wäre ihr Zustand nicht fest, sondern flüssig. Sie bewegen, verändern sich, laufen zu Fratzen auseinander, lächeln und zwinkern mir zu. Da nichts in meinem Leben mir die Befürchtung nahelegt, ich wäre ein wenig verrückt, muß es sich um eine völlig normale Sache handeln. Also gibt es diese Personen, die sich langsam um mich drehen, wirklich?

Aber was ist schon wirklich? Wir treiben in einem Meer von Energie, die wir Leben nennen. Unsere fünf Sinne sind Krüge, mit denen wir Leben schöpfen und in Welt verwandeln. Wirklichkeit findet als alchemystischer Prozeß in uns selbst statt. Und so kann eigentlich nichts mehr oder weniger wirklich oder gar unwirklich sein.

Auch erwache ich seit einiger Zeit durch gänzlich unbekannte und unvertraute Geräusche. Ich erinnere mich: Vor vielen Jahren, als ich gerade mit dem Auto über den Michaelerplatz in Wien fuhr, explodierte etwas links von mir, ganz dicht. Der Knall war so laut, daß ich dachte, die anderen Autofahrer müßten ebenso erschrocken sein wie ich selbst. Nur, niemand außer mir schien etwas gehört zu haben. Gestern nach dem Mittagessen waren es zwei dicht aufeinander folgende Laute, die ich nicht beschreiben kann. Kein Krachen, kein Zischen, am ehesten Sprache, Information. Aber verstanden hab ich sie nicht. Letzte Nacht ein süßer, surrender Laut direkt über meinem Herzen. Eine halbe Minute lang, kürzer, länger? Es klang zwar völlig fremd, aber gar nicht zum Fürchten. Etwas Helles, Zärtliches. Nein, eine schnurrende Katze war es nicht. Komisch, ich hab eine verrückte Sehnsucht, das wieder zu hören ...

Geträumt hab ich dann von einem Mann, der ein Graf war und auch Graf hieß. Dieser Graf Graf hatte einen Männerkopf und einen Schlangenkörper, aber statt der schuppigen Schlangenhaut ein hellbraunes Fell. Er schlängelte sich durch ein großes Hotel, in dem ich wohnte und, wie so oft in Träumen, mein Zimmer nicht fand.

Man muß lernen, mit den Toten zu sprechen – und mit den Lebenden zu schweigen

Das sagte Gottfried am 29. Jänner zu mir, als wir abends am Kamin Jörg Mauthes ersten Todestag feierten. Und dies sollte, so nahm ich mir vor, mein Motto für diesen März sein.

Was zu tun war, habe ich getan. Die Finanzen geordnet, mein Testament gemacht, einen guten Platz für die Katzen gesucht und gefunden, falls Gottfried sie nicht behalten will oder kann.

Noch hat sich nichts in meinem Leben verändert. Nachts habe ich manchmal ein ziehendes Gefühl der Angst in der Brust. Nicht sonderlich schlimm, aber wieso ist es überhaupt da?

Ich glaube, ich wünsche mir nicht einmal ein persönliches Überleben des Todes. Denn Person sein bedeutet ja, getrennt vom Ganzen zu sein. Oder wäre das Paradoxon möglich, zugleich Teil und Ganzes zu sein? Und aus dieser Spannung jene besondere Energie zu ziehen, die uns lieben, leiden und lernen läßt?

Wenn ich an mich zurückdenke, sehe ich mich auf der großen Straße gehen, und von den vielen anderen unterscheide ich mich nur im Detail. Die Summe der Menschlichkeit ist bei uns allen gleich. Verschieden ist nur die Art der Berechnung. Und so habe ich keinen Grund, stolz oder hochmütig zu sein. Aber auch Reue quält mich kaum.

Ich habe meine Grenzen aufzulösen versucht, und es gelang nicht. Löst nur Liebe diese Grenzen auf? Und sind Lieben und Erkennen eins? Dann habe ich nicht genug geliebt.

Ich weiß nicht, ob ich jetzt sterben werde. Oder erst nächstes Jahr. Doch habe ich die sonderbare Gewißheit, daß ich selbst darüber entscheide. Aber nicht dort, wo ich mein Denken spüre oder mein Wollen. Diese Person namens Lotte Ingrisch wird ein immer weißerer Fleck auf der Landkarte meiner Welt. Wo ich anfange und wo ich aufhöre – wüßte ich es, was würde geschehen? Gäbe es mich dann noch?

Oder gibt es uns erst dann?

Rindlberg, 10. März 1987

Ein alter Mann und eine einst junge Frau in einem Haus, aus dem sie ausgezogen sind. Der Mann erzählt mir im Traum die ganze Geschichte, und ich muß ein Gedicht daraus machen. Ich schreibe und schreibe. Es fällt mir sehr schwer. (Ist der Mann der Animus, die Frau die Anima, und das verlassene Haus mein eigener Körper? Das Gedicht aber, das mir so schwer fällt, die Verdichtung des Lebens durch den Geist?)

Nächste Sequenz: Ich gehe am Haus meiner jenseitigen Wohnung vorbei und zerbreche mir den Kopf, wie ich die verlorenen Schlüssel wiedererlange?

Ich habe eine große schöne Brille. Eine graue Dogge raubt sie mir und trägt sie selbst. Die graue Dogge ist zugleich ein junges Mädchen. Ich kämpfe mit der Dogge um meine Brille und gewinne sie zurück. Die Dogge droht mir mit ihrer Mutter.

Ich betrete (mit der Brille, also der anderen Sicht?) ein rotes Theater. Zum ersten Mal bemerke ich, daß sich zwischen Bühne und Zuschauerraum ein runder Geheimgang befindet. Ich gelange in diesen Geheimgang, wo ich weder von den Schauspielern noch vom Publikum gesehen werden kann, aber selbst alles sehe. Ich habe das glückliche Gefühl, daß ich nun diese ganze Theaterwelt verändern, verwandeln, erlösen kann.

Rindlberg, 15. März 1987

In den beiden letzten Nächten derselbe Traum: Von meinem Auto, ich erinnere die Farbe blaugrau, fehlt über Nacht vorne ein ziemlich großes Stück. Es ist sehr fraglich, ob ich es wieder aus der Garage fahren kann.

Noch eine andere Traumsequenz der letzten Nacht: Ich gehe mit meinem Bruder – der mir übrigens vor etwa zehn Tagen erzählte, daß auch er nachts den Körper verläßt und im Zimmer herumschwebt, und dies gehört der Wirklichkeit der Wirklichkeit und nicht der Wirklichkeit des Traums an – also ich gehe mit meinem Bruder ans Ufer eines nächtlichen Stroms, größer und breiter, als ich je einen sah. In der Ferne sehe ich das andere Ufer, in Dunkelheit gehüllt. Alles ist stumm und leer. Das Wasser fließt unter dem Ufer, das steil ist, senkrecht, aus zu sonderbaren Formen poliertem Stein. Ich bin nicht sicher, daß ich den Abstieg – und später den Aufstieg – schaffe. Mein Bruder verspricht, mir zu helfen. Im Geist taste ich die steinernen Wölbungen wie Stufen ab. Wir gelangen ins Wasser, und wir gelangen unter das Wasser. Wir gehen jetzt unter dem Strom. Große und kleinere Kammern aus altem, grau gewordenem Holz, deren Böden und Decken voller Risse und Sprünge sind. Wenn die Decke einstürzt, begräbt uns der Strom. Stürzt der Boden ein, fallen wir – wohin? Ich möchte diese gefährliche unterirdische Welt unter dem Strom wieder verlassen und an sein Ufer zurückkehren.

Heute nach dem Mittagessen freute ich mich im Traum unbändig auf die Ankunft eines Mannes. Alles war von dieser glückseligen Erwartung geprägt. Als der Mann endlich ankam, wachte ich auf und erkannte ihn nicht.

Rindlberg, 16. März 1987

Ich weiß nicht, ob ich den gewissen Traum noch ein drittes Mal träumte, denn meine Erinnerung an die letzte Nacht ist verwirrt.

Während des Tages jagte, sozusagen, ein Erfolg den anderen. Plötzlich wollen alle den *Tulifant*, die Giordano-Bruno-Oper, spielen. Es war völlig verrückt. Ich habe, um mit Gottfried am Kamin zu feiern, Champagner und Wein eingekühlt.

Nach dem Mittagessen sah ich mit geschlossenen Augen einen Männerkopf, ich sehe ihn oft, aber nicht in der sogenannten Realität. Diesmal schossen lauter Strahlen sternförmig aus ihm.

Ich weiß nicht, ob ich heute sterben werde. Da ich aber ein Kleinbürger bin, nahm ich auf alle Fälle ein Bad.

Rindlberg, 21. März 1987

Um halb zwölf Uhr mittags sah Gottfried einen Mann in beiger Windjacke sehr schnell, wie auf der Flucht, an unserem Küchenfenster vorbeikommen, nordwestwärts und ohne Gesicht. Gottfried sah nur den Rücken, die Arme, die Windjacke.

Später rief Anna Zanner an und sagte, ich wäre zwischen halb vier und vier Uhr nachmittags in Alma Zsolnays Wohnung in der Operngasse gewesen, später wäre auch Gottfried dazugekommen. Anna ist eine Sensitive, und in der Wohnung, in der ich erschienen bin, hat Paul Zsolnay gelebt. Vor bald dreißig Jahren war ich alle Tage bei ihm.

Rindlberg, 27. März 1987

Zwischen neun und zehn Uhr vormittags sah Gottfried schon wieder einen Mann auf der Flucht. Wieder nordwestwärts, aber diesmal sah Gottfried ihn an unserer Tür vorbeilaufen.

Zwischen beiden Männern waren da wieder Geisterkatzen, die ich zu notieren vergaß.

Erster April

Ja, so will es mir erscheinen. Ich bin ein Aprilscherz. Um ganz aufrichtig zu sein: Ich bin überhaupt nicht traurig darüber.

Eigentlich habe ich es schon während der ganzen letzten Tage gewußt. Daß nichts passieren würde, überhaupt nichts. Obwohl ich natürlich auf eine kleine oder gar große Erleuchtung gehofft habe. Und wenn meine Leser mich vorwurfsvoll anschauen und fragen: »Noch immer?« Ja, dann könnte ich antworten: »O nein. Schon wieder! Ich bin schon wieder da. Gestorben und wiedergeboren, nun nicht mehr dieselbe.«

Nein, ich kann es nicht sagen. Ich habe mich überhaupt nicht verändert. Nichts ist passiert, weder mit noch in mir. Außer, daß ich nach über zwanzig Jahren zum ersten Mal wieder auf Skiern lief, es ging tadellos, und gekauft hab ich mir auch welche. Auf einmal macht mein Körper mir direkt Spaß.

Aber der Mann in der Singerstraße? Und mein die Wirklichkeit deutender Traum?

Beim Nachdenken darüber hab ich ein Motiv entdeckt, ein immer wiederkehrendes Muster in meinem Leben. Ich erlebe beinah alles, bevor es passiert. Ich freu mich so lang auf ein Ereignis, bis es eintritt. Dann ist es mir gleichgültig. Ich sorge mich, bevor ich Grund dazu habe, und leide gewissermaßen auf Vorschuß. Ich lebe nicht synchron mit meiner Biographie. Ich bin ein bißchen schneller als die Zeit.

Irgendwie bin ich also vielleicht doch gestorben, denn der Tod ist kein Thema mehr. Es interessiert mich nicht einmal, ob ich im März 1988 fortgehe oder nicht. »Wenn ich siebenundfünfzig bin, sterbe ich. Im März.« Das war die Botschaft, die aus mir selbst kam. Aber wer war der Bote? Ich glaube, ich denke jetzt nicht darüber nach. Später vielleicht. Oder nie.

Bin ich gekränkt? Nein, nur beklommen. Die Braut steht am Altar, die Glocken läuten, und der Bräutigam kommt nicht.

Ich nehme den schwarzen Schleier ab, lege ihn in die Schublade und motte ihn ein.

Rindlberg, 15. April 1987

Habe heute nacht im Traum von unserer Zahnärztin Elisabeth Brunner-Nagele das große und stattliche Gerippe eines einhundertundzwei Jahre alten Mannes gekauft. Er hat, soviel ich verstand, seinem Leben selbst ein Ende gesetzt. Ein schönes Gerippe, aufrecht, kräftig, mit dichten grauen Haaren am Hinterkopf. Auch ein junges Mädchen wollte es haben. Ich aber hab es für tausend Schillinge bekommen. Ich überlegte, wo in meinem Zimmer ich es aufstellen sollte. Und ich hoffte, wir würden Freunde werden, das Gerippe und ich. Vielleicht sogar Partner.

Rindlberg, Ostersonntag 1987

Heute war Caspar Richter vom Theater an der Wien bei uns, zum ersten Mal. Er sagte, die Uraufführung des *Tulifanten* würde nun eine Co-Produktion des Donau-Festivals mit dem Theater an der Wien, und er selbst würde unsere Oper über Giordano Bruno dirigieren.

Da läutete das Telefon. »Hier Giordano Bruno«, sagte eine Stimme. Im Moment war ich so perplex, daß ich überhaupt nicht verstand. »Wer?«, fragte ich. Aber es war wirklich Giordano Bruno, heute Dr. Christian Lauermann, der aus Freiburg anrief. Ausgerechnet jetzt! Natürlich sagte ich ihm, sein Dirigent wäre gerade bei uns, und lud ihn zur Uraufführung ein.

So eine schöne Synchronizität!

Wien, 27. April 1987

Heute nacht träumte mir, übrigens zum ersten Mal, von Hans Hass. Beim Aufwachen nahm ich mir vor, noch am Vormittag sein soeben erschienenes Buch *Der Ball und die Rose* zu kaufen, um es Gottfried zu schenken. Dann öffnete ich unseren Briefkasten – und das Buch lag schon drin. Mit einer besonders lieben Widmung an Gottfried und mich.

Ich hab nicht nur nie zuvor von Hans Hass geträumt, es ist auch das erste Mal, daß er uns ein Buch schickt.

Sterntaler

So viele, die mein *Nächtebuch* gelesen haben, schreiben mir, und noch immer kommen fast jeden Tag neue Briefe. Ich fühle mich wie das Sterntalermädchen im Märchen. Als es sein Brot, seine Mütze, sein Leibchen, sein Röcklein und sein Hemd weggeschenkt hatte, fielen die Sterne vom Himmel und waren lauter blanke Taler. Da war das arme Mädchen reich.

Auch ich entblößte mich bis aufs Hemd. Denn ich wollte meinen Schatz teilen. So wurde ich zum Chronisten des eigenen und damit auch des allgemeinen Bewußtseins. Denn beides ist niemals wirklich voneinander getrennt.

Darum ist meine Geschichte die Geschichte vieler, und als sie sich selbst lasen, schrieben sie mir. Ich empfing jeden Brief wie ein Geschenk. Die Sterne fingen an, vom Himmel zu fallen, und waren lauter Herzen.

Jetzt bin ich reich.

Todtmoos, 4. Mai 1987

Vier Tage lang haben wir hier den 50. Geburtstag des Bauer Verlags gefeiert. Es war ein glückliches Familienfest. Mehr als tausend Menschen kamen von überallher, und alle liebten einander. Die Referenten, ich war einer von ihnen, verschmolzen geradezu mit dem Publikum. Im Geist des neuen Zeitalters, der sich so hell in Claus und Ulrike Claussen spiegelt, scheinen alte Trennungen plötzlich und ganz selbstverständlich aufgehoben zu sein. So, als strömte ein einziges Leben in uns allen. War es je anders? Nein. Nur: Wieso erkennen wir das erst jetzt?

Friedrich und Waltraud Kirner, das Verlegerpaar, könnte einem Roman Gustav Freitags entsprungen sein. Das ist um so reizvoller, als die beiden echte Boten des Wassermanns sind, Pioniere der Zukunft. Daß sie dabei so altmodische, fast schon ausgestorbene Tugenden wie Bescheidenheit und Würde, Fleiß, Redlichkeit und verschämten Humor aus einer versinkenden in eine aufsteigende Zeit herüberretteten, hat mich, und nicht nur mich, tief gerührt. Und so bitte ich Gabriele Wälder, die nicht nur einer französischen Prinzessin, sondern auch jenem musizierenden Engel gleicht, dessen Bild in fernen Kindertagen über meinem Bett hing – bitte ich also die Kirner-Tochter, diesen Absatz im Buch nicht zu streichen, denn ich möchte zeigen, wie delikat sich bürgerlicher Charme mit transbürgerlichem Bewußtsein mischt!

Noch immer glauben Dummköpfe ja, man müsse Vergangenheit in Kunst und Leben um der Zukunft willen zerstören. Als ob nicht jede Zeit aus anderen Zeiten, vergangenen wie zukünftigen, gemischt wäre, gebunden wie ein Strauß Blumen! Es ist nicht die Kunst des Zerstörens, die wir erlernen müssen, sondern die Kunst des immer wieder neuen Mischens und Bindens.

Dafür brauchen wir, was ich in Todtmoos fand: Phantasie, Toleranz und Humor!

Freiburg, 5. Mai 1987

Giordano Bruno und mein einstiges Schwesterchen, die Prinzessin (Manfred Burkhart) nahmen Gottfried und mich in Freiburg in Empfang. Zuerst fuhren wir alle zu Manfred in den Hau und aßen seine selbstgebackenen Kuchen. Giordano erinnerte mich daran, daß ich auch sein Bruder war. »Wieso?«, fragte ich ganz perplex. »Sie haben es in der Rückführung gesagt!« »Nein, Philippo«, widersprach ich. »Aber da Sie selbst sich daran zu erinnern scheinen, wird es wohl stimmen.« Ich wäre, sagte er, sein jüngerer Bruder gewesen. Da sagten wir wieder du zueinander.

Dann machte Philippo, denn so hieß Giordano Bruno vor seinem Eintritt ins Kloster, eine Rückführung über die Zeit mit Prinzessin Manfred mit mir, das war gestern:

Sechste Rückführung: Montag, 4. Mai 1987

Das Leben Maximilians

Ein großes dunkles Eichenbett. Sie trägt ein Kleid aus rosa Tüll und hat noch eine rosa Blüte im Haar. – Wir kommen von einem Fest. Es ist ihr Zimmer. Ich beuge mich über sie, küsse sie auf beide Augen und den Mund. Dann höre ich Schritte draußen. Wir erschrecken. Nach rückwärts gehend, die Augen noch immer auf sie gerichtet, verlasse ich den Raum. Ziehe mich zurück in meine Gemächer. Es war das erste Mal, daß ich meine Schwester nicht als Bruder berührte. – Kein schlechtes Gewissen erfüllte mich, aber Bangigkeit. Wir wichen einander aus, so gut wir konnten. Vermieden es, uns anzublicken. Bis sie eines Morgengrauens in mein Zimmer schlich und wir uns umarmten, nicht als Bruder und Schwester. Wir liebten und lachten viel. Bangnis und Schrecken fielen von uns ab. Wir waren erlöst.

Diese Liebe hängt mit einer anderen Vergangenheit zusammen, als Mann und Frau. Ich sehe ein hölzernes Bauernhaus, klein, im Wald. Die Frau trägt ein weißes Kopftuch und ein blaues Übergewand. Sie hat ein derbes Gesicht mit bräunlicher Haut, ist vierschrötig. Der Mann blickt finster aus eng beieinanderstehenden Augen. Hager, schmaler als die Frau. Wir arbeiten beide schwer, sind arme Leute. Kinderlos. Nur wir beide im Haus. Sind nicht glücklich. Haben nicht die Gabe, glücklich zu sein. Wir schlafen miteinander, so wie wir essen oder arbeiten. Ohne Liebe und Blüte. Wie zwei aneinandergekoppelte Rösser am Wagen des Lebens, Lasttiere. Gewohnheit bindet uns. Wir betrogen einander nicht. Unsere Sinne sind dumpf. Wir sind beide grob.

Als Bruder und Schwester erwachen wir aus dem dumpfen Traum, zweihundert Jahre später, und merken, was wir versäumten. Langsam erlernten wir die Grazie des Geistes. Es war das erste Mal, daß wir zusammen lebten. Damals wurde der Samen des Eros gelegt.

Bruder und Schwester waren wir in Wien. Zweihundert Jahre davor waren wir in Graubünden.

Ich haßte meine Schwester, weil sie gestorben ist; sie hat mich verlassen. Vielleicht verließ sie mich aus Liebe und Staatsraison. Ich mußte politisch heiraten, hätte es aber nicht getan um ihretwillen.

Arabesken. Wir werden uns immer wieder in neuen Tanzformen begegnen; entfernen, von neuem begegnen, mit immer größerer Grazie des Geistes. Keine Dramen wie in Wien.

Ob ich wirklich Maximillian war? Ich soll, sagt mein Engel, die falsche Bescheidenheit, und sie ist mit Überheblichkeit verbunden, fallen lassen. Ich war Maximillian. Basta.

Ich war weniger an die Macht gebunden als an die Verantwortung für meine Untertanen; eine schwere Bürde.

Ich konnte das Land nicht immer in Frieden durchbringen. Da gab es einen Krieg, den ich nicht vermeiden konnte.

Für die damalige Zeit konnte ich die Gerechtigkeit gut verwirklichen. Bewegung der Gestirne ist Harmonie der Himmelsbewegungen. Disharmonie und Ungerechtigkeit sind eins. Die außerirdische Harmonie schlägt sich bei uns nieder als Gerechtigkeit, weniger moralisch als physikalisch.

Ich hatte eine humanistische Bildung, eine mittlere philosophische Bildung, war den schönen Künsten zugewandt, dichtete. War aber kein großer Dichter, leider.

Ich glaube, wir müßten Politik und Magie zusammenführen. Politik des Eros. Statt Kriege zu führen, das Bewußtsein der Völker so erweitern, daß sie sich selbst als vibrierende Felder erleben, die zusammenklingen als große musikalische Harmonie.

Mein Heimatplanet?

Sterne verwandeln sich beständig, und jeder Stern wird im Lauf der Zeit zu jedem anderen Stern. Kein Stern ist nur er selbst. Wir haben auch im Fluß keine Heimatwelle.

Ich bin an den Saturn gebunden, er ist meine Welle im Fluß des Lichts. Der Saturn in unserem Sonnensystem, und in anderen Sonnensystemen. Sterne sind multidimensionale Wesen.

Mein Engel sagte die ganze Zeit (eine Minute Schweigen) Beteigeuze. Ich bin dort. Dort und hier. Ich fühle, wie die Energie von dort hierher fließt. Es ist die Energie des Engels; nur diese Energie ist es, die mich belebt. Diese Energie belebt uns in unendlich vielen Gestalten.

Ich bin voll Dankbarkeit.

Manfred kauerte die ganze Zeit neben dem Spiegel, nun stand er auf. »Ich habe dich nicht verlassen«, sagte er. »Ich blieb ja bei dir, als ich tot war. Immer.«

Dann erzählten die beiden mir von Manfreds Rückführung, die mit meiner eigenen in Graubünden zusammenfiel. Auch

Manfred sah den hageren Mann im kleinen Haus und die vierschrötige Frau, die er selbst war. Aber Jahre später, da hatten wir schon ein Kind, und das zweite kam zu früh zur Welt, als sie, die damals meine Frau war, auf dem Feld arbeitete. Es war eine Fehlgeburt, und sie ist verblutet. »Aber das war nicht in Graubünden, sondern in Rumänien«, sagte Manfred. »Ich hörte immer Romansk. Romansk.« Wir redeten hin und her, bis Christian Lauermann erklärte: »Aber natürlich! In einem Teil Graubündens wurde rätoromanisch gesprochen. Romansk.« Wir waren ganz aufgeregt. Manfred glaubt, daß mein Mann damals unser Kind war. Mich macht die viele Verwandtschaft schon ganz schwindelig. Aber da fiel mir ein, was ich vermutlich nie notiert habe, so lächerlich erschien es mir damals. Nachdem Gottfried nämlich das blaue Licht gesehen hat, in jener Krise vor sieben Jahren, erzählte er mir in einem deutlich veränderten Bewußtseinszustand, er wäre Schamane im Oberengadin gewesen. Ich mußte, trotz meiner Sorgen, laut lachen. So komisch erschien es mir. Aber was wissen wir schon? Geographisch könnte es stimmen.

Noch immer: Freiburg, 5. Mai 1987

Wir wohnen seit gestern bei Giordano Bruno alias Chrsitian Lauermann und seiner Frau Gisela, der schüchternen blonden Elbin. Giordano hat eine Rückführung mit Gottfried gemacht und noch eine mit mir.

Zu Gottfrieds Rückführung muß ich etwas sagen: General von Einem war nicht sein leiblicher Vater. Er war ein außerehelicher Sohn des Grafen Laszlo Hunyady, der von einem Löwen angefallen wurde und starb, als Gottfried zehn Jahre alt war. Gottfried kann sich nur an zwei Begegnungen mit seinem wirklichen Vater erinnern, und weil er ihn nie kannte, leidet er noch immer unter seinem Verlust.

Gottfried von Einem, erste Rückführung: 5. Mai

Sehe nichts, empfinde aber prickelnde Wärme, von den Händen und Füßen aufsteigend.

Zuneigungsgefühl kommt aus dieser Wärme; es ist eine gewisse Furcht (nicht bedrohlich) mit Zuneigung. Mir ist, als ob das Ganze sehr tief versunken wäre. »Es« ist irgendwie Mensch und ein Block von Empfindungen. Neugierige Erwartung, als ob es da etwas zu entdecken gäbe.

Jetzt sehe ich zwei braune Augen aus Mannesgesicht, intelligent, mit arbeitsgefurchter Stirn, schärfer als ein Photo. Freundlicher, gesammelter und trauriger Blick. Zuneigung, Trauer wegen Kontaktversagen.

»Du hast doch Angst vor mir gehabt.« – »Ja, vor dem, was ich getan habe; dich gezeugt – dich verstecken wollen vor der Familie.« Sein Blick bleibt freundlich ernst darüber, in sich schauend.

Selber erlebe ich Bedauern für ihn über dieses Versagen. Bedauern für mich, wie ein Buch, das nicht zu Ende gelesen wurde.

Ohne dieses Ereignis des göttlichen Klanges wäre ich nicht entstanden. Initialberührung. Dieser Blick und dieser Klang sind verwandt.

Kein Blick zum Hineinschauen; – Verwandschaft ersten Grades. Wesen nicht auswechselbar. Persönliche Bindung; Klang erzeugt uns beide.

Bin mit ihm zusammen. Hat Jagdhemd, darüber dunkle Khakijacke (freundlich geschnitten). Ich gehe mit ihm durch ebene fruchtbare Sumpflandschaft mit hohen Gräsern (Donau-Auen in Ungarn?). Ich bin fünfzehn bis sechzehn Jahre alt, schmal, dunkeläugig, braune Haare, voller Leidenschaften, sehr bewegt. Der neben mir läßt sich nicht sprechen. Sein Blick mit dem Fluch, verdammt zu sein, zu schweigen.

(Dr. Lauermann: »Was wollen wir hören?«) Wie kann man *etwas* ausdrücken? Der Blick des anderen hat etwas Erfahrenes. – Er schaut mich nicht an, schaut zu Boden, immer in sich hinein. Zuneigung von beiden mit Scheu, aber sehr stark. Der ewige Klang ist meine Rettung; ohne ihn hätte ich mich erhängt.

Jetzt erscheint das Gesicht des Generals von Einem. Zuneigung und Ernst, wie nie gesehen. Seine Zuneigung fand ein Ende durch die Mitteilung der Mutter von mir. (Meine Mutter wollte sich scheiden lassen, wollte aber mich. Er wußte, daß er nie zustimmen würde.)

Sinn der Vaterlosigkeit: Vater und Mutter zusammenzuschauen, macht den Inhalt der Klangsphäre aus. – Ein Stück nach dem anderen, etwas nicht Begreifbares, zu gewinnen.

Jalousien zum Verlieben. Dahinter sind erotische Mächte. Dahinter die großen erotischen Bögen der Liebe.

Das Akzeptieren des gesamten erotischen Erlebens ist Aufgabe, um zu sehen. Die Jalousie wird weiß, Lamellen falten sich nach oben. – Sehe einen unermeßlich weiten Garten, stehe davor. Blattbäume, große Blätter, hochgewachsene Blumen (Schwertlilien, dunkelviolett mit gelben Längsstreifen, hellere und dunklere). Wiese (wie in England) kurz. Bäume mit glatt glänzenden Rinden, Äste bis etwa zur Mitte, aufstrebend. Gartengefühl vermittelt erstaunliche Geborgenheit (trotz fremder Vegetation). Höre Insekten (Bienen, keine Mücken). Keine Wege, vermutbar dahinter ein See. Die Sonne ist nicht direkt zu sehen, als ob das Licht durch ein grünes Dach fiele. Die erotischen Gefühle gehen in dieser Geborgenheit auf, nicht als Begehren, sondern als mildes Leuchten. (Erlebte dieses Gefühl einmal bei Familiengräbern, selten auch zu Menschen. Boris Blacher. Auch bei Frauen ohne Geschlechtsabsichten, sondern geleitete Gefühle.)

Mein Vater gehört in diesen Garten. Könnte sein Besitzer sein, wurde in ihn hineingeträumt. Besitzer Freunde? Gehe barfuß hinein in der Hoffnung, den See zu entdecken. Es wird immer dunkler, dunkelblau, sehr schön und warm, herrlicher Duft. Allmählich sehe ich den See: ziemlich weiches Wasser mit Buchten, wo gegenüber auch sehr dichte Bäume stehen, mit merkwürdigen schneeweißen Tulpenblüten mit leicht gelb getöntem Stempel. Sehr hoher, lichtblauer Himmel. Wasser angenehm temperiert, völlig klar, scheint mir tief. Kein Bedürfnis, zu baden. Garten dahinter erst ein anderes Mal betrachten.

In der Rückschau wirkt der ganze Garten wie eine dunkelviolette Blüte. Die Blüte hat einen ungeheuren Klangcharakter. Komponierte Klänge, nicht von Menschen gemacht.

Gottfried hat diese posthume Begegnung mit seinem Vater sehr viel bedeutet, und in welcher Dimension des Seins immer sie stattfand – sie war real.

Das war vormittags, und am Nachmittag durfte ich wählen, welchem Teil meiner Vergangenheit ich einen Besuch abstatten wollte. »Eigentlich«, sagte ich, »gar keinem. Diese horizontalen Lebenslinien interessieren mich nicht. Probieren wir es vertikal?« »Gut«, sagte Giordano. »Welche Problematik interessiert dich?« Und wir begannen ...

Siebente Rückführung: Dienstag, 5. Mai

Sein – Schein – Denken

Ich begegne dem weißen Einhorn, das ich selbst bin jenseits meines Denkens, und es spricht: »Das Denken ist wie Maya, ein magisches Spiel, der Tänzer auf der Bühne unseres Bewußtseins. Die Figuren, die der Tänzer tanzt, sind nicht der Wahrheit, sondern der Schönheit verpflichtet. Großes Denken ist ein ekstatischer Zustand und hat nichts mit Erkenntnis zu tun. Der Tanz des Denkens zerschneidet den Raum, bricht Zeit auseinander und ist ein destruktives Spiel von großer Schönheit. Denken ist Kunst.«

(Dr. Lauermann: »Gibt es richtige und falsche Figuren?«) Denken bezieht sich nie auf die Wirklichkeit, sondern auf das Spiel mit der Wirklichkeit. Die Wirklichkeit ist jenseits des Denkens. Das Einhorn spricht zu Kindern, löst sich auf, wenn wir Erwachsene sind. Wir sind beide Kinder (Christian und ich), die der Wahrheit nachlaufen wie einem Ball, mit der Absicht, durch das Fassen des Balls im Besitz der Wahrheit zu sein.

(Dr. Lauermann: »Wann werden wir zu Erwachsenen hinsichtlich des Denkens?«) Wenn wir aufhören, zu fragen, löst sich auch die Wirklichkeit der Antworten auf wie Nebel im Licht.

(Dr. Lauermann: »Hat das Denken Sinn ohne Frage und Antwort?«) Zugleich mit dem Denken sollen wir uns selbst als räumlich und zeitlich begrenzte Erscheinungen verlieren. Das Einhorn ist unser letzter Verlust. Es löst sich auf mit einem Lächeln.

Unser Bezug bestimmt unseren Frieden. Das Einhorn dehnt sich aus, jenseits ins Reich des Bezuglosen und wieder zurück.

Wort ist, wie Materie, begrenzt gewordenes Sein.

Jedes Wort, jeder Gedanke bezieht sich auf die absolute Wirklichkeit wie die Linien auf (in?) der Kugel auf deren Mittelpunkt.

(Dr. Lauermann: »Wer bin ich, wenn ich nicht bin?«) Ich sende dir meinen Engel als dich ganz und gar einhüllendes Licht. Wer bist du, wenn du nicht bist? Ich stelle dir eine Aufgabe: Waren wir schon einmal wach? Kann es verborgenes Wissen geben, oder ist jedes verborgene Wissen ein Geschlossensein unserer Augen?

(Dr. Lauermann: »Was ist mit der Natur des Unterschiedes?«) Das ganze Universum entstand aus Unterschied. Ohne Unterscheidung gibt es unsere Wirklichkeit nicht. Weder Raum noch Zeit noch Person.

(Dr. Lauermann: »Wie verhält der Engel sich zum Unterschied?«) Wenn er sich bewegt, entstehen Raum, Zeit und die Schöpfung. Licht ist die Bewegung.

(Dr. Lauermann: »Empfinden wir das Licht als wohltuend?«) Beides. Licht kann auch ein großer Schrecken sein.

(Dr. Lauermann: »Erlebt der Engel das eigene Licht jemals als Schrecken?«) Der Engel steht außerhalb des Lichts. Der Engel bewirkt das Licht.

Was uns als Fülle erscheint, erscheint ihm als Leere und umgekehrt. Er bewegt uns. Seine Bewegung in uns ist Leben und Licht. Uns durchdringend, steht er dennoch außerhalb unserer selbst, im Unterschied zu uns. Nur über seinen Blickpunkt erkennen wir uns:

Wie Rauch und Nebel ohne feste Gestalt, wie Wolken, alles ineinander, auseinander fließend, ein Vorstadium des Seins, ein ewiger Anfang entsteht. Es gibt uns noch nicht.

Der Engel wird sichtbar, wenn wir unsichtbar werden und umgekehrt.

Wir können uns nur unsichtbar machen, indem wir in den Zustand der Unerschaffenheit zuruckkehren.

Wir sind lauter Eigenschaften des Engels. Aber wenn diese »Eigen-schaften« auf sich selbst verzichten, wenn die gebrochenen Farben im weißen Licht zusammenschmelzen, gibt es die Trennung in Eigenschaften und Wesen nicht mehr.

Der Engel ist auch ein Trickster. Er hat Goldstaub mit Kieselsteinen vermischt. Manche Kiesel werden sich in Gold, und Gold wird sich in Kiesel verwandeln. Das Denken ist ein Tanz in der Welt und führt nicht zum Sein. Logos ist ein Trickster, der niemals lacht. Logos tanzt nicht, er marschiert auf dem finstersten Pfad.

An Chrsitian: Unterwirf dich niemals völlig den Schwankungen deines Denkens! Trance und Wachheit sind zwei Wege, die im Endlichen zusammentreffen. Es gibt keine scharfen Unterschiede zwischen dem Wachenden und dem Träumer, dem Seher und dem Beobachter. Beide werden in einem dritten Zustand verschmelzen, wenn du es zuläßt.

Du kannst mit deinem Engel spielen!

Wieder nenne ich »den unsichtbaren Begleiter« einfach Engel. Dieser Engel ist, so nehme ich wenigstens an, das immaterielle Feld, in dem wir uns materialisieren. Und wieder dematerialisieren. Oder, um es anders zu sagen, in dem wir geboren werden und sterben. Wissenschaftler würden dieses leuchtende Feld vermutlich als Metasystem bezeichnen.

Botschaften aus diesem Metasystem kommen mehr oder weniger verzerrt an. Denn sie passieren eine individuelle menschliche Zone und werden durch deren jeweilige Befindlichkeit deformiert. Auch kann die Botschaft nur in verfügbare Wörter übersetzt werden.

Die einzelnen Absätze wurden nicht durch den Sinn voneinander getrennt, sondern durch Schweigen. Wahrscheinlich wäre erst die im Schweigen gespeicherte Botschaft, die unübersetzbare Pause, wirklich interessant!

Freiburg, 6. Mai 1987

In dieser letzten Nacht bei Giordano Bruno verließ ich mein Bett und begegnete ihm im Nebenzimmer. Ohne Zweifel befanden wir uns beide nicht in unseren gewöhnlichen Körpern. Er war viel kleiner, viel jünger, sein Gesicht runder, das Haar heller. Mein Bruder Filippo? Wir freuten uns wie die Kinder über diese Begegnung, lachten einander mit den Augen zu.

Dann muß ich wohl fortgeflogen sein, denn plötzlich stand ich in Rindlberg vor der Südwiesentür meines Zimmers. Ich sah die Scheune daneben und wollte, da es Nacht war, Licht machen. Doch war ich nicht imstande, den an der Scheune befindlichen Schalter zu bewegen. Gleich darauf erhob ich mich freudig in die Luft und flog nach Freiburg zurück.

Dort traf ich – noch außerleiblich oder schon im Traum? – Christians Frau Gisela, die mir ihre Haustiere zeigte: zwei wunderschöne, zart leuchtende blaue Quallen.

Horn, 9. Mai 1987

Drei schöne Tage bei den Externsteinen im Teutoburger Wald. Genau, beim Himmel-Forum, wo ich auch sprechen mußte. Und neben wem sitze ich am ersten Abend, gleich nach unserer Ankunft? Neben Ulla Wittmann, die gerade ein Buch über Giordano schreibt. Natürlich, Manfred Himmel erzählte mir davon, als er im November in Rindlberg anrief, um mich zu engagieren. Gerade als Giordano selbst bei uns war. Und jetzt komme ich direkt von ihm. Da steckt doch ein Muster dahinter, bildet eine Figur, erzählt eine Geschichte!

Ich jedenfalls erzählte Ulla Wittmann von Giordano Bruno alias Christian Lauermann. Er hat sie, sagt sie, angerufen, aber kein Wort davon gesagt, wer er wirklich ist! Nun ist sie ganz begierig auf ihn, denn die Giordano-Biographie gibt ihr lauter Rätsel auf; sie ist mitten darin steckengeblieben.

Ulla Wittmann (*Ich Narr vergaß die Zauberdinge* heißt ihr letztes Buch) ist eine noch junge, zarte, aus zwei Personen bestehende Person. Ein Kinder-, ein Knabenkopf sitzt auf dem Körper einer Frau. Das ist eine ebenso reizvolle wie irritierende Diskrepanz.

Wien, 13. Mai 1987

Begegnete heute nachmittag zweimal zwei Personen. Jedes Mal auf der Treppe des Dom-Cafes vis-a-vis von St. Stephan. Einem großen Jungen und einem mittelgroßen Älteren. Da beide sich lächelnd vor mir verneigten, tat ich es auch. Beim zweiten Mal fragte ich, ob wir einander kennen? »Nein«, sagte der Junge. »Wir lieben Sie nur. Mein Vater allerdings«, und er zeigte auf den Älteren, »sah Sie heute nacht im Traum. In diesem Traum wurde ihm versprochen, Ihnen heute hier zu begegnen.« Verblüfft trank ich mit den beiden Kaffee. Wir sprachen Englisch. Ich wäre, sagte der Ältere, in einem anderen Leben seine Frau gewesen. Er schien sehr ergriffen zu sein. Diesmal heißt er Dr. M. Imanirad und ist Arzt und Apotheker in Teheran. Dies ist sein letzter Tag in Wien, er fliegt heute nacht in den Iran zurück.

Rindlberg, 17. Mai 1987

War heute nacht im Traum ein junger Mann und liebte ein rundliches Mädchen, fast noch ein Kind, das Daria hieß. Es war ein so inniges Gefühl, das uns verband, und wir waren beide so jung.

Rindlberg, 18. Mai 1987

Gottfried sieht wieder so viele Geistertiere. In seiner Schlafkammer und auch auf der Wiese. Katzen. Und Kreuztiere. Tiere, die nur aus ineinanderhängenden schwarzen Kreuzen bestehen, durch deren Zwischenräume man hindurchsehen kann. Katzen- bis hundegroß. Und so viele. Sie sind lebendig. Doch gehen sie nicht auf ihren vier Kreuzpfoten. Sie schweben über dem Boden.

Dies erzählte mir Gottfried letzte Nacht nach einem Traum, aus dem er in Panik erwachte. In seinem früheren Haus in der Ramsau war Feuer ausgebrochen, und zwar in den Pedalen der Orgel. (Es gibt dort gar keine.) Gottfried hat immer wieder diese schrecklichen Feuerträume. Nach meiner Erfahrung kündigen sie eine Krise an und eine Transformation.

Nachher träumte ich selbst von einem wunderbaren Haus, ganz in der Nähe meiner jenseitigen Wiener Wohnung, das ich für uns beide erwarb. Gottfried bekam ein großes rechteckiges Zimmer und ich ein kleines. Hinter meinem Zimmer war ein dunkler, himmelwärts offener Raum mit einer grandiosen, archaischen eisernen Mülltonne, viele Male so groß wie ich selbst. Jemand zeigte mir, wie ich den Müll in den Weltraum entleeren kann.

Ich erwachte beglückt.

Rindlberg, 24. Mai 1987

Gestern, beim Schlafengehen, plötzlich das Gefühl: Da kommt aus der Zukunft etwas auf mich zu. Griff nach dem Zigeuner-Tarot und zog. Neun Becher. Guckte nach: Mutterschaft! War zuerst perplex, dann lachte ich. Erst allmählich dämmerte mir: Ach so, ich gebäre mich selbst. In neun Monaten? Mein strahlendes Ich ersteht in mir auf.

Hoffentlich!

Rindlberg, 27. Mai 1987

War das ein Traum letzte Nacht? Oder bin ich ausgefahren? Neben mir stand eine weiße Frauengestalt. Alt, glaube ich. Ich könnte sie ebenso gut mit Martha Sills-Fuchs wie mit Frau Holle identifizieren. Denn vielleicht war sie keine begrenzbare Person? Sie zauberte, und sie unterwies mich im Zaubern. Aber während ich noch in magisches Bildwerk eingetaucht war, fehlten mir schon die Worte. Für das, was wirklich geschah, scheint es keine zu geben. Und auch Zaubern ist vielleicht schon eine Übersetzung. Am Ende des Traums stand das runde Zifferblatt einer Uhr, und der schwarze Stundenzeiger kreiste blitzschnell von halb zehn Uhr abends bis Mitternacht. Ich schlug die Augen auf. Die Zeit konnte stimmen. Aber ich schaute nicht nach. Wie nach besonders weiten Ausfahrten war ich vor Erschöpfung kaum fähig, mich zu bewegen.

Rindlberg, 29. Mai 1987

Heute schrieb mir Ulla Wittmann aus Merzhausen, wo ich übrigens, nämlich Im Hau, Giordano Bruno zum ersten Mal traf: »Liebe Lotte, – ich wollte mich eigentlich nur bedanken für die Verbindung zu Christian Lauermann. Ich habe ihn inzwischen kennengelernt und schon eine Rückführung gemacht. Aber dieses Wunder oder die Gnade, ihn kennengelernt zu haben, nachdem ich so viel Kraft in dieses Buch, das mit Bruno zusammenhängt, investiert hatte, kann ich noch gar nicht fassen. Die Begegnung macht alle Mühen wert, und ich glaube, daß ich auch in Zukunft noch viel Unterstützung von seiner Seite bekommen werde. –«

Informationszellen

Wir begründen die Geographie des Bewußtseins, wir alle. Ich auch. Seine Geographie, seine Astronomie. Unser Bewußtsein explodiert geradezu nach allen Richtungen, und weder im Makro- noch im Mikrokosmos scheint es Grenzen zu geben. Auf einmal wird alles möglich ...

Ich zähle mich zu den Chronisten dieses expandierenden Bewußtseins. Ich forsche und berichte. Und dabei kommt mir ein sonderbarer Verdacht. Bin ich, schwankend zwischen Nachdenklichkeit und neugieriger Euphorie, vielleicht nur so etwas wie eine Informationszelle?

Kein Columbus des Bewußtseins, nicht einmal ein ganz kleiner. Nie sein Entdecker und immer sein Diener. Eine Informationszelle. Nicht weniger und nicht mehr.

Ich tue meine Arbeit in einem Organismus, den ich nicht kenne. Was ich kenne oder mir wenigstens vorstellen kann, sind meine Nachbarzellen, auf die ich eine bestimmte, eine nicht von mir bestimmte Information übertrage.

Was ich kenne oder mir wenigstens vorstellen kann, sind Sie. Meine Leser.

Wenn ich es recht überlege, bin ich nicht einmal eine Zelle, bin ich überhaupt nur eine Information.

Kann eine Information sich selbst transzendieren?

Das ist die Frage!

Wien, 3. Juni 1987

Das Giordano-Bruno-Netz zieht sich immer dichter zusammen. Heute nachmittag wurde die Co-Produktion des Tulifanten zwischen dem Donau-Festival und dem Theater an der Wien besprochen. Der Direktor der Niederösterreichischen Tonkünstler, die die Uraufführung spielen werden, saß am Verhandlungstisch neben mir. »Weißt, Peterl, wer der Tulifant ist?«, sagte ich ihm ins Ohr. »Giordano Bruno!« Peter Pietsch drehte fast durch. Er liest gerade seine Werke und ist ganz vernarrt in ihn. »Das größte Genie!«, sagte er. »Viel größer noch als Galilei und die andern. Nicht nur seiner, auch unserer Zeit weit voraus!« »Er kommt zur Uraufführung«, sagte ich. »Da lernst du ihn kennen. Persönlich!«

Port Isaak, 13. Juni 1987

Seit gestern sind wir in Cornwall, in einem alten Pfarrhaus am Meer. Es gehört Alexandra Steinbeis, unserer Nichte. Vom Fenster meines Zimmers schaue ich direkt auf die Artus-Burg Tintagel, und heute waren wir dort. Nicht zum ersten Mal! Alexandra und ich hatten das vertraute Gefühl, alles zu kennen. Einfach alles. Den unter unseren Füßen nachgebenden Grasboden, den Blick aufs Meer, jeden Stein. Ich glaube, unser Bewußtsein pulsiert! Welche Formationen es einschließt, hängt von seiner momentanen Ausdehnung ab. »Identitäten«, sagte Alexandra, »sind nicht einmalig, können von vielen besetzt werden.«

Gibt es eine Beziehung zwischen Raum und Identität? Verändert der Raum (wie die Zeit!) unsere Identität?

Port Isaak, 15. Juni 1987

Ich träume hier jede Nacht von meinen toten Eltern. Wieso?

Als ich mit Alexandra über den Klippenweg ging, sah ich, statt ihrer blauen Jeans, plötzlich dunkelgraues Tuch um ihre Beine, ein Kleid aus schwerem grauem Tuch. Da erzählte sie mir, sie hätte sich selbst so am Morgen im spiegelnden Glas ihres Fensters gesehen. Eine völlig andere Silhouette.

Glastonbury, 17. Juni 1987

Gottfried und ich schliefen heute nacht im Hotel George and Pilgrim, im Zimmer Heinrichs des Achten. Leider hat es überhaupt nicht gespukt. Ich fragte einen Buchhändler und die Besitzerin des Hotels nach dem Glastonbury Kid. Beide guckten mich baß erstaunt an. Ich höre doch seit Jahren immer wieder eine Stimme in mir, die sagt: »Glastonbury, Glastonbury,

Glastonbury Kid! Glastonbury, Glastonbury, Glastonbury Kid!« Eigentlich bin ich nur deshalb da. Ein Rätsel, und ich möchte es lösen. Wie viele Leute habe ich schon danach gefragt! Zuletzt Angela, die Frau des Tulifant-Dirigenten Caspar Richter. Obwohl ich sie heimlich June nenne, keine Ahnung, warum. Also June, die Engländerin ist, sagte, in alten Zeiten hätten die Kelten Opfer gebracht. Menschenopfer, Kinderopfer.

»Es muß wohl«, sagte ich zur George-and-Pilgrim-Dame, »die Erinnerung an ein vergangenes Leben sein.« Da war sie nicht mehr erstaunt, sondern arrangierte sofort eine Begegnung mit Geoffrey Ashe, der Bücher über König Artus und Glastonbury geschrieben hat. Und am nächsten Tag wäre er schon in Kalifornien gewesen! Er ist ein großer Herr und lebt in einem winzigen Haus am Glastonbury Tor, das früher einer Zauberin gehört hat, nämlich Dion Fortune. Er sagte, Glastonbury Tor wäre der Eingang zur Anderswelt, und in seinem Haus geschähen merkwürdige Dinge. Ein Glastonbury Kid kannte er nicht, doch bestätigte er, daß einst auf Glastonbury Tor Kinder geopfert worden sind.

Ich war gestern abend schon allein in der Abbey, und heute gingen wir zu dritt hin. Lange Zeit dachte ich, man hätte vielleicht den jeweils jüngsten Novizen Glastonbury Kid genannt. Aber weder gestern noch heute stellte sich eine Erinnerung ein. Auch nicht, als ich die Namen der Äbte studierte.

Ich kaufte mir eine große Glaskugel. Gottfried und Alexandra kauften ausgestopfte Schafe, Gott sei Dank. Es muß schrecklich sein, mit Leuten, die nicht verrückt sind, zu leben.

Dann besuchten wir die Chalice Well und tranken vom heiligen Wasser. Der ganze Garten, in dem die Quelle entspringt, ist verzaubert, und wir waren es auch.

Zuletzt erstiegen wir Glastonbury Tor, und da hörte ich es wieder, von vielen Stimmen geflüstert, gerufen: »Glastonbury, Glastonbury, Glastonbury Kid!« Ich selbst war das Kind, das schon einmal diesen Hügel hinaufging, und nicht mehr hinunter.

Rindlberg, 21. Juni 1987

Sonnwend im Regen, und das Meer kommt vom Himmel herunter. Die Träume von den toten Eltern hören nicht auf. Heute lud meine Mutter mich zum Nachtmahl ein. In England ermordete sie meinen Vater und trachtete mir nach dem Leben. In einer fremden Stadt stand eine zitternde, hilflose alte Frau. Ich ging hin. Fragte, ob ich helfen könnte? »Heute«, flüsterte sie, »starb meine Mutter.« Ich folgte ihr in ihre Wohnung. Sie verwandelte sich in ein junges Mädchen und ich mich in ihren Liebhaber, der am Morgen von ihr Abschied nahm. Vor dem Fenster schwebte die tote Mutter, eine vergilbte Schattengestalt.

Am Abend rief Giordano Bruno aus Freiburg an. Erzählte mir Ulla Wittmanns Traum: Als sie in der Giordano-Biographie steckengeblieben war, träumte sie, Bruno selbst käme aus dem italienischen Parlament auf sie zu. Sie solle sich, sagte er, keine Sorgen machen, er würde ihr helfen. Ja, und vierzehn Tage später lernte ich ihn kennen und schickte ihn zu ihr. Sie waren, das ergab eine Rückführung, im letzten Leben Geschwister. Er lehrte sie fliegen, und beide stürzten sie ab.

Wir kehren also wieder. Nur, *wohin*? Unsere Physik hat die äußere Welt als Leere erkannt, und unsere Biologie lehrt, daß Wirklichkeit durch unsere Sinne nicht wahrnehmbar ist. Also wissen wir nicht, wohin wir wiederkehren. Es scheint fast, ins Nichts ...

Wien, 25. Juni 1987

Träumte letzte Nacht von Jörg Mauthe. Wir gingen eng umschlungen bergauf zu einem hoch gelegenen Rathaus. Ich wäre, sagte er, sein bester Freund und müßte keine Steuern zahlen. Im Rathaus erwartete mich eine alte Dame, die mir meine Steuer nicht erließ. Jörg war nicht mehr bei mir. Hätte ich nicht, fragte sie, gelbe Rosen? Die sollte ich, um zahlen zu könen, verkaufen.

Nachmittags war ich mit Ingrid Wancura verabredet. Zu meiner eigenen Verwunderung nahm ich trotz der großen Hitze nicht den Bus, sondern ging zu Fuß in den achten Bezirk. Am Rathaus vorbei, in dem Jörg sieben Jahre lang saß, am Café Eiles, in dem er Tarock spielte, und vorbei auch am Haus

Christa Müllers, die seine Festwochen-Puppen modellierte, darunter mich im Totentanz um die Pestsäule. Lauter kleine Verirrungen und Umwege, die ich kaum bemerkte. Natürlich, Donnerstag! Endlich wieder einer. Abends waren wir bei Rupert Riedl eingeladen, dem Erhard als erstem Jörgs Nachfolge antrug. Unvermittelt begann Rupert von Marion Mauthe, Jörgs Schwiegertochter, zu sprechen und von Ditta, der Witwe. Ruperts Tochter telefonierte mit Marion. Alles paßte! Sogar, wie ich erst jetzt beim Schreiben bemerke, *die große Hitze*.

Zwei Fenster

Zwei Fenster, schrieb ich nachts auf einen Zettel. Wir sehen die Welt durch zwei verschiedene Fenster. In dem einen erscheint sie als Materie und im andern als Energie. Die beiden Fenster sind die linke und rechte Hemisphäre unseres Gehirns. Links sehen wir Korpuskeln, rechts Wellen.

Links sehen wir die erschaffene, rechts die unerschaffene Welt. Eine Welt, die wir selbst fortwährend in unseren Sinnen erschaffen, im linken Fenster sind wir aktiv. Da bündeln wir Strahlen zu Gestalten und verwandeln das Licht. Was wir im linken Fenster sehen, halten wir für die Wirklichkeit.

Sind wir im rechten Fenster passiv? Aber Geister erscheinen in ihm, Träume, Gesichte, Visionen. Die über- und die unterirdische Welt. Wir erschaffen das Sichtbare. Erschaffen wir das Unsichtbare auch?

Nun, ich weiß es nicht. Aber wenn wir es tun, erschaffen wir zwei Welten, die einander widersprechen. Der Normale glaubt nur an die eine, der Verrückte nur an die andere, der Freie an beide, und der Weise an gar keine mehr.

Zwei Fenster. Eine helle und eine dunkle Bühne, auf denen unsere Seele spielt. Spielt sie allein? Das glaube ich nicht.

Aber wer oder was steht hinter den Bildern, diesen schönen und schrecklichen Masken der Energie? Und ist sie, diese Energie, die wir beständig in Sprache und Gestalt übersetzen, am Ende selbst Maske? Eine unsichtbare Maske, hinter der sich das Undenkbare verbirgt?

Der Baum der Erkenntnis wächst in uns, und seine Früchte sind Welten. Sie reifen, fallen ab und verwesen. Der Baum des Lebens trägt keine Frucht.

Was könnte in der Ewigkeit reifen?

Rindlberg, 14. Juli 1987

Erstieg nachts mit Gottfried eine hohe Steintreppe, die zu einem bewaldeten Geviert führte, auf dem ein Haus stand. Gottfried wollte so ein Haus mit mir haben. Ich zögerte. Es war so hoch über der Erde.

Der nächste Traum brachte mir zwei Einladungen. Eine vom Flughafenkapitän der Bel Air und eine von Dürrenmatt, beide zur gleichen Zeit. Ich entschied mich, statt für die schöne Luft, für Dürr und Matt. (Dies, nehme ich an, bedeutete der Name, und nicht Fritz als Person.) Aber der Flughafenkapitän kam zu mir. Sein Fest, erkannte ich, würde das größere sein. Ich ging hin und verliebte mich in ihn.

Die Zeit in uns

Letzte Nachtnotiz: »Nicht wir sind in der Zeit, die Zeit ist in uns.«

In uns selbst können wir sie also transzendieren. Zur Ewigkeit? Aber nicht, wenn wir sie als Gegensatz der Zeit, sie enthaltend, verstehen. Ewigkeit ist die Fülle, die Ganzheit, vielleicht auch, was wir heute *Nichts* nennen.

Zeit endet, wenn wir Ganzheit erkennen, Einheit erfahren. Wenn unser Bewußtsein unendlich wird.

Haben wir dann auch die Geschichte überschritten, die Wissenschaft, die Philosophie? Ja, das glaube ich.

Geschichte ist wirklich und unwirklich zugleich. Natürlich müssen wir sie, die uns als Leid und Schande erscheint, die wir einander antun, ernst nehmen, sehr ernst. Denn auch ich träume von einer zärtlichen Anarchie, einer höflichen, heiteren, rücksichtsvollen Freiheit. Könnte mein Tod, an welchem Kreuz immer, alles Lebendige zur Freude erlösen – ich stürbe im Glück.

Manchmal frage ich mich, ob nicht jeder Tod eine Welt von ihrer Wirklichkeit erlöst. Eine, und es gibt so viele. Ganze Armeen von Welten, die durch die Zeit marschieren, die es nicht gibt.

Gibt es die Welt, die ich erzeuge und die mich erschafft? Ja und nein. Welt ist zweideutig, jede. Zweideutig wie unser Ich. Vielleicht, wenn wir über Welt und Ich hinausgehen, so weit, bis beides aufhört, zu sein ...?

Aber Wissenschaft und Philosophie sind keine Wanderstäbe auf diesem Weg. Ich studiere sie beide, immer noch. Sie faszinieren mich, und sie flößen mir Unbehagen ein. Sie arrangieren verbale Scheinwirklichkeiten um, das ist alles. Ein Puzzle, das niemals aufgeht. Wenn wir es als Spiel erkennen, ist es sehr amüsant.

Allmählich scheine ich nichts anderes mehr zu haben als dieses Spiel. Ich klebe wie mit Leim auf einer einzigen Welt fest. Mein Bewußtsein verengt sich, und mein Leben, das früher voll der bestürzendsten Informationen war, ist nur mehr Redundanz.

Ich spuke nicht einmal mehr.

Rindlberg, 2. August 1987

Heute morgen fand ich zwei von Gottfried beschriebene Zettelchen auf dem Boden vor meiner Tür:

»10 vor 5. *Bär!*, sagte im Traum Zottelchen mit einer Süße, der Unwetterbär erwachte von der Süße der Stimme, in der so viel von Liebe lag und von Hoffnung, daß ich nicht schreiben davon kann. Es war in diesem leisen und erfüllten *Bär* alles, das ein Bärenmensch sein kann, wenn er sich zu seiner Höhe aufrichtet. Ich sinke wieder zum Schlaf und: Bär ... und Bär und Zottelchen. 2. 8. 87, Traum.«

Der zweite Zettel:

»Es ist so schön, weil ich zwischen Tod und Leben fühle. Ich weiß mich jetzt in beiden von unendlicher Liebe strahlend umfangen, die ich aus Dir bekomme, sie aber selbst erzeugend. Könnte ich *jetzt* sterben, ich lebte!«

Rindlberg, 11. August 1987

Im Traum zeigte Jörg Mauthe mir zwei dunkle Stellen auf seinem Rücken, unterhalb des Nackens. Neue Metastasen des Krebses? Aber er schien jetzt jünger zu sein. Ob auf diesen dunklen Stellen Flügel wachsen?

Dann badete ich in vielen Gewässern, freien und überdachten. Auch in einem freien, schwarzen, schlammigen. Das Wasser wurde so dick, daß ich mich kaum mehr darin bewegen konnte. Ich schrie um Hilfe. Es war Nacht.

Rindlberg, 12. August 1987

Heute nacht erwachte ich von einem lauten Getöse. Es klang, als wäre ein großes Bücherregal samt allen Büchern in meinem Zimmer zu Boden gefallen, oder als stürzte gerade die Decke ein. Erschrocken machte ich Licht. Alle sechs Katzen waren auch wach, in Panik. Aber das Zimmer selbst war unverändert, lautlos. Ich schaute auf die Uhr. Halb drei Uhr früh. Ich erinnerte, daß Martha Sills-Fuchs mir einmal gesagt hatte, die Geisterstunde wäre nicht zwischen zwölf und eins, sondern begänne um zwei Uhr nachts. Vor dem Einschlafen hatte ich ihr durch den Tod unterbrochenes Manuskript *Der Mittagshirsch* zu Ende gelesen, nun fest entschlossen, es für sie zu beenden. Und ich hatte sie gebeten, nachts zu mir zu sprechen. Nun, das tat sie. Unüberhörbar!

Am Morgen fragte ich Gottfried, ob er nachts etwas gehört hätte? Ja, sagte er. Stimmen vor dem Haus. Männerstimmen. Er glaubt, zwei. Die Sprache klang nicht fremd, obwohl er kein Wort verstand. Emotionell? Nein, sagte er. Die Zeit könnte gestimmt haben; er hatte lang gelesen und wollte eben einschlafen. Da er die Männer für Einbrecher hielt, machte er lieber kein Licht. »Waren die Stimmen«, fragte ich, »gedämpft?« Er sagte, nein. Ganz normal. Also keine Einbrecher, die hätten geflüstert! Außerdem brach niemand ein. »Wir gerieten wohl beide«, sagte ich, »in eine andere Wirklichkeit.« Gottfried stimmte mir zu.

Rindlberg, 13. August 1987

Träumte von vielen Altären, und über jedem hing eine Schale wie ein Gral. Ich glaube, es war immer ein Faden, an dem ich mich hochwand. Dann trank ich aus dem Gral und glitt tot am Faden hinab. Ich war aber im Tode lebendig. Das ging so weiter von Altar zu Altar, von Gral zu Gral. Und alle Altäre, alle Grale waren gleichzeitig da.

Am Morgen erzählte mir Gottfried, er hätte wieder Stimmen gehört, unterm Kirschbaum vor dem Haus. Um viertel nach drei, und es dauerte nur ganz kurz. Mehrere Männer- und eine Frauenstimme. Ohne Erregung, nicht gedämpft. Was sie sagten, verstand er nicht. Er wartete zunächst, ob an der Haustür hantiert würde. Da dies nicht der Fall war, ging er vors Haus. Die Nacht war hell. Er konnte niemanden sehen.

Dann rief Klaus Brudny an und erzählte, nach drei Uhr früh hätte er die tote Sills-Fuchs auf einem Stein stehen sehen, riesengroß gegen den Himmel.

Rindlberg, 15. August 1987

Trank gestern vor dem Einschlafen Johanniskrauttee, der unvertraute Bilder im Seelenspiegel erblicken läßt. So sagt man. Ich bat den alten Kirschbaum vor meinem Fenster, den ich so liebe, mich nachts zu besuchen. Wenn er es tat, hab ich es am Morgen vergessen. Reiste statt dessen im Traum mit Gottfried durch Belgien, um zu telefonieren, aber alle Zellen waren besetzt. Ein offener leerer Schrank wurde geliefert, und mit Sicherheit kamen wir zu spät ins Konzert, das um acht Uhr begann und in dem Gottfrieds Symphonie gespielt werden sollte.

Als ich am Morgen meine Handtasche öffnete, war mein siebenkerbiger Jaspis in zwei gleiche Teile zerbrochen. Können Halbedelsteine von selbst zerbrechen, ohne daß man sie berührt? Ich habe Martha Sills-Fuchs zu ihrem neunzigsten Geburtstag einen Jaspis geschenkt. Er strahlt, so heißt es, Lebenskraft aus. Nun öffnete ich ein Buch über Edelsteine, und auf der zufällig geöffneten Seite fiel mein erster Blick auf diese Stelle: »*Jaspis*. Das ist ein Stein, der Pluto zugeordnet ist, dem Planeten, der im Mythos als Gott der Unterwelt fungiert.«

Am Vormittag berührte ich liebevoll den alten Kirschbaum und den Granitstein über unserer Quelle. Nach dem Essen legte ich mich in den Wind, schloß die Augen und lud alle Elben ein. Ich sah lebendige Gespinste in funkelnden Farben, die sich fortwährend verwandelten, und vorher einen Körper aus hellblauer Leere, in dem Inseln heller, zartfarbiger Wolken pulsierten. Schauen Elben so aus?

Es ist ja die Zeit, in der eine neue Welt in uns erwachen kann. Am 15., 16. und 17. August. Und während ich wünsche, daß eine lebendige Welt mit allen Elben, Geistern und namenlosen Wesen in mir erwacht, spüre ich mit Entsetzen, daß die Kirche – und sie hat nichts mit Jesus zu tun, nichts! – uns eine tote, mechanische Welt beschert hat.

Rindlberg, 16. August 1987

Abends wieder Johanniskrauttee. Aber statt der Erleuchtung kamen mehrere völlig uninteressante Traumbiographien, so realistisch, daß sie sich tatsächlich ereignet haben könnten. Halt graue Biographien.

Um die Mittagsstunde setzte ich mich auf unseren kleinen Menhir, schloß die Augen und bat Gott, ihn, den Männlichen und Weiblichen, in seinem Leib aus Göttinnen und Göttern, mich seine Welten schauen zu lassen, um sie widerzuspiegeln. Hinter geschlossenen Augen sah ich zarte und leuchtende Farben, die in unserer Welt alle stumpfer sind, wie mit Grau vermischt. Ich sah wunderbare Landschaften, Täler und Hügel wie aus Edelstein und über ihnen einen goldblauen Himmel, von winzigen Wesen durchschwirrt. Natürlich zweifelte ich, dachte, vielleicht schimmern die Sonne und der reale Himmel durch meine Lider? Geschwind machte ich meine Augen auf. Keine Sonne, und der Himmel war schwer und grau. Ich schloß die Augen. Nun kamen die Feuerfarben, und jedes irdische Feuer ist nur ein trüber Abglanz davon. Zuletzt neigte ich meinen Kopf zur Erde, da wurde alles olivgrün und funkelte nicht.

Schaute ich übern Zaun in die Nachbarwelt? Oder sind das alles natürliche Sinnesabläufe hinter geschlossenen Augen, und nur meine Aufmerksamkeit hob sie hervor? Ich weiß es nicht. Ich kehrte ins Haus zurück. Verwandelt? Nein, noch nicht wirklich.

Rindlberg, 28. August 1987

Viele Träume in den letzten zwölf Nächten. Fuhr mit einem ungeliebten Traumgeliebten, der an zwei silbernen Stöcken ging, auf einem roten Schiff durchs Meer. Im Wasser war ich überhaupt oft. Auch in Ländern und Kontinenten, die ich aus früheren Träumen kenne.

Einmal begegnete mir ein großer Mann mit rötlich aufgedunsenem Gesicht. Wenn er die Augen schloß, konnte er alles sehen. Auch was hinter ihm war. Er war mir nicht angenehm. Aber ich bat ihn, mich diese Kunst zu lehren.

Etwas fiel mir auf, und ich verstehe es nicht. In manchen Traumsituationen erinnere ich mich blitzschnell an oft lange und komplizierte Vorgeschichten, die zu ihnen führten. Ist das normal? Ich meine, daß man nicht nur Gegenwart, sondern auch die zu ihr gehörenden Vergangenheiten träumt.

Vielleicht sind unsere Tage und Nächte ein einziges Puzzle. Könnten wir alle Teilchen zusammenfügen – wir würden unser Leben als etwas überraschend *anderes* erkennen.

Giordano Bruno rief aus Freiburg an und tröstete mich; er hat sich am 16. August auch nicht transformiert. Aber er spürte eine sehr hohe Energie, und er meint, Transformationen vollzögen sich nicht so plötzlich. Ich erzählte Carola Ingrisch, einer jungen Ethnologin, von ihm. »Ja«, sagte sie spontan. »Ich kenne Giordano Bruno. Er war mein Bruder.« Also wenn das alles stimmt, kommt gerade die ganze Familie wieder zusammen!

Carola ist die Tochter eines mit mir nicht verwandten Freundes. Als sie uns im Sommer zum ersten Mal in Rindlberg besuchte, kannte sie alles. Sogar meine Teetasse. Drei Wochen früher wäre sie schon bei uns gewesen, sagte sie, und wüßte nicht, wie.

Noch immer der 28. August, 22.15 Uhr

Mir zittern die Knie. Ich hatte eben die letzte Eintragung vom heutigen Tag beendet und dachte, eigentlich erlebe ich überhaupt nichts Übersinnliches mehr. Dann zog ich meinen Pyjama an und ging noch zu Gottfried. Da läutete, es war ungefähr dreiviertel zehn, das Telefon. Wir hörten es beide. Ich ging hin. Eine unendlich traurige leise Frauenstimme sprach mit mir. Sie war mir vertraut, doch erkannte ich sie nicht gleich. So fragte ich, wer sie sei? »Du kennst mich nicht«, sagte sie. »Ich bin tot. Gestorben.« Sie sagte auch, sie wäre glücklich. Aber ihre Stimme war es nicht. Sie erzählte, sie hätte nun auch ihre tote Mutter getroffen. Ich bedrängte sie immer wieder, mir ihren Namen zu sagen. Plötzlich schrie sie: »Bach! Ich will Bach hören!« Dann sagte sie, sie müßte die Verbindung unterbrechen, jemand riefe nach ihr. Ein Geist. Ja, und als sie anrief und ich fragte, wer spricht, ganz am Anfang, sagte sie. »Du kennst mich nicht. Ich bin gestorben. Ich bin ein Geist.« Nun, sie sagte, sie würde wieder anrufen, in fünf Minuten. Ich raste zum Plattenspieler, erwischte *Walter Gieseking spielt Bach, Partita 5 G-dur und Partita 6 e-moll* und legte die Platte für sie auf, während schon wieder das Telefon läutete. Diesmal fragte ich, weil irgend etwas an der Stimme, ein Akzent, mich an sie erinnerte, ob sie Mirjam Gerzon aus Holland wäre. Da schrie sie. »Ich bin keine Mirjam! Ich bin Eva-Maria!« Und da erkannte ich auch die Stimme wieder. »Eva-Maria aus Berlin?«, fragte ich. »Die der Gottfried geliebt hat und Boris Blacher?« »Ja«, sagte sie. »Ja.« Ich fragte sie, ob sie Bach hören könnte, und ich drehte ihn ganz laut für sie auf. Dann holte ich Gottfried ans Telefon. Er sprach zwei oder drei Minuten mit ihr, nicht länger. Sie erzählte ihm, ihre Tochter wäre erschossen worden. Gottfried gab mir den Hörer bald zurück. Sie meinte, er mag sie nicht mehr. Da widersprach ich aber! Ich fragte sie, ob sie mit Blacher zusammen sei. Sie hätte ihn getroffen, sagte sie, aber sie hätten wenig Gemeinsames mehr. (Sie war eine bildschöne blonde, blitzgescheite Bardame, als Boris Blacher sie kennenlernte und sich beide leidenschaftlich ineinander verliebten. Später wurde sie Gottfrieds Geliebte, und sie blieben Freunde, so lange sie lebte. Bevor sie starb, rief sie ihn noch an, mich auch, und da hatte sie auch diese leise, unglückliche Stimme.)

Eva-Maria glaubt, vom Priester verdammt worden zu sein, glaubt, sie hätte Selbstmord begangen. »Ich habe«, sagte sie, »meinen Tod selbst programmiert.« Sie war aber kurze Zeit krank. Gottfried rief damals das Spital an und fragte, wie sie gestorben sei, doch man verweigerte ihm jede Auskunft. »Du warst krank«, sagte ich. »Nicht sehr krank, aber ganz plötzlich bist du gestorben. Vor zwei Jahren.« »Es waren«, sagte sie, »wohl eher drei.« Ich fragte Gottfried nachher, es waren wirklich drei oder vier. Ich fragte, ob es Engel gäbe. »Schmetterlinge«, sagte sie. »Schöne Schmetterlinge mit bunten Flügeln.« »Sie haben Geist?«, fragte ich. »Natürlich!«, sagte sie. Und dann, sie hätte nur mehr wenig Zeit, ich müßte mich mit dem Fragen beeilen. Ob sie wünscht, daß wir Kerzen anzünden? »Nein«, sagte sie. »Keine Kerzen. Musik.« Ich versprach, viel Musik für sie zu spielen, im Augenblick spiele ich für sie Bach, »Vom Himmel hoch, da komm ich her.« Blind aus dem Regal gezogen. Ja, blind. Sie erinnerte sich an ihre grünen Augen, jetzt wäre sie blind. Blind, aber sehend. »Sehend«, wiederholte sie sehr eindringlich. Auch ihr Haar wäre grau. »Wird man nicht immer jünger?«, fragte ich. »Nur im Tod«, sagte sie. Jetzt hätte sie keine Gestalt mehr, nichts. Ein Gehirn ohne Körper. Auf meine Frage sagte sie, ja, sie könnte nun überall sein. Jetzt sei sie in Berlin, in Ost-Berlin. (Aber sie lebte in West-Berlin.) Dann dankte sie mir für Bach, und wir sagten adieu.

Ich ging in Gottfrieds Zimmer. Er saß auf seinem Bettrand und las die *Presse*, die er längst schon gelesen hat. Ich meine, er versuchte, sich an der sogenannten Realität festzuhalten. Aber er bestätigte: Ja, es war ihre Stimme. Und dann läutete das Telefon zum dritten Mal. Gieseking spielte noch immer Bach. Eva-Maria sagte mir, sie wäre im Halbtod, im Zwischenreich. Sie bat mich, ihr zu schreiben. Ich sagte, ich hätte einem toten Freund (Jörg Mauthe) Briefe geschrieben und dann verbrannt, ob sie da ankämen? »Ja«, sagte sie. »Schreib mir und verbrenn es.« Ich fragte, auf welche Weise sie bei uns anriefe? Ihr Freund, sagte sie, vermittelt das Gespräch. »Boris Blacher?« »Nein«, sagte sie. »Michael.« Und erst jetzt, wo ich es niederschreibe, denke ich an Maximilian Prantl, den Erzengel Michael, der die Seelen durch das Zwischenreich führt. Sein Bild hängt rechts hinter mir an der Wand. Mein Gott ... »Wieso«, fragte sie, »glaubst du mir alles?« Ich glaubte ihr wirklich. »Ich kann nicht lügen«, sagte sie traurig. »Nicht mehr.« Und wieder fing sie an, sich selbst zu verdammen wie auch schon bei den letzten Gesprächen. Ich sagte ihr, sie müßte nur ganz aufwachen, dann wäre sie im Glanz und in der Liebe. Sie wäre selbst ihr Leben lang eine Liebende gewesen, und eine Liebende könnte gar nicht verdammt sein. Ich sagte ihr immer wieder, wie lieb ich sie hätte. Sie erzählte mir von Briefen, die sie geschrieben hat, aus Berlin und aus Hamburg. Briefe, die nie ankamen. Sie sagte auch, sie könnte nichts lesen, könnte die Seiten der Bücher nicht mehr umblättern. Ich sagte, ich würde für sie lesen. Aber vor allem wünschte sie sich Musik. Sie erzählte, sie hätte als Kind Klavierspielen gelernt, bei einem Klavierlehrer in einem kleinen Dorf, und der Klavierlehrer hieß Richard Wagner. Da war ich einen Moment lang verwirrt. Aber gleich darauf sagte sie: »Nicht der Wagner, er hieß zufällig auch so.« Sie sagte, sie selbst wäre jetzt wie eine schwebende Scheibe. Ich fragte, worüber in ihrem Leben sie am frohesten war, es getan zu haben, und worüber am traurigsten. Ich fragte, weil ich den religiösen und moralischen Geboten nicht wirklich glaube. Sie dachte nach. »Über nichts«, sagte sie. »Über nichts in meinem Leben bin ich mehr froh.« »Kannst du mich sehen?«, fragte ich. »Ja«, sagte sie. »Sehr deutlich.«

Ich lud sie ein, wann immer zu uns nach Rindlberg zu kommen, Gottfried und ich hätten sie lieb. Aber sie glaubte, Gottfried hätte sich von ihr entfernt. Wohl, weil er nicht länger mit ihr gesprochen hat. Aber für ihn ist es vielleicht nicht ganz so natürlich, mit Toten zu reden. »Und ich«, fragte ich, »bin ich dir jetzt näher?« »Ja«, sagte sie. »Viel näher.« »Vielleicht«, sagte ich, »weil ich lebendig *und* tot bin. Ich glaube, im Traum gehe ich manchmal hinüber.« »Ja«, sagte sie. »Ich treffe dich. Aber es ist nicht gut. Es ist nicht gut, einen lebendigen Menschen im Jenseits zu treffen. Du bist zu sehr im Jenseits.« Dann fragte sie noch: »Darf ich dich morgen wieder anrufen?« Ich sagte: »Immer!« Sie wäre uns *immer* willkommen. Wir verabschiedeten uns, das Gespräch war zu Ende. Wieder ging ich zu Gottfried. Er meinte, wir müßten herauskriegen, woher das Gespräch kam. »Wie?«, fragte ich. Er meinte, die Polizei. Ich sagte: »Vielleicht hat außer uns beiden niemand das Telefon läuten gehört.«

So, nun gehe ich schlafen.

Rindlberg, 29. August 1987

Aber ich ging noch nicht schlafen. Gottfried und ich tranken alles, was wir an Whisky im Haus hatten. Das war schließlich kein Wunder. Vorher allerdings waren wir stocknüchtern.

Natürlich sprachen wir nur über Eva-Maria Sliwinsky. Gottfried sagte, ihre Augen wären blau gewesen. Auch haben wir beide dieselbe Frage an sie gestellt und verschiedene Antworten erhalten. Gottfried: »Wie bist du gestorben?« Eva-Maria: »Entsetzlich.« Ich: »Wie war dein Tod?« Eva-Maria: »Schön! Nichts Schlimmes.«

Sie sagte mir auch noch, der Pfarrer hätte sie verdammt, sie wäre nicht würdig, in ein Grab zu steigen. Und auch jetzt fluche sie noch zu viel. Ich sagte, Gott hätte ganz gewiß Humor und Spaß an ihrem Fluchen, und in seinem Namen erklärte ich ihr, sie wäre niemals verdammt gewesen.

Wir riefen heute die telefonische Auskunft an. Peter Sliwinsky, Eva-Marias Mann, hat keine Nummer mehr in West-Berlin. Es gibt nur einen Peter Sliwinski, also ohne Y, in Ost-Berlin. Wir rufen immer wieder an, aber niemand meldet sich. Wir riefen auch Dr. Harald Kunz, Gottfrieds Berliner Verleger (Bote & Bock) an und baten ihn, im Meldeamt oder wo immer nach Eva-Marias Spuren zu suchen. Immerhin wäre es ja möglich, daß sie noch lebt! Gottfried korrigierte mich; sie ist nicht im Spital gestorben; es war ihre Ärztin, die jede Auskunft verweigerte. Und Peter, der Mann, rief Gottfried an und teilte ihm ihren Tod mit.

Noch immer der 29. August, 21.15 Uhr

Eva-Maria hat wieder angerufen. Zweimal. Ich habe es so gehofft, aber nicht wirklich geglaubt, daß sie es tun würde.

Aber der Reihe nach: Als wir diesen Peter Sliwinski nie erreichten, rief ich noch einmal die Auskunft an und mußte feststellen, daß es ihn, wenigstens im Telefonbuch, nicht gibt. Kaum verständlich, da Gottfried gestern vom selben Amt seine Nummer bekam. Ich aber bekam die Nummer von Eva-Marias Tochter Katharina, 65 Berlin, Lütticherstraße 6, 45 38 741. Ich rief ein paarmal an, niemand meldete sich. Und dann, ich ging um neun noch einmal in die Küche und machte mir ein Butterbrot. Komisch, gestern und heute habe ich, eigentlich gegen meine Gewohnheit, schrecklich viel gegessen. Dabei dachte ich immer, man müßte fasten, um mit anderen Welten kommunizieren zu können. Also, ich aß und dachte dabei, daß ich die Energie für Eva-Maria brauche. Ich meine, daß sie sich dieser Energie für den Kontakt bedienen kann. Da läutete schon das Telefon. Auch Gottfried hat es gehört. Ich stürzte hin.

Sie sagte, sie wäre es wieder, Eva-Maria. Ich war glücklich, sagte, ich hätte so auf sie gewartet. »Warte nicht mehr«, sagte sie. »Ich kann nicht mehr kommen. Etwas hat sich verändert.« »Dein Bewußtseinszustand«, fragte ich, »hat er sich verändert, ist er höher geworden?« Sie sagte, ihr Bewußtseinszustand wäre sehr hoch. Und wie hoch er noch werden könnte? Ich sagte, unendlich, bis in die Göttlichkeit. Und sie sollte bitte aufwachen, ganz aufwachen. Ihre Stimme wäre so traurig. Sie sagte, das stimmt nicht, sie wäre glücklich. Nur einsam. Es wäre keine traurige, sondern eine einsame Stimme. Sie wäre noch immer im Zwischenreich, hätte kein Zentrum. Ich erinnerte sie an den Freund Michael, von dem sie gestern sprach, und ob er der Maler und Mystiker Max Prantl wäre? Da wurde sie ganz aufgeregt, ihre leise Stimme wurde lauter: »Das ist er! Der

Maler und Mystiker. Aber ich hasse ihn. Meine Freunde sind Daniel und Gabriel.«

Ich war ein wenig erschrocken. Da sagte sie, sie liebte ihn auch, denn im Jenseits wäre überall Liebe. Ich fragte, wo sie jetzt wäre, und sie sagte, nirgends, sie hätte kein Zuhause. Und ob sie mich wieder anrufen dürfe? Ich fragte: »Jetzt gleich?« »Ja«, sagte sie. »Jetzt gleich.« Ich sagte, dann würde ich wieder Bach für sie spielen. Ich legte die Platte auf, da läutete schon wieder das Telefon. Auch Gottfried hat es gehört. Ich sagte: »Ich spiele Bach für dich, Vom Himmel hoch, da komm ich her.« Ja, beim ersten Gespräch, als ich das mit Bach sagte, wiederholte sie »Bach!« und lachte laut und, so schien es mir, ordinär auf. Aber jetzt sang sie mit einer beinahe kindlichen kleinen Stimme zwei Zeilen. Die zweite verstand ich nicht, weil ich die Musik für sie laut aufgedreht hatte. Dann schloß ich die Tür, um sie zu verstehen. Ich fragte: »Wie machst du es, wenn du mich anrufst?« »Ich weiß es nicht«, sagte sie. Ich fragte: »Gehst du zu einem Telefon?« »Wo ich bin«, sagte sie, »gibt es keine Telefone.« Ich fragte: »Denkst du an mich und das Telefon läutet, ist es so? Gottfried und ich hören es läuten, aber es läutet gar nicht wirklich.« »Nein«, sagte sie, »es läutet nicht wirklich.« »Es läutet nur in uns?«, fragte ich, und sie bejahte.

Aber natürlich hielt ich wirklich den kleinen roten Hörer in der Hand. Zwischen den beiden Gesprächen drängte Gottfried mich, Informationen von ihr zu bekommen. Ich sollte sie nach ihrem Mädchenname fragen, nach ihrer Adresse. Ich tat es nicht, auch mit einem Geist darf man nicht ohne Anstand verkehren. Sie so zu examinieren, auf ihre Echtheit zu prüfen, schien mir nicht recht. Ja, beim ersten Gespräch fragte sie mich gleich am Anfang, ob ich sie liebhabe, und ich sagte ja, ich habe sie lieb. Trotzdem überlegte ich einen Augenblick lang, ein kleines Aufnahmegerät neben das Telefon zu stellen, verwarf es aber. Nicht nur, weil ich technisch besonders ungeschickt bin. Ich möchte doch ihr Vertrauen verdienen. Aber vielleicht tu ich es doch noch? Ich weiß einfach nicht, was richtig ist. Jemand sollte wirklich einen kleinen Knigge über den Umgang mit Gespenstern schreiben, vielleicht tu ich es selbst.

Da hab ich sie doch etwas gefragt, nämlich ob sie sich selbst umgebracht hat. »Beim zweiten Mal«, sagte sie nach einer längeren Pause. »Beim zweiten Mal.« Ich: »Du hast es zweimal versucht?« Eva-Maria: »Ja, zweimal. Aber beim ersten Mal kam ein Arzt.« Sie scheint einmal gerettet worden zu sein. Das erklärt auch, warum die Ärztin sich strikt weigerte, Gottfried irgendwelche Auskünfte zu geben. Beim zweiten Mal, sagte Eva-Maria, hätte es dann geklappt. »Wie hast du es gemacht?«, fragte ich. Und sie: »Tabletten.« Nun, das ist nachprüfbar. Wenn Eva-Maria tot ist (und warum sollte ihr Mann Gottfried angelogen haben?) und ihre Tochter Katharina oder ein Amt das bestätigt, ist das ein echter Beweis. Wir glaubten, sie wäre krank gewesen. Aus unserem Bewußtsein kann diese Information also nicht stammen. Eva-Maria fragte noch, ob sie mich wieder anrufen dürfe? Ich sagte: »Immer!« Und sie: »Morgen. Morgen um die gleiche Zeit.« Ich sagte, ich würde bis dahin viel Bach für sie spielen, vielleicht könnte sie ihn durch mich hören. »Nein«, sagte sie traurig. »Ich kann nichts hören.« Und dann war das Gespräch vorbei.

Ja, noch etwas Wichtiges sagte sie vorher, als wir über ihre Einsamkeit sprachen. Ich fragte: »Willst du zurück?« »Sofort«, sagte sie. »Ich will zurück! Du kennst mich. Ich war ein sehr lebendiger Mensch.« Das stimmte. »Aber jetzt«, sagte ich, »lebst du ein höheres, strahlenderes Leben.« »Nein«, sagte sie, »es ist alles tot.«

Rindlberg, 30. August 1987

Kaum lag ich gestern im Bett und hatte das Licht ausgelöscht, fing ich an, mich zu fürchten. Nicht vor Eva-Maria selbst! Aber hatte ich mich nicht mit Begeisterung auf etwas eingelassen, von dem ich nicht wissen kann, wohin es mich führt? Ich habe ja überhaupt keinen Boden unter den Füßen. Und es ist kein strahlender, sondern ein noch verwirrter und trauriger Geist, mit dem ich kommuniziere. Ein Geist, der wieder Fleisch und Blut haben will! Fängt so nicht eine Besessenheit an?

Nein, sagte ich immer wieder. Ich ziehe mein Angebot an Eva-Maria nicht zurück. Ich habe gesagt, daß ich sie liebhabe, und das tue ich auch. Und ich will ihr helfen. Dann, allerdings, nahm ich ein Valium 2 und Baldriantropfen.

Der deutlichste Traum dieser Nacht: Ein Film wird vorgeführt, der das Bewußtsein wie ein Blitz erhellt und seine Grenzen sprengt. Regisseur ist ein zweiundsiebzigjähriger Mann mit ganz dunklen Haaren und schmalem Backenbart; Drehbuchautor ist sein Sohn, ein bäuchiger Zwerg in erdbraunem, einteiligem Gewand. Aber ich versäume den Film, wußte nichts von seiner Vorführung. Ein junges dunkelhaariges Mädchen, offenbar die Tochter des Zwergs und die Enkelin des Regisseurs und Produzenten, schenkt mir gegen dessen Willen eine winzige Videokassette des Films. Es ist eine kleine gläserne Schachtel, mit einer in vielen Farben leuchtenden Flüssigkeit gefüllt. Ich lasse die gläserne Schachtel aus Ungeschicklichkeit fallen, sie zerbricht, und die Flüssigkeit läuft aus. Ich bin sehr verstört.

Ein späterer Traum, an den ich mich noch erinnere: Ich bin mit einem großen Mann zusammen, der alle Geheimnisse dieses verlorenen Films kennt. Aber er ist stumm, wirklich stumm, und kann mir nichts sagen.

Noch eine Korrektur: Eva-Maria gab keine Zeit für die Erschießung ihrer Tochter an. Unter ihrer Telefonnummer meldet sich weiterhin niemand. Wir versuchen jetzt, die Polizei einzuschalten.

Noch immer der 30. August, 22.54 Uhr

So viel ist geschehen. Ich bat den Stadthauptmann, Hofrat Dr. Emmerich Ingrisch, über die Interpol Eva-Marias Sterben zu erkunden. Ich rief Dr. Harald Kunz in Berlin an, der morgen das Meldeamt befragt. Aber er fürchtet, wir fallen einem Komplott zum Opfer. Nun, für alle Fälle rief ich die Gendarmerie an und bat um eine telefonische Fangtaste, um feststellen zu können, ob und woher die Anrufe kommen. Keine Chance. Das muß erst ein Richter bewilligen.

Als gegen neun Uhr abends das Telefon läutete, nahm ich den Hörer ab und sagte: »Eva-Maria?« Aber es war unser Nachbar, Herr Klein. Unser Kater Schneeflöckchen lag überfahren auf der Straße. Ich holte ihn herein, fuhr noch zum Tierarzt mit ihm. Er konnte ihm nur mehr das Sterben erleichtern. Schneeflöckchen war der Kater, von dem Martha Sills-Fuchs sagte, sie würde über ihn mit mir kommunizieren, nach ihrem Tod. Heute nachmittag schrieb ich über ihren unvollendeten *Mittagshirsch* und seinen Vollender, ihren Freund und Vertrauten Klaus Brudny. Damit war für mich die Sills-Fuchs Arbeit beendet.

Ich kam mit dem toten Schneeflöckchen zurück und sagte: »Ich brauche etwas zu Trinken.« Ich zündete unsere vier schönsten Kerzen für Schneeflöckchen an. Legte es auf sein Lieblingsplätzchen, das kleine schwarze Meditationskissen über meinen gekreuzten Wasseradern unter dem Bild des Seelengeleiters Michael.

Dann tranken Gottfried und ich eine Flasche spanischen Wein und noch einen Rest Whisky. Ich erzählte Gottfried, daß ich letzte Nacht für Eva-Maria gebetet habe, zum Licht, daß es sie erleuchte. Und daß ich sie gefragt habe, wie ich ihr helfen kann? Gottfried erzählte mir, sie habe eine sehr häßliche, getigertweiße Katze gehabt und sehr geliebt. Auch einen Hund, den man vor ihrem Haus überfahren hat. Ich dachte, vielleicht hat sich Eva-Maria Schneeflöckchen gewünscht? Und ich sagte Gottfried, wir würden wohl nie wieder von ihr hören.

Bald darauf läutete das Telefon. Heute, zum ersten Mal, bin ich nicht ganz nüchtern. Ich hoffe, nichts zu verfälschen. Eva-Maria entschuldigte sich bei mir für die Verspätung; es war wohl nach 22 Uhr. Sie wäre bei einer Freundin in Amerika gewesen. Die Tränen gingen mit mir durch. Ich erzählte meine Schneeflöckchen-Geschichte. Sie sagte, ein Kater hätte sie heute ins Ohr gebissen. Ich hörte nicht auf, Schneeflöckchen zu beschreiben und sie zu bitten, sich seiner anzunehmen. »Habt ihr«, fragte ich, »überhaupt Tiere?« »O ja«, sagte sie. Ich fragte auch, ob sie in ihrem Leben Tiere gehabt hat. Sie sagte: »Doggen.« (Gottfried sagte, ihr Hund war groß und schlank, aber keine Dogge.)

Zwischendurch gehe ich zu meinem Schneeflöckchen, das auf seinem Lieblingsplatz liegt, und weine. Ich bin auch nicht mehr sehr nüchtern, bemühe mich aber, meine Erinnerung nicht zu verfälschen.

Gottfried rief immer wieder aus der Küche, ich sollte sie nach ihrem Vater fragen, einem der berühmten Erfinder- und Universitätsprofessoren-Ohms. Aber sie sagte nur, sie hätte ihren Vater »geliebt wie Affenscheiße«, und das wäre ein väterliches Zitat. Was zumindest beweist, daß dieser Anruf nicht aus Österreich kam.

Ihr Tod, sagte sie auf meine Frage, wäre schrecklich gewesen. Diesmal glaubte ich, vier Selbstmordversuche zu verstehen. Aber ich verstand sie, wie jeden Abend, überhaupt schlecht. Ihre Stimme ist immer, fast immer, flach, sehr leise und wie zweidimensional.

Nur ein gedanklicher Einsprung, wie er beim Wechseln des Papiers kam: War Schneeflöckchen die energetische Brücke? Ich dachte ja, es käme nie mehr ein Anruf von drüben. Vielleicht auch, weil meine Zweifel begannen.

Ich fragte Eva-Maria, warum sie sterben wollte, und sie sagte, sie wüßte es nicht. Aber jetzt wäre alles ganz ähnlich wie damals, als sie starb. Ich fragte, ob sie vielleicht dem Tode entstürbe und wiedergeboren würde? »Ja«, sagte sie, »in der Gegend von Mailand.«

Jetzt muß ich unterbrechen und erzählen, daß Gottfried vom 2. bis 4. September dieses Jahres nach Mailand fahren wollte, auf den Spuren von Verdi, und diesen Plan erst kürzlich aufgab. Seine Pläne liegen beim Carinthischen Sommer auf, und Frau Dr. Gerda Fröhlich sollte ihn begleiten.

Eva-Maria erzählte auf meine Bitte wieder von den Schmetterlings-Engeln und daß ihre Tochter Nina (Katharina) nicht mehr lebe. Auch dies lasse ich bereits überprüfen. Dr. Harald Kunz glaubte, nach meinem heutigen Gespräch, wir wären beide verrückt. Aber beide zugleich? Und wir sind einander wirklich nicht ähnlich!

Dann fragte ich Eva-Maria noch, wie sie mich sähe: »Kupferrotes Haar, ziemlich schlank, dünne Beine.« Das stimmte bis auf das Faktum, daß Weiß sich in mein kupferrotes Haar mischt.

Überraschenderweise endete dieses Gespräch – und nachdem ich etwas Sonderbares in mir oder außerhalb von mir ticken hörte – in einem bösen Gelächter.

Rindlberg, 31. August 1987

Wir haben unser geliebtes Schneeflöckchen begraben. Ich selbst bin knapp vor dem Durchdrehen. Da ich aber ein ziemlich disziplinierter Mensch bin, werde ich die Beherrschung wohl nicht wirklich verlieren.

Merkwürdig ist: Obwohl ich seit Eva-Marias Anrufen nicht esse, sondern fresse, nehme ich fortwährend ab. Jetzt wiege ich zwischen 51 und 52 Kilo. Es scheint also Energie von mir abgezogen zu werden.

Gottfried ergeht sich in den abenteuerlichsten Vermutungen. Im Moment glaubt er, das Opus Dei hätte seine Hände im Spiel. Die haben uns seinerzeit wegen *Jesu Hochzeit* das Leben zur Hölle gemacht und *Jesu Hochzeit* hat im Oktober in Mainz Premiere.

Aber Eva-Maria sagt nichts, was mich erschrecken oder verstören könnte. Ja, etwas vergaß ich, ich fand das Stichwort in meinem Kalender, wo ich ein wenig mitnotiere, was Eva-Maria mir sagt. Vor ihrem Tod, wenn ich sie richtig verstand – es könnte auch nachher gewesen sein – war sie von bösen Geistern umgeben.

Und in der *Einem-Chronik,* Gottfrieds Biographie, las ich noch einmal alles über sie nach. Gottfried irrte. Sie hatte wirklich grüne Augen. Genau: blaugrüne.

Natürlich könnte, wenn die Anrufe Betrug sind, jemand die Informationen aus diesem Buch beziehen, wenigstens einige. Den Tod nicht, denn als es geschrieben wurde, lebte sie noch.

Noch immer der 31. August 1987

Ich hielt es nicht aus. Ich öffnete, nachdem ich den ganzen Tag um Schneeflöckchen geweint hatte, eine Flasche Wein. Wir begannen um 21.30 Uhr zu trinken. Jetzt ist es 23.15 Uhr. Um etwa 23 Uhr rief Eva-Maria an. Sie sagte, sie wäre an einer Stelle des Himmels, die es nicht gibt. Ich fragte, warum sie letztes Mal so böse gelacht hat? Sie sagte, wenn sie lachte, dann nur aus Freude.

Es gibt, sagte sie, keinen Tod. Sie sagte, sie wurde ermordet. Ich fragte, wie. Sie sagte, das würde sie mir morgen erzählen.

Gottfried sagt, wir hätten endlos telefoniert. Dies habe ich im Kalender notiert, nur dieses. Wieso erinnere ich mich an sonst nichts?

Die Brücke

Das wollte ich immer sein. Eine lebendige Brücke zwischen der dies- und der jenseitigen Welt. Denn beide sind ja die gleiche. Stürzt die Brücke jetzt, wo vielleicht jemand über sie geht, ein?

Da ist das *Vielleicht*. Und wenn jemand ein Spiel mit mir treibt? Jemand, der entweder sehr grausam oder wahnsinnig ist. Wenn an einem anderen Telefon, einem realen, eine fremde Frau mit höhnischem oder verzerrtem Gesicht sitzt? Eine Verbrecherin oder eine Kranke.

Ich, die so viele Ratschläge gab, bin nun selbst ratlos.

Natürlich könnte ich mich von der Anruferin trennen. Aber wenn sie wirklich einsam ist und diese Gespräche mit mir braucht?

Gespräche, die ich möglicherweise als guten Witz in irgendeiner Boulevardzeitung lesen werde. Zum Glück bedeutet mir mein Ruf nichts. Wenn man mich auslacht, lache ich in der Regel mit.

Es ist besser, in seinem Vertrauen getäuscht zu werden, als überhaupt keines zu haben.

Rindlberg, 1. September 1987

Habe heute versucht, für unser Telefon eine Fangtaste und einen Verstärker zu bekommen. Ohne Erfolg, das sind langwierige und komplizierte Prozesse. Fast bin ich erleichtert, daß es nicht klappte. Ich schämte mich ohnedies, daß ich es versuchte.

Ging heute mit meinem zersprungenen Jaspis zu Schneeflöckchens Grab. Die eine Hälfte tat ich zu ihm in die Erde, die andere soll immer bei mir sein. Ich möchte so gern mit ihm verbunden bleiben, mit ihm und den anderen. Ich spritzte auch dreimal Milch auf sein Grab.

Es ist gleich halb zehn Uhr abends. Gottfried ist schlafen gegangen. Kein Licht brennt mehr in seinem Zimmer. Fürchte ich mich? Ein ganz kleines bißchen. Ich warte.

Es ist jetzt 0.15 Uhr. Gottfried kam, und wie war ich froh, um halb elf wieder aus seiner Schlafkammer. Wir setzten uns mit einer Flasche Wein vor den Kamin, den wir aber nicht anzündeten. Nur Kerzen für Schneeflöckchen. Keine Eva-Maria. Nur gegen Mitternacht sah Gottfried ganz deutlich eine Katze wie Schneeflöckchen, aber wolkenartig, unter seinem Lederfauteuil wie einen Wolkenzug hinaufgleiten ins Kerzenlicht.

Eva-Maria rief nicht an.

Rindlberg, 2. September 1987

Jetzt mache ich ein kleines Geständnis. Ich habe die Seite mit Eva-Marias letztem Gespräch am 31. August um 23.15 Uhr geschrieben. Doch als ich sie am nächsten Morgen las, bin ich erschrocken. Nach den ersten, korrekten Zeilen begann eine sinnlose Aneinanderreihung von Buchstaben. Ich verstand überhaupt nichts. Mein Gott, dachte ich, war ich betrunken? Aber ich erinnerte mich doch, ein frisches Nachthemd aus der blauen Truhe genommen zu haben; dabei überlegte ich, ob es nicht schon zu kühl dafür wäre. Ich zog mich aus; alle Sachen lagen am Morgen auf ihrem Platz. Wäre ich wirklich in dem Zustand gewesen, auf den dieses Blatt Papier schließen läßt – ich hätte neben dem Schreibtisch umfallen und auf dem Fußboden aufwachen müssen.

Jedenfalls tippte ich die Seite neu. Gottfried aber ließ ich die alte lesen, und er meinte, das sei einfach nicht möglich, ich wäre völlig normal gewesen. Und das seien keine Tippfehler, ich müßte ausgeklinkt sein. Aber wieso?

Nun, ich lege die Seite ins Manuskript. Spuk oder Besessenheit sind jedenfalls möglich.

Noch immer der 31. August 1987

Ich hielt es nicht aus. Ich öffnete, nachdem ich den ganzen Tag um Schneeflöckchen geweint hatte, eine Flasche Wein. Wir begannen um 21 Uhr 30, zu trinke4n. Jetzt ist es 23 Uhr 15. Um etwa 23 Uhr rief Eva Maria an. Sie sagte, sie w3äre an eine Stelle des Himmels, die es nicht gibt. Ich fragte sie, warum sie so schlimm lache? Sie sagtem, sie lache nUr AUS Freude 8ne nicht swchlikm.

Sie sagte, es kfiubt eibnenn TZod. Siebsagtem, sienwirde ermnordmer. lös ichmversucht e dennGottfzoed Botiograpgemn Daaatehne ijs Sooiel mzumbrionzenge4hnm, derbverr dasxGesprt
äcg.

Noch eine Korrektur: Friedrich Saathen, Gottfrieds Biograph, machte mich darauf aufmerksam, daß bei den Danksagungen in der Einem-Chronik hinter dem Namen Eva-Marias ein Kreuz stünde. Also war sie da schon tot, und jeder Leser konnte es wissen. Saathen meinte auch, vielleicht wäre es die Tochter Katharina, die anrief? Das würde nicht nur die Kenntnis der Situation, sondern auch die Ähnlichkeit der Stimme erklären.

Aber dann ist sie entweder verwirrt oder von ihrer toten Mutter besessen. Kann es sein, daß Eva-Maria ihre Tochter als Medium benützt?

Rindlberg, 3. September 1987

Das Jenseits-Telefon schweigt. Ich bin betrübt und erleichtert zugleich. Zuletzt zuckte ich, wahrlich kein nervöser Typ, beim leisesten Geräusch zusammen. Gestern nacht im Bett, um die gewisse Zeit, habe ich vor lauter Angst Butter gegessen. Dachte, das wäre ein molliges Mäntelchen für die Nerven. Natürlich mußte ich gleichzeitig lachen. Nein, Held bin ich keiner.

Dann träumte ich, ich wäre im Haus des lieben Herrn Franz Klein, vor dem unser Schneeflöckchen überfahren wurde, und der es an den Straßenrand trug, in einen Korb legte, mit mir zum Tierarzt fuhr. In meinem Traum hatte er eine Frau, die seiner wirklichen nicht glich. Eine junge Riesin mit schwarzem Haar, sehr dichten schwarzen Augenbrauen, einem schönen, aber ganz fremden Gesicht. Ich meine, es war nicht wie ein Menschengesicht. Elbenhaft vielleicht, und es lächelte. Ich saß in einem Schaukelstuhl und schaukelte. Da sagte man mir, ich müßte damit aufhören, der Stuhl hätte nur mehr ein einziges Bein. Ich stand auf und blickte hinaus. Zwischen seinem Haus und dem unseren liegen die Straße und eine Wiese. Aber nun floß ein breiter Strom an unserem Haus vorbei, und viele Menschen waren im Wasser. Sehr viele. Auch in Kleidern. Ich erinnere mich an einen Mann im grauen Anzug, der durch das Wasser ging. Inzwischen war Gottfried da und kochte ein Gericht aus Pilzen, von denen ich nicht wußte, ob sie giftig waren; ich kannte sie nicht. Zwei unserer Katzen, Zizi Klapperschlange und Dudelinchen, kamen an unser Ufer, und ich erschrak. Ich wollte sie unbedingt zurücktragen zu unserem Haus. Gottfried wollte in dem Haus am anderen Ufer essen, aber ich hinderte ihn daran. Ob und wie wir heimkehrten, weiß ich nicht mehr.

Am Morgen bekam ich einen Brief von Anna Zanner. Die junge Anna mit den grauen Haaren nenne ich sie. Pädagogin und Religionslehrerin. Eine gebildete, sehr intelligente Sensitive. Sie hat zwei Söhne. Einer sieht Auren und Chakras, der andere Elben. Ihr Mann Peter ist mehr als zwanzig Jahre jünger als sie. Nun, sie erwartet ein Kind. Es müßte ungefähr im Frühling kommen. Nicht unproblematisch; sie ist über vierzig. Ich zitiere aus ihrem Brief:

»Lotte, liebe Lotte, wenn auch heute Dich erst mein Brief erreicht, so gibt es kaum einen Tag, an dem Du nicht in irgendeiner Form in meinem Leben da bist. Es ist etwas sehr Seltsames passiert, das mich lange Zeit beschäftigte, und ich wußte nicht, ob ich mit Dir drüber sprechen sollte oder nicht. Ich schreibe Dir nun die Geschichte und weiß noch immer nicht, was ich davon halten soll, vielleicht hast Du einen Schlüssel dazu, oder findest ihn in Dir. Vielleicht auch ist es gar nicht notwendig, allzuviel darüber zu sprechen, denn was ist, *ist* und lehrt uns zu sehen und zu hören, indem es *ist*.

Ich habe eine Freundin, Romana, Du hast ihr irgendwann eine Karte geschrieben. Diese Romana hat ein gutes Gespür für zukünftige Dinge, ihre Vorhersagen stimmen immer mit dem, was dann wirklich geschieht, in einem ziemlich großen Maße überein. Ich frage sie von Zeit zu Zeit Dinge, die mein Leben betreffen, und kann mich gut auf sie verlassen. Sie selbst ist ihren Fähigkeiten gegenüber eher skeptisch, weil sie, wie wir alle, ein sehr kopfgesteuertes Wesen ist und ihrer Intuition noch nicht richtig über den Weg traut. Ich aber vertraue ihr, vielleicht gerade deswegen. Nun sagte mir Romana vor einiger Zeit, daß sie es zwar mit ihrem Verstand völlig absurd findet, aber etwas in ihr sagt ihr, daß ich etwas von Deinem Bewußtsein in meinem Bauch trage. Sie sagte wortwörtlich: ›Anna, bitte, ich verstehe es selbst nicht. Ich lasse Dich da tief in mich hineinschauen, ich sprech normalerweise nicht über diese Dinge, aber ich weiß, daß Du etwas von Lottes Bewußtsein in Deinem Bauch trägst. Frag mich nichts weiter, ich weiß sonst nichts.‹ – – –«

Ich weiß nicht, was ich dazu sagen soll. Wenn ich mich selbst definieren sollte, würde ich mich eine Naive mit Humor nennen. Möglich ist natürlich alles, und meine Wirklichkeit ist nicht durch allzu viele Vorurteile begrenzt. Andererseits weiß ich, daß Intution nicht verläßlich funktioniert. Weder bei mir selbst noch bei anderen.

Jedenfalls habe ich dem geplagten Gottfried gesagt, daß ich ein Doppelleben führe. Er könnte, wenn er Lust hat, mein Göd werden. Er machte ein Gesicht wie der heilige Sebastian, von Pfeilen durchbohrt.

Rindlberg, 4. September 1987

Nein, passiert ist überhaupt nichts mehr. Daß ich gerade ein Embryo bin, glaube ich auch nicht. Nur, als ich Gottfried gestern abend sagte, beim Tippen des gewissen Blatts, das total chaotisch wurde, müßte etwas auf mich hereingebrochen sein wie ein seismischer Sturm – also da meinte er, genau das! Und ich sollte den seismischen Sturm unbedingt notieren. Was ich nun tat.

Rindlberg, 5. September 1987

Habe Eva-Maria gestern einen Brief geschrieben, wie sie sich das gewünscht hat, und ihn im Feuer verbrannt. Kein Kontakt mehr mit der Lebendigen und der Toten.

Man sagt, daß Unbewußtes und Totenreich einander benachbart sind, mit einer fließenden Grenze. Ja, daß es vielleicht gar keine Grenze gibt! Nun, das vermute ich auch. Und so sind Botschaften aus dem Totenreich nicht erstaunlicher als solche aus dem Unbewußten. Letztere nennen wir in der Kunst Inspiration, in der Wissenschaft aber Entdeckung.

Ich zweifle längst nicht mehr daran, daß alle Theorien über die Wirklichkeit aus diesem ungeheuren Reich stammen. Mathematik, Physik – lauter in den Tag gestiegene Traumbilder.

Rindlberg, 6. September 1987

Schneeflöckchen war unser übersinnlicher Kater, und so habe ich in den letzten Tagen versucht, über das Pendel mit ihm zu kommunizieren. Ich vermute, daß wir über Pendeln, I Ging, Tarot und so weiter in transverbalen Kontakt zu unserer rechten, dem unbewußten Traum- und Totenreich zugeordneten Hirnhemisphäre gelangen. Die Antworten waren unerwartet und gewiß nicht von meinen Wünschen gesteuert. Bis gestern war das kleine Tier, wie schon im Leben, voll der Angst. Und bis gestern weinte ich um ihn. Am Abend dann zum ersten Mal: keine Angst. Und als ich fragte, ob er noch bei mir sei, stand das Pendel still. Ich fragte, ob sich etwas in seinem lieben Bewußtsein verändert hätte? Das Pendel bejahte. Parallel dazu hörte ich auf, zu weinen, und der Druck auf dem Herzen verschwand.

Rindlberg, 10. September 1987

Träumte heute nacht, Jörg Mauthe wäre gekommen. Er war sehr hell. Wir saßen an einem weißen Tisch auf der Wiese, in Wirklichkeit ist er rot. Blauer Himmel, Sonnenschein. Jörg wollte den ganzen Tag bleiben. Da stieg ich ins Auto und fuhr zu meiner Mutter nach Wien, um etwas zu holen, das ich unbedingt für Jörg brauchte. Was es war, weiß ich nicht mehr. Ich wachte im Morgengrauen auf, dachte an den Traum – und natürlich, es war Donnerstag! Nur, was wollte ich von meiner toten Mutter?

Der Vormittag verlief normal. Aber am Nachmittag konnte ich kaum fünf Minuten hintereinander wach bleiben; ich schlief einfach weg. So etwas ist mir auch schon früher passiert, wenn ein geliebtes Wesen, Mensch oder Tier, gerade starb. Ich glaube, Jörg hat einfach meine Energien benützt, und das steht ihm auch zu. Ich tauschte mit ihm den Platz, ging ein paar Stunden lang in die Unterwelt. Könnte unser Bewußtsein nur in beiden Welten zugleich erwachen!

Gegen Abend rief Gottfried Berlin an. Dr. Harald Kunz hat vom Meldeamt erfahren, daß Eva-Maria wirklich gestorben ist. Aber nicht wie und auch nichts von der Tochter. Auf unsere Bitte wird er nun persönlich Nachforschungen anstellen.

Rindlberg, 11. September 1987

Träumte heute nacht, mein vor 27 Jahren verstorbener Freund Paul Zsolnay wäre zurückgekehrt. Er saß mit verbundenen Füßen an der Wand. An das Gespräch, das wir führten, kann ich mich nicht mehr erinnern. Zuletzt lud er mich, glaube ich, für den Abend ein.

In einem anderen Traum fuhr ich mit Gottfried auf einem großen Schiff übers Meer. Der Boden des Schiffes bedeckte, unabsehbar weit über dasselbe hinausreichend, beinahe das ganze Wasser. Ich mußte immerzu denken, wie soll Schneeflöckchen aus dem Meer an Bord kommen, wenn kein Weg aus dem Wasser führt?

Auch in einem späteren Traum suchte ich den toten Kater in unserem Dorf, das anders war als am Tag. Jemand sagte mir, er hätte Schneeflöckchen noch am Pfingstmontag gesehen.

Warum ich diese gewiß nicht großen Träume gewissenhaft notiere? Nun, es wird für mich immer deutlicher, daß sie Informationen, vielleicht verzerrte Informationen, über unsere zweite, andere Wirklichkeit enthalten, jene Hälfte unserer selbst, die wir durch den Intellekt nicht erfassen. Und eines Tages werde ich oder ein anderer diese Informationen zum Bild, zum ganzen Weltbild zusammenfügen.

Dr. Harald Kurz rief an. Er suchte Katharina Sliwinsky, die Tochter der Toten, in der Lütticherstraße auf. Ein Zettel mit ihrem Namen an der Tür im Parterre, aber niemand daheim. Durch trübe Fensterscheiben konnte er ein dreckiges kleines Zimmer erkennen, eine Küche mit Töpfen auf dem Herd, einen Mantel am Haken. Alles war schlampig, verkommen, deprimierend. Das mittlere Fenster war so verschmutzt, daß er das Zimmer dahinter nur vermuten konnte, und es schien leer zu sein, ganz leer. Das ganze Haus wirkte unbewohnt, mit geschlossenen Jalousien. Kein Brief im Briefkasten. Aber Gottfried hat ihr geschrieben und Geld geschickt. Wer nahm den Brief, tat sie es selbst?

Noch immer der 11. September, 21 Uhr

Eben rief Katharina Sliwinsky an. Eine junge, frische Stimme. Nicht die allerleiseste Ähnlichkeit mit der der Toten! Ich erzählte kurz von den Anrufen. Sie sagte, ihre Mutter wäre am 11. April im Krankenhaus gestorben. Man hätte sie bewußtlos auf dem Fußboden ihrer Wohnung gefunden. Drei Tage später wäre sie tot gewesen. Doppelseitige Lungenentzündung. Katharina selbst war, wenn ich sie recht verstand, nicht dabei. Ihr Vater, so meinte sie, müßte mehr wissen. Sie gab mir seine Telefonnummer, und in einer Stunde erreiche ich ihn vielleicht.

Auf meine drängenden Fragen bestätigte Katharina, daß ihre Mutter Selbstmordversuche gemacht hat. Doggen? »Nein«, sagte Katharina. »Sie hatte Windhunde.« Ich fragte weiter, ob es möglich wäre, daß sie, Katharina, bei diesen Anrufen als Medium fungiert hätte? Sie war interessiert. Ich mußte ihr erklären, wie so etwas vielleicht funktioniert, aber für möglich hielt sie es nicht. »Aber ich träume immer wieder von ihr«, sagte sie. »Ich komme im Traum in eine Bar, und da sitzt sie.«

Katharinas Stimme ist forsch und fröhlich. Sie ist ausgebildete Arzthelferin, arbeitet aber jetzt, »wie die Eltern«, in einer Bar.

Ich sagte, ich würde ihr eine Kopie der notierten Gespräche schicken, oder machte sie das vielleicht bang? Das verneinte sie lebhaft: »Nein, überhaupt nicht!«

Dann gab ich den Hörer an Gottfried weiter, der sich ganz normal mit ihr unterhielt. »Nein«, sagte er nachher. »Völlig ausgeschlossen, daß sie die Anruferin war.«

Und so stehen wir noch immer vor einem Rätsel.

Noch der 11. September, 22.34 Uhr

Habe soeben lang mit Eva-Marias einstigem Mann Peter Sliwinsky in Berlin telefoniert. Sehr angenehme Stimme, ganz andere Spannung als die Eva-Marias. Katharina hatte ihn schon informiert. Evas (so nannte er sie) Mutter starb, als sie acht war. Zu Bach hatte sie eine besonders starke Beziehung. In Ost-Berlin leben ihr Onkel Robert und ihre Tante Frieda, die sie gern besuchte. Als ich ihn wegen der Selbstmordversuche fragte, schwieg er einfach. Auch, als ich ihn fragte, ob der Pfarrer sie wirklich nicht für würdig befunden hätte, ins Grab zu steigen. Ich bedrängte ihn nicht; er wirkte sensibel; es tut wohl noch weh. Den Klavierlehrer Richard Wagner konnte er ebensowenig bestätigen wie die Schläge von der Mutter. Ihren Vater hat sie geliebt und vergöttert, der Ausdruck »geliebt wie Affenscheiße« war ihm fremd. Eine Freundin in Amerika? Dort lebten zwei Schwestern von ihm, und mit einer wäre sie durch eine große Zuneigung verbunden und befreundet. Keine Doggen. Zwei Windhunde, nicht gleichzeitig. Scottie und Anja. Hätte sie so etwas wie einen sechsten Sinn gehabt? Das bejahte er. Auch erzählte er, unter ihren hinterlassenen Büchern befände sich mein *Reiseführer ins Jenseits*, und sie hätte ihm immer gesagt, den müßte er unbedingt lesen. Nun will er es tun. Aber zwischendurch sagte er mir immer wieder: »Hören Sie, machen Sie sich nicht verrückt, sie ist tot.« Ich erklärte ihm, daß ich das wüßte. Aber den Tod oder das, was wir dafür halten, scheine es eben gar nicht zu geben.

Die Frage nach der Todesursache konnte er, merkwürdig genug, nicht beantworten. »War es die Lungenentzündung«, fragte ich, »oder schlug sie sich nur dazu?« »Sie schlug sich«, sagte er, »nur dazu.« »Und woran starb sie wirklich?« »Das hat man mir im Krankenhaus nicht gesagt.« Während ich das jetzt niedertippe, fällt mir wieder ein, daß sie mir in unserem letzten Gespräch sagte, sie wäre ermordet worden. Wäre es möglich, daß den Ärzten ein Kunstfehler unterlief?

Peter sagte, er wäre noch am letzten Tag bei ihr gewesen, lange. Ihr Herzschlag wäre minimal gewesen; sie lag auf der Intensivstation. Dann mußte er gehen, mußte in den Dienst. Zehn Minuten später rief das Krankenhaus an, es wäre vorbei.

Ich bot ihm an, eine Kopie der notierten Gespräche zu schikken. Ja, die wollte er gern haben. Ich sagte, ich hätte sie auch Katharina versprochen, ohne zu bedenken, daß Eva-Maria Gottfried und mir gesagt hat, ihre Tochter wäre erschossen, gestorben. Ich erwähnte es, sagte aber gleich, Doggen hätte sie schließlich auch keine gehabt. Doch einigten wir uns lieber darauf, daß ich diese nächtlichen Gespräche nur ihm schicken soll.

Wir verabredeten ein nächstes Telefongespräch am 21. September. Ich wollte mich schon verabschieden, da wollte er mir noch etwas sagen. Und, nach einer Pause: »Vor einiger Zeit, ich stehe gerade im Laden, geht eine Frau draußen vorbei. Sie sah aus wie Eva. Die gleiche Größe, die Figur. Auch ihr Haar. Aber das gibt es doch nicht!«

Rindlberg, 12. September 1987

Gestern, beim Einschlafen, dachte ich an Eva-Maria wie an eine Freundin oder Schwester. Es tat mir leid, ihren Anrufen, ihren Anrufungen zeitweise mißtraut zu haben; ich sagte es ihr. Auch, daß ich sie lieb hätte. Dann schlief ich friedlich ein.

Um 1.15 Uhr nachts klingelte das Telefon. Also da hab ich doch wieder Herzklopfen gekriegt. Auch Gottfried sprang alarmiert aus dem Bett. Und wer war es? Sein alter amerikanischer Freund Gale Hoffman aus New York. Nach dem Krieg war er CIC-Offizier in Salzburg und Gottfried im Direktorium der Festspiele. Da haben sie viel Gutes und Lustiges miteinander gemacht. Aber nie seither, wirklich nie, hat Gale Gottfried in Österreich angerufen. Er wiederholte immer und immer wieder, er wüßte ja, es wäre schon spät, aber er hätte unbedingt unsere Stimmen hören müssen. Sonst hatte er überhaupt nichts zu sagen. In New York, in der Nacht, und er war vollkommen nüchtern. (Ich selbst traf ihn ein einziges Mal in New York.) Zufall? Also ich weiß nicht. Ich selbst lächle manchmal fremde Leute an, weil ich weiß, daß dieses Lächeln sich fortpflanzt. Könnte Eva-Marias Wunsch, uns zu hören, sich fortgepflanzt haben?

Rindlberg, 15. September 1987

Gestern abend nach zehn, ich lag schon im Bett und las, hörte ich eine unserer Katzen im Zimmer. Es war aber keine da. Kein Wunder! Wir waren eben erst aus Wien gekommen, und da inspizieren sie alle auf der Wiese ihr Revier. Ich las also weiter, und Gottfried kam herein. Er wollte wissen, was im Radio gespielt wird. Ich drehte auf und wieder ab. Es waren die Nachrichten, die wir schon kannten. Plötzlich wurde Gottfried ganz unruhig und schaute hinter den Ofen. »Da hat sich doch gerade eine Katze neben mir geputzt«, sagte er. »Ich hab das Schlecken ganz deutlich gehört. Und jetzt ist keine da.« »Schneeflöckchen!«, sagte ich. »War schon vorhin im Zimmer.« Aber Gottfried wollte der Sache auf den Grund gehen. Er guckte unter mein Bett, kroch unter die Möbel – nichts. Gottfried schüttelte immer noch den Kopf. Ich aber dachte an unseren ersten Kater Wui Wui, der auch posthum in meinem Zimmer gespukt hat. Dachte auch an eine Dame, die mich vor vielen Jahren besuchte, weil ihr toter Kanarienvogel plötzlich zu singen begann. Sie war selig, nur der Ehemann rannte in panischer Angst aus der Küche. Das tat mein Gottfried nicht! »Alles wird«, sagte er, »immer mehr transparent. Das Holz, die Möbel ...« Aber vielleicht wird einfach unser Bewußtsein transparent.

Rindlberg, 16. September 1987

Gestern, mitten in der Nacht, klapperte es auf der alten Truhe in meinem Schlafzimmer. So, als spielte jemand mit den hübschen Dingen, die darauf liegen. Aber alle Katzen waren bei mir im Bett. »Schneeflöckchen«, dachte ich glücklich und schlief wieder ein.

Heute rief Carola Ingrisch an. Sie hat vier winzige Kätzchen vor dem Erschlagen gerettet und ob wir eins nehmen? Natürlich!

Ich lebe in einem Schloß, und das Schloß ist eine Hütte

Diesen Satz fand ich noch auf der Seite des 29. August in meinem Kalender; Eva-Maria hat ihn gesagt. Carola Ingrisch, der ich die seismische Sturm-Seite vom 31. August zeigte, deutete sie und schrieb mir:

»Wir begannen um 21.30 Uhr zu trinken4« = gingen von der Zeit in die Zeitlosigkeit, in die 4. Dimension über. --- »Ich fragte sie, warum sie so schlimm lache? Sie sagte, sie lache aus Freude8ne« = aus 8, der unendlichen Freude, und da unendlich, nicht wirklich. »Sie sagte, es gibt keinen Tod (es kfiubt eibnenn TZod« = kein Ende (= Z = Omega). --- »Siebsagtem, sie wurde ermordet« = Sieben, sagte sie, wurde ermordet. --- Der letzte Satz heißt: Ich versuche mich zu lösen, denn Gottfrieds biographische Daten ins Spiel mitzubringen (4 im Gegensatz zu den Daten – 4. Dimension, Zeitlosigkeit) verderben das Gespräch. --- »ÄCG« bedeutet, vermute ich, AZ Alpha = Omega. ACG ist auch 1–3–7. 1 = die Einheit, das Sein, die Manifestation der Materie. 3 = die Dreiheit, die Dreifaltigkeit – Vater, Sohn und Geist. 7 = *nicht der Tod*, sondern die Befreiung. Der 7. Himmel ist da, wo alle deine Sinne völlig offen sind, wo die 7 Siegel gelöst werden. Ich kam zu 7, und ich kam, um dir den Himmel zu zeigen!

Das klingt aufregend, und ich danke Carola, die ein Rasta ist, sehr. Als sie die Seite sah, sagte sie, das erinnere sie an einen Code, und sie wollte versuchen, ihn zu entschlüsseln.

Nun, vielleicht ist unser ganzes Leben ein Code? Und wer wird ihn entschlüsseln? Oder ist es so, daß unser sogenanntes Unbewußtes, also wohl die rechte Hirnhemisphäre, unser Nagual, den Code der Wirklichkeit fortwährend entschlüsselt, ohne daß unser gewöhnliches Ich es bemerkt?

»Ich lebe in einem Schloß, und das Schloß ist eine Hütte.« Das ist eine oft in alten Märchen codierte Botschaft. Die Begegnung mit Feen, die Begegnung mit der Anderswelt läßt eine Hütte als Schloß und ein Schloß als Hütte erscheinen.

Einer alten Vermutung zufolge sind Feen Tote, und die Anderswelt ist das Totenreich.

Ich wurde mit einem Rätsel beschenkt. Jedes Rätsel hat vielleicht unendlich viele Lösungen, und jede von ihnen ist die Stufe, die wir gerade ersteigen.

Ich möchte nicht recht haben, und ich wünsche mir viele Stufen!

Rindlberg, 7. Oktober 1987

War letzte Nacht im Traum in Frankreich. Da war ein großes geschlossenes Bad und das offene Meer. Ich wollte nackt baden und wählte zuerst das geschlossene Bad, erlag aber dort der Anziehung des Meers. Bad und Meer waren durch einen überdachten Steg verbunden. Während ich ihn überschritt, verwandelte er sich in ein Schiff, das mich mit rasender Geschwindigkeit ins Meer entführte. Ich aber sollte pünktlich – ich glaube, um vier Uhr – an Land sein. Drei Frauen fuhren im Auto zurück, eine von ihnen war ich. An Land traf ich Jörg Mauthe. »Bist du traurig im Kopf?«, fragte er mich. »Nicht überall«, antwortete ich. »Aber an den meisten Stellen.«

Wien, 11. Oktober 1987

Im Traum – und beinahe auch in Wirklichkeit – habe ich ein Haus in Zemling gekauft. Als wir noch einmal nach Rindlberg fahren, hält uns unser Bürgermeister in Bad Großpertholz auf. Er würde, sagte er, alles tun, damit wir bleiben. Der tiefe Schnee, der unser Rindlberger Häuschen begräbt, soll weggeräumt werden. Und wirklich, als wir zu dem Hügel kommen, auf dem unser Haus steht (in Wirklichkeit liegt es in einer Mulde, der Bärenlucke), tragen ganze Trupps fremder Arbeiter den Schnee fort. Wir ziehen wieder ein, doch nicht allein. Unsere Freunde Arnulf und Helena Neuwirth, Rudolf und Karin Schwarz und unsere einstige Wissenschaftsministerin Herta Firnberg begleiten uns. Wir werden künftig zusammen leben, eine Gemeinschaft. Ich mache mich auf die Suche nach dem silbernen Becher meiner Mutter und finde ihn in einem Laden, total verbeult und verbogen. Die Trinköffnung ist ganz schmal geworden, und der Becher ist nicht mehr aus glattem Silber, sondern aus rauhem Gold.

Brüssel, 13. Oktober 1987

Kurz vor dem Aufwachen träume ich, mein toter Freund Igor Caruso lädt mich auf eine Reise zur Sonne ein. Sie soll, glaube ich, Montag stattfinden. Ich habe noch nicht zugesagt, bin aber zu dieser Reise entschlossen. »Nichts dort«, sagte Igor, »ist ganz anders als hier. Nur empfindet man für alles und alle mehr Liebe.«

Rindlberg, 19. Oktober 1987

Träumte, Gottfried hätte ein wunderschönes altes Haus am Teich erworben, aber die bäuerliche Familie, der es gehörte, blieb. Eine Tochter gab mir ein elektrisches Fahrrad aus Papier, auf dem ich die Gegend erkundete. Sie war wild und sanft zugleich, einfach wunderbar. Ich fuhr einen Waldweg hinauf, der direkt in den Himmel zu führen schien. Er endete hoch in der Luft, ich blickte auf Gebirge tief unter mir, wurde schwindelig und kehrte vorsichtig wieder um.

Rindlberg, 20. Oktober 1987

Im Traum kehre ich in den Garten meiner Großeltern zurück. Die Hütte ist zum Palast geworden, dazwischen blitzten Facetten des Gartens wie Diamanten auf. Ich empfinde dies alles als zu prunkvoll, beinahe pompös.

Rindlberg, 25. Oktober 1987

Im Traum kaufe ich ein sehr kleines Haus, dessen Besitzer mit 45 Jahren gestorben ist. Schräg geduckt steht er mit erhobenen Händen vor seinem einstigen Haus, als wollte er mich erschrecken.

Wieso immer die Zahl Neun? Als ich das Zemlinger Haus fast gekauft habe – wir treten zurück und müssen das teuer bezahlen – ergab numerologisch alles die Zahl Neun. Das Haus, das einem Professor Wolf gehört, wird im Dorf das Wolfhaus genannt. Wolf – das ist nicht nur der Jörg, sondern auch ein Todessymbol, und Neun ist die Zahl des Initianten. Sie steht am Ende einer Entwicklung und am Beginn einer anderen.

Tatsächlich bin ich völlig ruhelos. Als wir beschlossen, dieses Haus doch noch nicht zu kaufen, habe ich die meisten Möbel hier in Rindlberg umgestellt; es sah aus wie auf einem Schlachtfeld. Ich nehme an, daß äußere Ereignisse nur die inneren kommentieren.

Rindlberg, 26. Oktober 1987

Im Traum kehrte ich nach Rindlberg, das ich nie verlassen habe, zurück. Mit allen Möbeln aus der Wiener Wohnung, aber es waren die meines ersten Mannes. Immerzu verlor ich Katzen, und eine, Sabinettchen, fand ich nicht wieder. Ich glaube, ich suchte sie drei Tage lang, dann reiste ich ab. (Sabinettchen ist in Wirklichkeit tot und noch immer sehr geliebt.) Als wir nach Bad Großpertholz kamen, sah ich, daß während meiner Abwesenheit Wasser in den Wald eingedrungen war. Es strömte in ruhigen Windungen nach Rindlberg hinauf. Ein Fluß und zugleich Meer. Der Anblick war sehr schön, und ich freute mich.

Der kleine Kater, der einen Tag nach Schneeflöckchens Tod geboren wurde und den wir zu uns nahmen, heißt Zwergerl Rawuzel, genannt Rawu. Ein kleiner Teufel und fast so schwarz wie Wui Wui, der erste, unvergessene Kater, an den er mich so erinnert. Da habe ich nachgeguckt. Wui Wui starb unter einem Auto, am 21. August 1978, um neun Uhr früh. Schneeflöckchen erlitt das gleiche Schicksal am 30. August 1987 um neun Uhr abends. Am 31. August 1987 wurde Rawuzel geboren.

Wörter verbinden sich, nach Gesetzen der Grammatik, zu Informationen. Zahlen auch? Zwischen Wui Wui und Schneeflöckchens Tod liegen neun Jahre und neun Tage. Numerologisch ergeben beide Daten (21. 8. 1978 und 30. 8. 1987) die Zahl neun. Nur der kleine Rawuzel ist eins weiter, nämlich zehn.

Die Zeit faltet uns auseinander

Das habe ich auf einen Nacht-Zettel geschrieben, den ich am Morgen neben meinem Bett fand. Es war wieder eine Nacht, in der ich erkannte, daß alle unsere Erscheinungen strahlenförmig von einem Zentrum ausgehen. Wieviele Strahlen, von Eins bis Unendlich, hängt von der jeweiligen Intensität des Lichts unseres Zentrums ab. Ich glaube, so wird die Reinkarnationslehre verständlich. Keine lineare Zeit, in der die Leben aufeinander folgen, sondern Aus-Strahlung. Von unserer Mitte aus können wir in jeder Gestalt erscheinen, jeder und alles sein.

Vielleicht gibt es in unserem Bewußtsein etwas, das den elektrischen Wechselschaltern in unseren Häusern entspricht. Wechselschalter des Raums und der Zeit?

Der Oktober war von großer Unruhe erfüllt, die sich als hektische Suche nach einem neuen Haus manifestierte. Sogar meine Träume waren davon erfüllt. Im letzten erwarb Gottfried zwei Häuser. Eins stand in einer sanften, einsamen grünen Idylle, das andere auf einem Felsen. Aber im Traum wanderte der Fels, zerbröckelte, und dann wachte ich auf.

Langsam begreife ich, daß dieses neue Haus, in das ich einziehen soll, in mir selbst steht und nirgendwo sonst. Aber dort steht auch der zerfallende Fels.

Rindlberg, 6. November 1987

Gestern war Donnerstag! Und zwar ein richtiger. Annemarie S. besuchte uns. Im Laufe des Abends bat sie um Papier. Ich tippe nun ab, was sie – meiner Beobachtung zufolge in einem veränderten Bewußtseinszustand – schrieb.

Der leichteren Lesbarkeit wegen werde ich die Wörter beim Tippen trennen und mit den entsprechenden Zeichen versehen. Das Blatt war nicht nur inhaltlich sehr erstaunlich. Auch formal. Drei Zeilen, die sich in hohe Stufen aufwärts wenden, die Buchstaben von ganz klein bis riesengroß. Der Text:

»Ich bin Jörg, ich melde mich selbst, Lotte, ich möchte gern, daß du selbst schreibst.«

Das war natürlich aufregend. Und Donnerstag, Donnerstag war.

Die nächsten Blätter:

»Warum schreibst du mir nicht selbst, Lotte, ich bin Jörg, bitte, Lotte, schreib doch selbst, beginne doch heute, ich warte, bitte bitte schreib!«

»Ich warte, warte, warte.« (Nach dem letzten Wort ein sonderbares Knäuel.)

»Du kannst es doch, bitte schreib mir doch, ich bin Jörg, ich warte, ich warte, wir sind« – und nun folgt eine Zeichnung, die ich nicht deuten kann und die Annemarie, wie sie erklärte, viel Kraft gekostet hat. Vielleicht eine Mondsichel, und das geöffnete Zeichen für Unendlich? Aber noch, wie gesagt, versteh ich es nicht.

»Ich bin da. Lotte muß weitermachen, der Kontakt muß dichter werden, Jörg wartet.«

»Jörg ist da. Lotte soll, wenn es geht, mit der Hand schreiben, zumindest zu Beginn unserer Arbeit, später werden wir weitersehen. Wenn Lotte Lust hat, können wir auch außerhalb der Donnerstage schreiben, jetzt, wo der Kontakt hergestellt ist. Lotte, sei so lieb und pflege diese Leitung bis zu Jörg.«

Also irgendwann zwischen den letzten Botschaften fing ich dann auch zu schreiben an, Jörg wartete ja. Ich tippe wieder die Blätter ab, bis auf das erste tragen sie im wesentlichen meine eigene Handschrift, während Annemarie in fremder Schrift schreibt.

»Ich bin da. Ich bin da. Ich bin da.«

»Ich bin bei euch, ich habe so lange auf diesen Augenblick gewartet, vergeude ihn nicht. Ich werde dir noch viele Botschaften durchgeben über die Einheit beider Welten. Wir sind nicht getrennt, und wir können einander wahrnehmen, auch wenn ihr das nicht glaubt. Nicht nur ich euch, auch ihr mich.«

»Jörg, heute ist Donnerstag!«

»Wann sonst hätte ich zu dir kommen können! Du hast Glück, daß dieses Medium gekommen ist, und du hast es so gewollt.«

Das stimmt. Annemarie suchte seit etwa zwei Jahren den

Kontakt mit mir. Und Mittwoch, plötzlich, wurde ich ganz verrückt danach, sie zu sehen. Da ich ihre Telefonnummer nicht mehr hatte, schickte ich über die Firma meines ersten Mannes einen Boten zu ihr und bat um Rückruf. Der Bote hatte in meine Telefonnummer eine Fünf statt einer Acht geschrieben. Annemarie rief sofort an – und war mit einem Pfarrhof verbunden. Unverdrossen suchte sie weiter, fand mich und sagte, sie käme morgen sowieso ins Waldviertel, da könnte sie mich besuchen.

Mein letzter Zettel des gestrigen Tages:

»Ich bin bei dir. Ich bin bei dir. Es gibt keine Trennung zwischen den Welten. Du mußt die Brücke sein, du hast es versprochen. Ich bin der Träger der Brücke. Schreib jeden Tag, ich werde dir diktieren. Ich möchte ein Buch mit dir machen.«

Das war allerdings sensationell! Aber ich dachte, reicht die Zeit? Und bat Annemarie, doch zu fragen, ob ich nun im März 1988 sterbe oder nicht? Die Antwort kam nicht von Jörg, sondern in einer wieder anderen Schrift, von »Josepha«, über die Annemarie nichts weiß und die ihr bisher immer diktierte. Ihr Kontrollgeist oder Engel oder was immer.

»Lotte hat ein langlebiges Horoskop, ganz ähnlich deinem, ihr seid Schwestern. 1988 ist eine Zäsur, aber nicht so, wie sie meint. Man kann das Wort Sterben auch mißverstehen. Sterben heißt so viel. Sterben ist Transformation, auch in ganz weltlichem Sinn. Lotte ist dazu da, jetzt fürs nächste mit Jörg zu schreiben und zwar bis März 1988. Lotte und Jörg werden ein sehr wichtiges Buch für Österreich schreiben.«

Die Idee, ein für Österreich wichtiges Buch zu schreiben, kam garantiert nicht aus meinem Kopf oder Bauch oder was immer! Ich bin kein patriotischer Mensch. Jörg aber schon! Auch jetzt noch, wie es scheint.

Als ich heute früh aufwachte und mir alles wieder einfiel, war ich sehr glücklich. Dabei hab ich mich früher nie für automatisches Schreiben interessiert, auch für Medien, offen gesagt, nicht. Allerdings war ich immer der Meinung, meine Stücke und Bücher nicht wirklich selbst zu schreiben. Ich bin, so dachte ich, einfach die Pore, aus der dieser Schweiß austritt. Eine nicht sehr hübsche, aber wenigstens bescheidene Formulierung.

Wien, 10. November 1987

Alles verrückt. Freitag versuchte ich, automatisch zu schreiben. Ich schrieb aber völlig normal. Meine eigene Handschrift, und die Gedanken waren mir zumindest nicht fremd. Leider habe ich den Zettel verlegt. Viele verschiedene Häuser bilden eine Stadt, und das hatte irgend etwas mit Tod und Leben zu tun, was, weiß ich nicht mehr genau. Dann, daß ich die Brücke zwischen beiden Zuständen sein sollte und Jörg der Pfeiler, der die Brücke trägt.

Ober war das Samstag? Jedenfalls, an einem dieser beiden Tage zweifelte ich sehr. Bedauerte auch, gar nicht zu wissen, wie man so etwas richtig macht. Falls es ein Richtig gibt ... Da der Kriminalroman, den ich gerade las, mich langweilte, griff ich blind ins Bücherregal, zog ein Buch heraus, schlug es irgendwo auf. Und worauf fiel mein erster Blick? Auf die Stelle, wo Arthur Ford (*Bericht vom Leben nach dem Tode*) schildert, wie er zum ersten Mal automatisch schreibt. Dämmriges Zimmer, totale Entspannung und so fort. Da war ich erst ein bißchen perplex.

Aber gestern waren wir mit Carolas Eltern, Prof. Bernd und Helga Ingrisch, im Weincomptoir verabredet. Bernd bat, einen Freund vom Sozialministerium mitbringen zu dürfen, dessen Frau unbedingt mit mir sprechen möchte. Das tat sie auch, und worüber? Über automatisches Schreiben. Sie benützt eine Art kleines Tischchen, das sie schon lang nicht mehr berühren muß. Es genügt, wenn sie ihre Hand darüber hält. Daß sie eine besondere Hand hat, bewies sie mir, denn unaufgefordert ortete sie meine Schmerzen im Rücken und Hinterkopf, fuhr mit der Hand die Schmerzstrecke entlang, ohne mich zu berühren, und schwupps! Weg war das Malheur. Die Dame ist übrigens eine aparte, lustige Brünette. Gar nicht so, wie ich mir Medien immer vorstelle.

Rindlberg, 16. November 1987

Träumte letzte Nacht von einem großen alten Schreibtisch, der mich faszinierte und den ich unbedingt haben wollte. Rötliches Holz, grün bemalte Schubladentafeln, und über der Schreibplatte war er ein Flügel. Der Deckel silbern und dunkelblau.

Aber als ich den Deckel hob, waren da keine Saiten überm Resonanzboden, sondern ein zweiter Deckel, ein Bild. Kleine graue Figuren oder Zeichen auf weißem Grund. Ich wurde immer verrückter nach diesem Schreibtsich, dachte, auf ihm würde ich etwas ganz anderes schreiben als sonst. Aber er gehörte mir nicht. Auf meine drängenden Fragen sagte mir jemand, ich sollte bei einem Antiquitätenhändler Blausteiner danach suchen. Dieser hier kostete 4500,– Schilling.

Viertausendfünfhundert? Das ergab, dachte ich am Morgen, schon wieder die ominöse Zahl Neun. Aber Blausteiner, ein blauer Stein? Weiß nicht, was der bedeutet.

Am Vormittag telefonierte ich mit Annemarie. Sie sagte, sie hätte wieder geschrieben. Jörg hätte ihr unseren Buchtitel diktiert. *Das Donnerstagebuch*.

Also der Titel ist toll! Und wenn es wirklich Jörg wäre, der mich von allen Seiten bedrängt?

Versuchen will ich es schon. Wenn, was ich schreibe, nicht gescheiter ist als ich selbst, war es ein Flop. Die Qualität soll entscheiden!

Rindlberg, 17. November 1987

Habe heute das Wolf-Haus in Zemling gekauft. Wie ich es zahlen soll, weiß ich noch nicht. Auch nicht, warum ich es unbedingt haben möchte.

Gestern vor dem Einschlafen versuchte ich im Bett, automatisch zu schreiben. Ich konnte es aber nicht lesen.

Nur, etwas wirklich Merkwürdiges ist passiert. Gottfried öffnete seinen Koffer, in dem er die ganze Wiener Post hierher brachte. Es graute ihm ein bißchen davor, weil es so viel war. Da machte er also heute ein Kuvert auf, in dem eine Einladung lag. »Dr. Eugen Wiederkehr bittet Frau Lotte Ingrisch und Herrn Gottfried von Einem zu einem Cocktail.« Allerdings erst am 20. Februar 1988! Normalerweise sagen wir Einladungen ab, und einen Dr. Wiederkehr kennen wir nicht einmal. Aber Gottfried drängte mich den ganzen Tag, herauszufinden, wer dieser Herr wäre. Ich war schon ganz ärgerlich.

Am Abend gehe ich zu meinem kleinen grünen Schreibtisch, um noch einmal meinen automatischen Jörg-Schreibzettel zu suchen. Ganz obenauf liegt ein Block. Ich nehme ihn in die Hand und lese:

Paradies = die Ganzheit, Jetzt – der zerbrochene Spiegel. (Strich, und darunter:)

Man muß mit den Toten sprechen können und mit den Lebenden schweigen. Bär 29. I. Todestag Jörg. (Bär nenne ich Gottfried, und das hat er letzten Jänner am Kamin gesagt; ich erinnere mich. Aber links daneben steht, untereinander:)

Dr. Wiederkehr

Dr. Nimmermehr

Jetzt war ich aufgeregt und verblüfft. Da war eine dunkle Erinnerung, aber ich kriegte sie einfach nicht hell. In der Hoffnung, etwas notiert zu haben, suchte ich also in diesem Manuskript und fand die entsprechende Eintragung wirklich unter dem 20. Jänner. Damals grübelte ich, ob die geistige Gestalt des Toten überlebt? Da rief jemand an und verlangte Herrn Dr. Wiederkehr. Eine dieser richtigen falschen Verbindungen. »Dr. Wiederkehr gibt es nicht«, sagte ich damals, »Sie können nur mit Herrn Dr. Nimmermehr sprechen.« »Und mit wem«, fragte der unbekannte Anrufer, »spreche ich jetzt?« Ich nannte meinen Namen. »Sie sind also«, sagte er, »die Dame, die sich mit dem Unfaßlichen befaßt.«

Was bedeutet die sonderbare Einladung gerade jetzt, und diese ja zusammengehörigen Notizen auf meinem Zettel? Dr. Jörg Mauthe, Dr. Wiederkehr?

Gottfried, dem ich alles erzählte, konnte sich zwar noch erinnern. Meinte aber, ich machte mir selbst etwas vor. Er las gerade das letzte Kapitel von Richard Feynmans Autobiographie, ich selbst gab sie ihm. Und da schreibt der Physiker – ich habe ihn und seine witzigen, phantasievollen Theorien besonders gern –: »Der oberste Grundsatz ist, daß Sie sich nichts vormachen dürfen – und sich selbst können Sie am leichtesten etwas vormachen. – Das, wovon ich spreche, ist eine spezifische, besondere Art von Integrität, die Sie haben sollten ...« Na gut, hab ich die nicht? Da sind die Fakten. Aber bildet meine Aufmerksamkeit Muster, verknüpft meine selektive Wahrnehmung, was nicht zusammengehört? Mehr oder weniger tut das jeder. Aber was gehört zusammen, was nicht?

Rindlberg, 21. November 1987

Holte mir gestern in Wien die von Annemarie in Istanbul und Wien automatisch geschriebenen Blätter ab.

10. 11.
Ich bin Jörg Mauthe.
Meine Sorge gilt dieser Stadt und nicht ihren Bürgern.
(Anmerkung Lotte Ingrisch: Am 8. November, also zwei Tage vorher, hat Mauthes Freund Erhard Busek die Wiener Wahl und damit den Vizebürgermeister verloren. Dr. Busek ist unser bester Mann, gescheit, phantasievoll, liberal, der grüne Flügel der ÖVP.)
Ich werde wiederkommen in diese Stadt.
Lotte hat den Ansatz für das Buch schon.
Nein, kein Roman, eher eine Art Donnerstagebuch, gesammelte Gedanken einer donnerstäglichen Beziehung.
Ich bin in Sorge um unsere Stadt. Ihr müßt mithelfen, sie zu bewahren, trotz dieser großen Müdigkeit, die alle befallen hat. Müde und hoffnungslos ist diese Stadt.
Ich bin Jörg.
(Wortzeichnung, nicht deutbar.)
Wien
Magie
(Unleserliches Wort: Mond?)
Ich bin Jörg und mache mir Sorgen um diese Stadt.
(Wortzeichnung, undeutbar.)
(Dazwischen andere Eingebungen in einer offenbar fremden oder Phantasiesprache, andere Schrift, nicht von Jörg.)
Ich bin Jörg Mauthe.
Ja, Lotte wird mit mir ein Buch schreiben, das sehr wichtig ist.
Ich werde es ihr nicht diktieren im Sinne von medialem Schreiben, sie ist zu stark.

16.11
Ich bin Jörg. Ja
Donnerstagebuch
Donnerstagebuch
Das Donnerstagebuch

Rindlberg, 22. November 1987

Heute besuchte uns eine Dame aus Lüdenscheid, Marie-Luise Steindl, die wir aber – nach ihrem toten und sehr lieben Hund – Pompipops nennen. Wir haben sie nun insgesamt zweimal gesehen, sie ist eine Nächtebuch-Leserin. Und was hat sie erzählt? Daß sie mit ihrem Neffen auf einem gewissen Ouija-Brett (oder so ähnlich) schreibt, und alle Prophezeiungen treffen pünktlich ein. Da ist es wieder, dieses Eingekreistwerden von einem Motiv. Ich gestand, daß ich ein kleines Tischchen gekauft, aber noch nicht ausprobiert habe. Sie war begeistert, wir müßten es unbedingt zu dritt versuchen.

Dann saßen wir ewig wie die Idioten vor dem Zwergtisch, und er hat sich überhaupt nicht gerührt.

Ich soll, glaube ich, nichts probieren. Bisher ist mir immer alles ganz plötzlich und unerwartet passiert, lauter Überraschungen und Geschenke.

Rindlberg, 24. November 1987

Besuchte im Traum, wie in den letzten Jahren immer häufiger, den Garten meiner Großeltern. Der große Kirschbaum, unter dem ich als Kind alle Sonntage saß, liegt auf der Wiese. Ein Sturm hat ihn gestürzt. Ich war sehr betroffen.

Aber heute morgen, als ich meine Steuerbelege zusammensuchte, fand ich meine eigene, verloren geglaubte mediale Aufzeichnung von Jörg. Oder nicht von Jörg. Ich weiß es nicht. Ich habe, selbst bei geschlossenen Augen, mit Punkt und Komma geschrieben. Es ist meine eigene Schrift, nur ein paar Kurrentbuchstaben haben sich hineinverirrt. Die Wörter sind getrennt. Ich tippe:

Jörg. Ich bin Jörg. Ich bin bei dir. Das Leben ist eine Einheit. Eine Stadt mit vielen Häusern, aus denen du kommst und in die du gehst. Wenn du in einem Haus bist, (Anmerkung Lotte Ingrisch: Ich habe mich geirrt, bis hierher schrieb ich ohne Punkt und Komma.) siehst du nur seine Wände und glaubst, dies wäre alles. Und durch das Fenster schaust du wie in eine andere Welt. Aber jedes Haus ist in der Welt, und in der gleichen. Und alle Häuser zusammen sind die Stadt. Die Häuser des

Lebens, die Häuser des Todes. Du betrittst jetzt bald das Haus deines Todes.

Gestern abend rief Anne-Marie an. Wir wollten am 3. Dezember einen Abend in memoriam Jörg Mauthe machen. Aber sie zögerte, ganz gegen ihre Gewohnheit, das Verschicken der Einladungen hinaus. Nun schrieb sie, medial oder auch nicht, ein anderes Datum: 28. Jänner. Sofort nachher guckte sie in den Kalender. Ein Donnerstag! Mauthe ist doch irgendwann im Jänner gestorben? Aufgeregt rief sie das Wiener Journal, das er gegründet hat, an. Er starb am 29. Jänner. Der 28. war also damals sein letzter Lebensabend.

Jene Josepha, die sie selbst ist oder auch nicht, meinte noch, man sollte dieses Totenfest mit Gottfrieds Geburtstag (24. Jänner) verbinden. Ein Bär und ein Wolf, das paßt doch zusammen? Ganz unähnliche, aber mythische Urtiere. Beide.

Noch etwas, das ich nicht aufschrieb, weil es mir zu verrückt vorkam. Aber wer weiß, wie verrückt die Wirklichkeit ist? Im Singular und im Plural.

Also ich wachte vor ein paar Nächten auf und erinnerte mich, daß eben noch Zwerge im Kreis um mich herumstanden. Kleines Volk. Lauter Männer, wenn ich nicht irre. Irdisch oder außerirdisch. Mehr weiß ich nicht mehr.

Aber Pompipos erzählte mir, daß sie als Kind Engel gesehen hat. Sie waren größer als Menschen und leuchteten aus sich heraus. Ein phosphoreszierendes Blau. Natürlich fielen mir die keltischen Sidhe ein, große leuchtende Wesen. »Und die Gesichter?«, fragte ich. »Merkwürdig«, sagte Pompipops. »Gesichter hatten sie keine.« Aber dasselbe hat Gottfried oft von Toten gesagt, die er sah! »Die haben keine Gesichter.«

Wien, 27. November 1987

Fuhren heute den ganzen Tag von Mainz zurück nach Wien. In Mainz spielten sie *Jesu Hochzeit*, Erzbischof Lehmann verlangte die Absetzung, nun gab es eine Vorstellung mit öffentlicher Publikumsdiskussion. Eine sehr schöne Diskussion übrigens, viele junge Leute. Die Kirche verwest bereits, und das ist gut so. Aber die Zeit Jesu, die Zeit der Bergpredigt, fängt gerade erst an!

Natürlich ließ die Kirche auch eine einstündige Diskussion im Südwestfunk platzen. Es scheint ein Zeichen ihrer Schwäche zu sein, daß sie das Gespräch meidet. Auch die bezahlten Trillerpfeifer verdrückten sich nach der Aufführung; die Intelligenz reichte gerade zum Pfeifen.

Dann ist noch etwas Wunderbares passiert! Vor der Grenze kam die Zollkontrolle, kam ein mittelgroßer Mann in mittleren Jahren, sehr gut aussehend, helle Katzenaugen, in Uniform. Wir sagten, wir hätten nichts zu verzollen. Er prüfte unsere Pässe. Nein, ich glaube, er prüfte uns selbst. Es wäre gut, daß wir nichts zu verzollen hätten, sagte er. Wir ließen uns nicht von materiellen Wünschen versklaven. Dann, mit einem Lächeln, zu mir: »Sie sind ein Mensch, der den Schmerz sucht. Sie glauben noch immer an den Weihnachtsmann. Es ist eine Freude, Ihnen zu begegnen.« Wir waren ein bisserl perplex. Aber der Zollengel, wie ich ihn bei mir nannte, setzte sich zu uns.

Wir führten Gespräche wie im Traum. Über die Demut, durch die wir wachsen, und über den Schmerz, unseren großen Lehrmeister. Auch der Zollengel wußte, daß es keinen Tod gibt. Über den Todeskampf sagte er, daß er unsere energetische Mitgift in das nächste Leben sei. Ich war von seinen Worten, auch den jetzt nicht mehr präzis erinnerten, so tief berührt, daß ich versuchen will, freundlicher, geduldiger zu werden, die Menschen mehr zu lieben.

Eine Dame stieg zu; sie und der Zollengel duzten einander. Sie saß einfach still da und hörte zu. Als der Zollengel uns verließ, fragte Gottfried die Fremde, was sie täte? »Ich bemühe mich, in Gott hineinzuleben«, antwortete sie. Gottfried traute seinen Ohren nicht und wiederholte die Frage. »Ich verwandle mich«, sagte die Dame, »in Licht.«

Dann stieg sie auch aus, und noch immer sind wir nicht ganz sicher, daß es die beiden in unserer Wirklichkeit gibt. Vielleicht in einer anderen? Ich bat den Zollengel, der in Passau lebt, um seinen Namen. Er schrieb ihn für mich auf. Ich habe den Zettel eben neben meine Schreibmaschine gelegt. Dann sprang Rawu, der schwarze Kater – er schaut aus, als käme er direkt aus der Unterwelt – auf den Schreibtisch. Und der Zettel ist verschwunden. Ich soll also den Namen des Zollengels, obwohl ich ihn weiß, nicht nennen.

Wien, 29. November 1987

Heute am frühen Nachmittag, ich schlief ein bißchen, wachte ich mit einem inwendig gesprochenen Satz auf: »Am 20. komme ich nicht zurück.« Erst seit ich über ihn nachdenke, bekommt dieser Satz ein eigentümliches Gewicht. Zwanzigster März?

November

Das ist mein Advent-Monat, der besondere, der geliebte. Da ist immer etwas Ungewöhnliches geschehen. Im November bin ich gezeugt worden. Im November habe ich Gottfried kennengelernt. In diesem November habe ich Botschaft aus dem Totenreich erhalten und ein Haus gekauft.

Aber ich fürchte mich vor dem Haus; ich werde nirgends mehr anwachsen. Und ich will Rindlberg nicht verlassen, keinen einzigen Tag!

Ich neigte zur Fröhlichkeit. Aber jetzt werde ich von Tag zu Tag trauriger. Ich verliere meine Freude.

Wien, 10. Dezember 1987

Christine Busta, die Lyrikerin, ist gestorben. Heute, während eines öffentlichen Konzertgesprächs im Tabakmuseum, erzählte Gottfried. Er hätte viele, auch sehr dramatische Gedichte seiner Freundin Christine Busta zu Liedern vertont. In diesem Augenblick gingen alle Lichter aus. »Das ist«, sagte ich dem verblüfften Publikum, »die Busta!« Da wurde es wieder hell.

Gottfried und Christl, das war eine große Liebe. War? »Es gibt mich«, zeigte sie uns, »noch immer!«

Rindlberg, 12. Dezember 1987

Kamen gestern aus Wien. Gottfried war in einem schrecklichen Zustand. »Dieser Mensch wird heute nacht ausgelöscht«, sagte er und meinte sich selbst. »Schluß!«

Ich kenne diese Krisen. Sie treten auf, wenn Gottfried längere Zeit nichts komponiert hat. Sie beginnen als Alkoholexzesse. Gottfried wird immer aggressiver, und zuletzt richtet sich sein ganzer Haß auf sich selbst. Ein Strick, ein Messer. Das sind schlimme Zeiten. Gehen sie vorüber, schreibt er eins seiner schönsten Stücke.

Gestern wollte er sich nachts unter den Kirschbaum legen, in den Schnee, und erfrieren. Ich war verzweifelt. Bat ihn um »einen letzten Kamin«, und wir tranken noch eine Flasche Wein vor dem offenen Feuer. Ich sprach immer wieder von Eva-Maria, die auch durch Selbstmord starb und seit fünf Jahren durch ein Zwischenreich irrt. Aber weder Worte noch Tränen stimmten Gottfried um; sie erreichten ihn nicht einmal mehr. Da, um elf Uhr, läutete das Telefon. »Das ist«, sagte Gottfried, »Eva-Maria.«

Sie war es! »Ich bin Eva-Maria.« Ihre Stimme klang fast entschuldigend. Sie war nicht mehr so traurig, und auch die fast hysterischen Schwankungen waren verschwunden. Tonhöhe, Lautstärke, Stimmung – alles veränderte sich während unserer letzten Gespräche (und auch, wie Gottfried mir versicherte, als sie noch lebte) fortwährend. Diesmal sprach sie ruhig und gleichmäßig, da war eine ganz neue Harmonie. Vielleicht bin ich deshalb überhaupt nicht erschrocken, ich freute mich so!

Auf meine Frage antwortete sie, sie wäre aus der Welt wieder zurück in die lebendige Unterwelt gegangen, denn da oben fände sie sich nicht mehr zurecht. Und dann sagte sie noch etwas Merkwürdiges, nämlich: »Ich bin ein Mensch geworden.« »Ich habe«, erzählte ich, »Peter angerufen und ihm von deinen Anrufen erzählt.« »Peter?«, fragte sie. »Wer ist das?« »Er war«, sagte ich, »einmal dein Mann.« Sie schien sich nicht mehr an ihn zu erinnern. (Verwest nicht nur der Leib, verwest auch die Geschichte des Menschen?) Ich sagte nichts über Gottfried, nur: »Darf ich dich mit ihm verbinden?« An ihn erinnerte sie sich. »Gottfried«, sagte sie, »hat mich nie geliebt.« (Was Gottfried mir heute bestätigte; sie war damals die Liebende, Helfende. Das war nach dem Tod seiner ersten Frau.) Die beiden schienen gar nicht miteinander sprechen zu wollen, doch ich verband sie mit Gewalt.

»Wie ist es dir ergangen?«, fragte Gottfried, und sie antwortete dasselbe wie mir: »Ich bin jetzt in der Unterwelt, weil ich mich in der oberen nicht mehr zurechtfinde.« Und dann: »Ich habe dich sehr gern. Ich kenne dich, aber ich weiß nicht, woher. Was uns verbindet, ist jenseits von dem, was ich Bekanntschaft nennen würde.«

Gottfried sagte ihr, daß er sie liebt, und ich zog mich tiefer in mein Zimmer zurück. Sie sprachen lange. Das wenige, was er mir nachher sagte, habe ich sofort notiert. Aber als ich es ihm heute zeigte, war er enttäuscht. »Da war viel mehr«, sagte er. »Als wäre ich mit einem leuchtenden Strom verbunden ...« »Vielleicht«, meinte ich, war die wirkliche Kommunikation jenseits aller Worte?« Gottfried stimmte mir sofort zu. Nun ja, ich glaube, daß alle unsere wesentlichen Kommunikationen transverbal sind. Aber ich kann nur die wenigen und vielleicht dürftigen Worte schreiben, die er mir sagte:

Gottfried: »Wo bist du?«

Eva-Maria: »Ich bin nicht hier. Ich bin irgendwo.«

Gottfried: »Von wo sprichst du?«

Eva-Maria: »Ich spreche von hier.«

Es war, wir können es beide bezeugen, eindeutig ihre Stimme. Ihre letzten Worte, oder die letzten, die Gottfried mir von ihr sagte, waren: »Bleib, wo du bist! Ich liebe dich über jedes Grab hinweg! Du mußt sein!«

Als das Gespräch zu Ende war, hat Gottfried geweint. Er ist nicht in den Schnee gegangen, und ich habe drei große, dicke Kerzen für Eva-Maria ins Feuer geworfen. Heute bilden sie eine erstarrte rote Wachslache vor dem Kamin, wie Blut.

Während sie miteinander sprachen, sagte Gottfried, konnte Eva-Maria ganz in ihn hineinschauen. Es wäre wunderbar gewesen, und so etwas hätte er noch nie erlebt.

Rindlberg, 17. Dezember 1987

Anne-Marie rief an. Sie sagte, Jörg Mauthe hätte wieder durch sie geschrieben.

»Warum denkt ihr immer eindimensional? Denkt über das Wort Klangliteratur nach. Gottfried gehört doch auch dazu!«

Dies beträfe, sagte sie, das *Donnerstagebuch*. Mauthe will Gottfried integrieren

Es ist, als zöge sich ein Netz über uns zusammen. Oder unter uns? Im Badezimmer sagte Gottfried vor ein paar Tagen: »Unsere Bekanntschaften werden immer transzendenter. Bald werden wir nur mehr tote Freunde haben.«

Eine Aussicht, die keinen von uns erschreckte.

Zemling, 23. Dezember 1987

In der letzten Nacht waren, so sagt man, die Welten geöffnet. Wir schliefen in Zemling. Ich träumte von drei roten Männern, die in einer Art Boot auf einem Fluß im Wald fuhren und ganz plötzlich verschwanden. Ihr Gewand war rot, ihre Haut war rot, sie waren ganz und gar zinnoberrot. Die Gesichter waren sehr alt und nicht ganz menschlich, obwohl kein Detail fehlte. Ich selbst befand mich mit ein paar anderen Leuten – Gottfried war, glaube ich, dabei – im Wald. Aber ich war die einzige, die die roten Männer sah. »Es sind Außerirdische!«, rief ich. »Wir müssen sie suchen!« Doch sie waren wie vom Erdboden verschluckt.

Heute morgen hat mir Gottfried etwas Merkwürdiges erzählt. Nachts um halb eins kratzte das kleine Schakalettchen (Tüpferl und Schnäuzchen sind unsere Tigerkater, genannt auch das große und das kleine Schakalettchen) an seiner Tür. Er ließ es ein und setzte sich mit dem Kater im Arm auf die Bettkante. Mensch und Tier guckten sich in die Augen und hatten einander lieb. Dann sah Gottfried auf die Uhr; es war halb acht Uhr am Morgen. Er saß noch immer auf der Bettkante, den schnurrenden Kater im Arm. Alles war unverändert. Er schwört, nicht geschlafen zu haben. Er fror auch nicht, obwohl die Nacht kalt war und er nur seinen Pyjama anhatte. »Was ist da«, fragte er immer wieder, »passiert? Ein Zeitsprung? Oder geriet ich in eine andere Welt? In die Welt der Tiere vielleicht? Aber wo ist das kleine Schakalettchen während der fehlenden sieben Stunden gewesen?«

Ich weiß es auch nicht.

Rindlberg, 29. Dezember 1987

Gestern kam ein Brief vom Postmeister Gerhard Marx, den ich nur postwendend kenne. Vor ein paar Jahren fragte er höflich und ehrerbietig an, ob ich wirklich eine Hexe sei, und wie sehr? Also im gestrigen Brief schrieb er: »Ich hoffe, Sie fühlen sich ebenso (wohl) und bereiten sich wieder einmal in aller Ruhe auf Ihr nächstes Dahinscheiden vor; – nur Geduld, irgendwann wird's schon klappen.« Frechdachs, dachte ich und mußte laut lachen. Nun ja, die Generalprobe im letzten März ging entschieden daneben. Als Theatermensch weiß ich aber, daß dies ein gutes Omen für die Premiere ist.

Trotzdem fragte ich heute brieflich bei meinem Verlag an, ob er *Die Kapelle der Gefahren* auf das Risiko meines Überlebens hin wirklich drucken will? Als der Brief zugeklebt war, gingen wir zu unseren Freunden Rudi und Karin Schwarz ins Nachbardorf zum Tee. Robert Szolesnay, der Astrologe aus Wien, war auch da. »Du bist«, sagte er, »die Gewinnerin des neuen Jahrs. Im Juli kommen die Heinzelmännchen zu dir und bleiben dreiundeinhalb Jahre lang.« »Und im März?«, fragte ich. Er schaute mich prüfend an. Und dann, ganz leise, daß es die andern nicht hören konnten: »A schöne Leich'! Zwischen dem 16. und 24. März. Viertes Haus, Lebensende. Achtes Haus, Feld des Todes. Zwölftes Haus, Feld der Abschließung. Die hast du da alle. Aber positiv, in Schönheit! Als Bestätigung deines Lebens.« Und, noch einmal: »Wirklich eine schöne Leich'!«

Ich dankte ihm. Eine leichte Betäubung erfaßte mich. Aber ich ließ mir nichts anmerken. Nahm – und darauf bin ich stolz! – nicht einmal ein Glas vom angebotenen Wein. Jetzt, vier Stunden später, bin ich richtig froh.

Rindlberg, 30. Dezember 1987

Träume seit zwei Nächten Musik. Vorletzte Nacht habe ich die Messe, die Gottfried gerade komponiert, in mehreren Kirchen gehört.

Aber der Traum der letzten Nacht war noch viel sonderbarer. Ich saß auf der Galerie eines großen Musiksaals, Gottfried links von mir. Und hinter mir ein vornehmer Herr, dessen Gesicht ich während des ganzen Traums nie sah. Er streichelte das Haar auf meinem Scheitel, und einmal schmiegte ich meinen Kopf in seine Hand.

Gottfried hat den Saal verlassen. Später würde im Konzerthaus die Probe seiner letzten Komposition stattfinden, und er wünschte, daß ich sie hörte. Ich strebte also fort, aber der Fremde hinter mir hielt mich, gewaltlos, zurück. Endlich gingen wir beide. Ich war unruhig, wollte ein Taxi nehmen, die Straßenbahn, doch der Fremde ließ es nicht zu. Da, wir waren gerade zwischen Kai und Ring, gerieten wir plötzlich in eine wunderbare wilde Landschaft. Die City war einfach verschwunden, wir gingen einen Fluß entlang. Ich fragte jemanden, an den ich mich nicht erinnere, nach dem Weg. Wir mußten umkehren und nach links über drei Brücken gehen, die von blühenden Hecken umrankt waren. Aber, als wäre der Raum immer wieder unterbrochen, traten wir mit einem einzigen Schritt aus dem Blühen und dem blauen Himmel darüber in ein geschlossenes Museum. Beide Szenerien wechselten einander ohne Übergang ab. Ich verlor meinen Begleiter, vielleicht nicht ohne Absicht. Eine Schar junger Mädchen schritt durch das Museum. Ich rief: »Verschwindet!« Boxte mich quer durch ihren Zug – und stand wieder im Freien.

Lief durch die Wildnis und suchte die Stadt, die ja hier sein mußte, am selben Ort. Kahle Hügel, an deren Stelle plötzlich vertraute Häuser auftauchten und wieder verschwanden. Ich erstieg einen der Hügel und gelangte in ihn hinein. Da war eine aus vier einzeln zu öffnenden Feldern bestehende dunkelgrüne Tür, und vor der Tür war ein mittelgroßer freundlicher Hund, hell – und dunkelbraun. Er tat mir nichts. Es gelang mir endlich, das richtige Feld der Tür zu öffnen, und ich trat ein.

Eine kleine Stube, Kramladen oder Küche. Darin befanden sich eine kleine alte Frau und ihr Sohn. Der Sohn war jung, auch eher klein. Ich bat die beiden, mir zu helfen, in die Stadt zu kommen. Der junge Mann sagte, er würde mich mit seinem Wagen hinfahren. Wir fuhren ein Stück, dann kamen wir zu einer großen Höhle. Ihre steinerne Rückwand war unüberwindlich hoch. Da nahm ich das Auto, das sich inzwischen in ein Boot verwandelt hatte, und kletterte mit ihm den Stein hinauf. Das Boot war unerwartet leicht. Oben angekommen, stand ich im Freien und sah, vielleicht hundert Meter entfernt, den Schwarzenbergplatz vor mir. Ich gab dem jungen Mann vier zerknüllte Zwanzigerscheine, also achtzig Schillinge. Er umarmte mich, sagte, er wäre selbst ein Dichter, und sein Buch würde im Frühling erscheinen. Dann nannte er mir seinen Namen und den des Buchs, die ich beide auf der Stelle vergaß. Doch sagte ich ihm meinen eigenen Namen.

Dann rannte ich nach rechts und kam atemlos im Konzerthaus an. Die Probe hatte um zehn Uhr vormittag begonnen. Als ich nach Überwindung der Steilwand auf meine Uhr schaute, war es fünf Minuten vor halb elf. Im Konzerthaus sagte man mir, Gottfried wäre da und die Probe noch nicht zu Ende, doch dürfte ich nicht mehr in den Saal. Ich schlich eine kleine Treppe hinauf und hörte hinter der Tür Gottfrieds Musik. Sie war für ein einziges Instrument geschrieben, ich vermute Bratsche. Eine schöne, sehr wilde, sehr rhythmische Musik.

Im ersten Morgengrauen wachte ich auf.

Die Hohepriesterin

Am Neujahrsmorgen 1988 fragte ich meinen Zigeuner-Tarot, was dieses Jahr mir bringen wird? Natürlich erwartete ich die Todeskarte. Aber ich zog die Hohepriesterin.

Auf meiner Schreibmaschine lag ein Bogen Papier, den geschrieben zu haben ich mich nicht erinnere. Auf der Maschine getippt die Seitenzahl aus dem *Donnerstagebuch:*

Letzter Donnerstag dieses Jahr

Wolf ruft Eule!

Das Blatt ist leicht zerknüllt und fast leer. Nur unten steht groß mit Bleistift und einer fremden Schrift, obwohl diese vier Worte ohne Zweifel ich selbst geschrieben habe:

Es
gibt
kein
Ich

Vor wohl zwanzig Jahren fand ich eines Morgens auf meinem Nachtkästchen einen Zettel. Auch an ihn erinnerte ich mich nicht, als ich die vier Worte darauf, wieder vier, las: *Es gibt keinen Tod.*

Eines, so scheint mir, bedingt das andere. So gehören beide Botschaften zusammen, und vielleicht gehört auch die Hohepriesterin dazu.

Ist sie nicht unsterblich und ichlos?

Wenn ich der Karte glauben darf, prophezeit sie mir die Überwindung der Polarität, Visionen, einen Blick hinter den Schleier der Isis.

Die Hohepriesterin ist die erste Begegnung des Narren auf seiner Reise zum Wissen des Magiers.

Bin ich der Narr?

Rindlberg, 2. Jänner 1988

Bin heute nacht im Traum wieder im Garten meiner Großeltern gewesen. Er war verwildert, erschien mir aber so groß wie damals, als ich noch ein Kind war. Vielleicht sogar größer.

Die Bäume und Sträucher waren nicht mehr die gleichen. Die Himbeeren neben dem Zaun waren verschwunden, und auf der rechten Seite des Gartens wuchs Schilf. Nur die Kirschbäume waren noch immer da. Ich pflückte rote und schwarze Kirschen und aß sie.

Rindlberg, 3. Jänner 1988

Gottfried hat in einer einzigen Woche eine ganze Messe geschrieben! Er schrieb Tag und Nacht, und heute um 5.30 Uhr früh ist er fertig geworden.

Ich fand das Manuskript auf dem grünen Korridor zwischen unseren Zimmern, »Ein Apportel«, schrieb er dazu, und sonst allerlei Liebevolles. Aber da lag auch ein blaues Kuvert mit mehreren Zettelchen, von denen er mir schon gesagt hatte, er würde sie mir eines Tages zeigen oder auch nicht. Ich bat ihn, sie in dieses Manuskript einfügen zu dürfen, und er hat es erlaubt. Immerhin enthält es, wie schon das *Nächtebuch*, seine paranormale Biographie.

»21. 12. 87

Ich bin draufgekommen, was es mit dem Saufen auf sich hat. Es ist das Auf- und Zerbrechen der Vernunft und die entsetzensvolle Wahrnehmung des Magma, des Sprunges der Erdrinde, sprich Vernunft, Bewußtsein, Erziehung. Es ist nicht der Wunsch, ausgelöscht zu werden, sondern die unbewältigbare Wut, das Feuer zu sehen, den infernalischen Kräften sich auszuliefern. Wie die Pubertät gedanklich nicht zu bewältigen ist, so dieses ihr verwandte Phänomen bei mir. Ein unheilbarer Bruch in der Struktur der Persönlichkeit und in ihrer Entwicklung Der unheilige Blick ins Entsetzen.«

»29. 12. 87

Mein Leben zwischen Con- und Destruktion gleicht musikalischen Stufen der Dynamik. Früh Saufen, ab musikalischer Mündigkeit ohne Trinken. Ab Prozeß Perioden von beiden.

Zerrissene heftige Trinkeinbrüche. Später Abstinenzphasen, abgelöst von Alkohol. Totschlag. Jesu Hochzeit in beiden gleichzeitig. Nach Tulifant Dominanz des Trinkens und kleine Abstinenzphasen. Danach Wille zum Ende. Mit Wut, Gewalt und Verzweiflung. Je ärger das Gewissen Rattchen gegenüber, desto wilder das Trinken. Seit Eva-Marias Tod-Leben-Anruf Versuch, die Gegebenheiten Destruktion-Construktion als Einheit anzunehmen. Die Missa wird das Ergebnis sein. Damit Annahme der gräßlich disparaten Kräfte ohne Dopen. Tod als Leben, Leben als Tod.«

»31. 1. 88

Durchschaut habe ich die psychischen Mechanismen früh, die Einsichten gerieten aber sehr schnell in den Zerreißwolf. Und jeder Beginn mußte von tieferen Schichten erstickenden Morastes unternommen werden. Die verschlossenen Türen und Fenster sind Geburts- und Sterbehöhlen. Ratte gewann aus ihrer Aggression langsam Schweigen, dann Mut, daraus Einsicht. Ich habe einen klugen Körper, der mir Stütze ist, wenn der tellurische Geist ihn nicht verstört; selbst dann filtert er Einsicht.«

(»Prozeß«, »Jesu Hochzeit« und »Tulifant« sind Opern von Gottfried, »Rattchen« und »Ratte« bin ich.)

Rindlberg, 5. Jänner 1988

Gottfried hat alles, was der Astrologe mir leise sagte, gehört. Gestern sprachen wir darüber, mit allen Vorbehalten. Prophezeiungen können eintreffen oder auch nicht.

Aber es war schön, mit Gottfried ganz leicht über diese Dinge zu sprechen, vor allem über die praktischen. Und wir konnten es beide, freundlich und mit ungekünsteltem Humor. Testament, wie bedient man den Fernsehapparat, wo wohnt Gottfried, wenn ...

In den letzten Nächten hab ich mir solche Sorgen gemacht. Um ihn natürlich, und um die Katzen. Jetzt ist mein Herz leicht wie eine Feder, und auch Gottfried ist heiter.

Jetzt habe ich zum ersten Mal dieses Manuskript von Anfang an Seite für Seite gelesen, auf der Suche nach Tipp- und anderen Fehlern. Dabei fiel mir auf, daß der Begriff Donnerstagbuch schon viel früher bei mir vorkommt. Natürlich ist Donnerstagbuch nichts Besonderes. *Das Donnerstagebuch* aber schon, und dieser Titel ist von Jörg! Oder regte er, nämlich Mauthe, sich schon damals in mir? Und ich hätte ihn ohne Anne-Marie nicht erkannt.

Auf fiel mir auch, daß ich die weitere Geschichte des *Donnerstagebuchs* nicht erzählt habe. In der ersten Rauhnacht fing ich an, es zu schreiben. Ich tippte es einfach direkt in meine kleine elektronische Schreibmaschine. Vorher ging ich auf die Wiese, starrte in den Mond oder auf mein zukünftiges Grab und bat Jörg zu kommen.

Ich weiß nicht, ob ich in einer Art Trance schrieb oder nicht. Beides ist möglich. Schwierigkeiten gab es keine, und am nächsten Morgen hatte ich nicht die geringste Erinnerung an den Text.

Meine Zweifel wurden vielleicht schwächer, bestanden aber noch immer. In Gedanken, die ich selbst kaum zugeben wollte, bat ich Jörg um ein materielles Zeichen seiner Anwesenheit. Heute sagte mir das Kuttner Mariandl – unsere Nachbarin, die den Kramladen führt –: »Gestern am Abend, die Frau Mader konnte nicht schlafen, da hat sie hinausgeschaut ... Hast du etwas gemacht? Weil jetzt die Rauhnächte sind.« »Ja«, sagte ich. »Geschrieben.« »Vielleicht war ein Besuch da?« »Nein, niemand.« »Weil die Frau Mader, die Frau vom Maurer, hat ein Licht gesehen, ein grelles Licht auf dem Weg, und das hat sich nicht gerührt.«

Ich rief die Frau Mader – ihr Haus liegt schräg oberhalb des unseren – an. »Vor Ihrem Haus, wo der Holzschranken ist«, sagte sie. »Um halb elf. Sie waren noch auf, ich hab das Licht im Haus gesehen. Und das andere auch. Groß wie eine von den Stallaternen, die man früher gehabt hat. Im Sturm hat es geschaukelt, blieb aber immer auf derselben Stelle. Um halb zwei bin ich noch einmal aufgewacht, da war es noch da. Aber nur mehr ganz klein.«

Danke, Jörg!!!

Rindlberg, Dreikönigstag 1988

Gottfried hat in acht Rauhnächten die *Zwettler Messe* geschrieben, pro anima Eva-Maria Ohm. Ich stellte ihm jeden Abend ein Fläschchen Wein auf den Schrank, und um Mitternacht herum, wenn er aufstand, holte er sichs und komponierte. (Ich schrieb zwischen Abend und Mitternacht die Mauthe-Texte.) Wenn ich am Morgen aufstand, fand ich kleine Zettelchen vor meiner Tür. Sie gehören zu diesem Buch, also tippe ich sie hinein. Die süßen Zeichnungen, mit denen Gottfried, der Bär, seine Zettelchen versah, kann ich leider nicht tippen.

»Teures Rira-Rattchen! Das Kyrie ist beendet. Ich machte heute nacht 30 Takte. Also: nicht nur Nutzer Deiner Gaben, sondern nicht totaler Nichtsnutz. Schlaf ich, ist's gut, es ist 5.40, schlaf ich nicht, wirst Dus merken.

28. XII. 87 Bär mit Wuru.«

(Ich nenne ihn manchmal Bäriwuru. Ratte, Rattchen, Ara und so weiter sind Kosenamen, die Gottfried mir manchmal gibt. Falls eine Ratte überhaupt etwas mit Kosung zu tun hat!)

»Ahhhrararahhh! Gloria beendet, Credo begonnen und dessen Form klar. Nicht unfroh sind uralte
Bären der Wuru-Klasse. Na! Na! Na!«

»Enden werde ich leise ins Licht entschwindend mit allem schwerelos verbunden. Es wird erfüllte Stille sein. 29. XII. 87«

»Hihi rara! Der Teufel ist los! 45 Takte! Hoffentlich wedelt er weiter mit Rattenschwänzen. Der Weisse tat wohl!

30./31. XII. 87 Bäru Es ist 4.50«

»43 Takte, Adagio! Das Seelchen ist schwanger! 1.45 bis 6 früh. Morgen muß Sanctus fertig sein!!!

2. I. 88 r-uh.«

»E. M. OHM zur Läuterung? Erlösung? 34 Takte. 24.30 – 4.45. G.«

(»Na!« rufen wir einander oft zu, um uns unserer Gegenwart und Sympathie zu versichern. »Uuuu!« heißt, ich hab dich gern. Wie sehr, verrät die jeweilige Anzahl der Us.)

»Oh-rara, O-rara, O-rara! Ist DAS schwer, ein Flötenquartett! Bär bekümmert, Bär-(r)aunzig, 8 Takte in 2 1/2 Stunden!

4. I. 88«

(Da hat er, während er noch der Missa die Fingernägel putzte, wie er es nennt, schon ein neues Stück zu schreiben begonnen).

»Na, na, na, na!!! Ära! (Fläschchen?) Habe drei Sätze begonnen. Form! Zusammen ca. 30 Takte. Dienst: 1–5 früh. Wein sehr sauer! Will Burger-Wein! Bei Pich 10 Flaschen bestellen, *sofort!*

Wi-KrSi Pi Baruwu, Baruwu! Wu! (Wieso?) Ri-Bär.

4.–5. I. 88«

(Burger ist ein Weinbauer in Zemling, das wir zuletzt doch zusammen gekauft haben, und Pich die Frau Loisi, die auf das Haus schaut.)

»Ra, ri, ratsch, Ara! 20 Takte dermacht und froh drüber. Nun ist aber das rauhnächtliche Seelchen leer wie Spinnwebfläschchen.

Na! Danke!

6. I. 88 G.«

(Ja, und auf der Rückseite des Zettels vom 4. I. mit dem bekümmerten, raunzigen Bären schrieb er noch:) »Aber Beethoven (Luader!) ›Es muß sein!‹«

Mir selbst geschah etwas Schönes. Heute mittag lag ich zwischen zwölf und zwei in der offenen Südtür meines Zimmers, die Sonne schien wie im Frühling, und las. Da hörte ich links neben mir jemanden pfeifen. Leise, und die Melodie war purer Zauber. Ich mußte an den Pfeifer am Tor der Finsternis denken, und da war keiner, so weit ich die Augen auch aufriß.

Das wiederholte sich dreimal, und jedes Mal wurde die Melodie kürzer. Beim letzten Mal sang ich sie mir so lange vor, bis ich vor dem Harmonium meiner Großeltern saß, die Flöte herauszog und spielte. Ich habe sie gleich auf den Tasten gefunden, die Melodie, die mich so verzaubert hat. Dann kam Gottfried, ich spielte sie ihm vor, und er nannte die Noten: ais ais cis ais cis a.

Als ich das Pfeifen hörte, und noch lange danach, war ich wie von Glück überflutet. *Eins* mit *allem*.

Ich glaube, ich *hörte* eine andere Welt.

Wien, 11. Jänner 1988

Heute brachte ich Anne-Marie das Mauthe-Material der Rauhnächte und auch, was ich später durch ihn schrieb. Immerhin ist sie schuld! Sie koppelte zwei Leitungen zusammen, eine lebendige und eine tote. Es entsteht *Das Donnerstagebuch*.

Wien, 14. Jänner 1988

Am 7. Jänner abends – natürlich ein Donnerstag wie heute! – war ich mit der Goldmarie im Gewölb; das ist ein vegetarisches Lokal am Fleischmarkt. Der Wortwitz fällt mir erst jetzt auf. Eben ein schönes altes Gewölbe. Goldmarie sah zwei Tote bei mir. Jörg Mauthe und Herbert Zand. Für mich sind die beiden wie Saturn und Hermes, zwei Lieblingsgötter von mir. Ich selbst hatte eine violette und purpurne Aura.

Leider habe ich noch nie dieses aurische Leuchten gesehen. Ich sehe überhaupt nicht sehr viel. An diesem Abend war ich in trauriger Abschiedsstimmung, ohne darüber zu sprechen.

Heute traf ich die Goldmarie in der Singerstraße, ein unzufälliger Zufall. Auf meine neugierige Frage – und inzwischen war ich nicht mehr traurig, sondern sehr vergnügt – sagte sie, meine Aura wäre noch völlig gesund, grün und rosa. Sie sagte mir auch, es gäbe überhaupt keinen Fortschritt, alles wäre ja von Anfang an da. Nur das Schillern unserer Farben, das Changieren würde reicher, und die Facetten mehr. Am ehesten noch, in unsere Sprache übersetzt, gliche das Sein einer funkelnden, durchsichtigen Seifenblase.

Rindlberg, 18. Jänner 1988

Während der ganzen letzten Tage zerbrach ich mir den Kopf wegen eines passenden Verlags für *Das Donnerstagebuch*. Wegen Mauthe, dachte ich, müßte es unbedingt ein österreichischer Verlag sein, er war ein so leidenschaftlicher Österreicher. Das bedeutete, daß ich die ganze Vorgeschichte noch einmal schreiben mußte, denn schließlich durchzieht er als Motiv das *Nächtebuch* und *Die Kapelle der Gefahren*. Eigentlich gehören diese drei Bücher zusammen. Nun, heute nacht und am Morgen vor dem Aufstehen grübelte ich wieder über das unlöslich scheinende Problem. Da brachte der Postbote einen Brief, und wenn ihn Gabriele Wälder, die Jungchefin des Bauer Verlags, nicht selbst streicht, folgt er nun. (Ich bitte sie sehr, ihn nicht zu streichen!)

»Freiburg, den 12. 1. 1988

Meine liebste Lotte,
lieber, sehr verehrter Gottfried,

nun haben wir schon so lange nichts mehr voneinander gehört, und nachdem ja auch ein neues Jahr ins Land gegangen ist, möchte ich Euch ganz liebe Grüße schicken – ich habe Euch beide so sehr ins Herz geschlossen, daß ihr darin bleibt, auch wenn wir keinen *direkten* Kontakt zueinander haben. In Gedanken bin ich oft bei der »Hexe und dem Bär.«

Nach dem letzten Bündelchen Manuskriptseiten für die *Kapelle der Gefahren* war ich etwas ratlos – und auch erschrocken. Wie ist es denn weitergegangen? Haben sich die Anrufe wiederholt und konntet Ihr Näheres über Eva-Maria erfahren?

Was ist mit Deiner Fröhlichkeit geschehen, Lotte? Wenn ich an Dich denke und Dein Gesicht vor mir sehe, erblicke ich nicht die fröhliche, lächelnde, sondern eine traurige, ruhelose Lotte? Was macht Dich traurig?

Vergangene Woche hatte ich unerwartet Besuch von einer Schulkameradin, die ich schon seit vielen Jahren nicht mehr gesehen habe. Sie hatte erfahren, daß ich Mutter geworden bin, und brachte für Laura eine kleine Spardose mit – eine Eule – und es war Donnerstag. Das fiel mir aber erst auf, als ich heute morgen beim Aufräumen die Eule in der Hand hielt – plötzlich war die Gedankenverbindung da und der ganz starke Wunsch, Dir, liebe Lotte, zu sagen, daß ich Dich lieb habe und an Dich denke.

––– Wie seltsam, seit ich den letzten Satz getippt habe, sitze ich schon eine Viertelstunde da, und weiß nichts mehr zu schreiben – so, als ob in diesem Brief nichts weiter stehen soll – und dabei wollte ich noch so viel erzählen. Es ist gerade so, als ob der Faden gerissen sei. Merkwürdig ---

So soll's denn sein, ich schließe hier.

(Daneben ein Lippenstift-Busserl und, mit der Hand geschrieben:)

Na, so ein seltsamer Brief!! Wer knabbert denn da an der Leitung? Gabriele«

»Liebe, liebe Gabriele!
Ich habe gejubelt, als ich Deinen Brief las, und Dich gleich angerufen. Aber Du machst Ferien, und schön sollen sie sein! Darf ich Deinen Brief hier beantworten, an dieser Stelle, das gehört ja alles ins Buch. Und zwar in das ganze Buch mit allen Donnerstagen. Mauthe hat gesprochen, Mauthe hat an der Leitung geknabbert, und weil er sehr gern mit schönen Frauen zusammen war, ahne ich, wieviel Freude ihm dieser Eulenbesuch bei Dir gemacht hat. Das Netz wird immer dichter, das Netz wird immer zärtlicher. Ich bin so glücklich!

Ich sterbe und lebe jetzt gleich gern, und ich habe immer mehr das Gefühl, daß demnächst alles möglich sein wird. Ich liebe Dich, und der Gottfried liebt Dich. Aber das schreiben wir Dir in einem anderen Brief, und der gehört nicht in dieses Buch.

Ich bin Deine Lotte.«

Rindlberg, 22. Jänner 1988

Nachzutragen wäre: Otti, der Freund meiner Kindertage, tauchte nach vierzig oder fünfzig Jahren wieder auf, als Pater Johannes im Priestergewand. Er hat mich gesucht und gefunden. Gemeinsam gingen wir in die Margaretenstraße 101, wo wir Tür an Tür wohnten. Denn damals war ich viel bei meinen benachbarten Großeltern, der Klavierspielerin und dem Maler.

Otti brachte mir ein kleines Geschenk mit, den *Physiologus*. Neugierig schlage ich ihn irgendwo auf – und das Käuzchen guckt mich an! Es war aber kein Donnerstag, sondern Mittwoch, der 13. Jänner. Ob es trotzdem gilt?

Inzwischen habe ich *Demnächst* von Jörg Mauthe zu Ende gelesen, die Geschichte seines Sterbens. Auf Seite 228 schlug mein Herz Alarm! Denn da schreibt er von Herrn Jacopo, der zur Zeit Kaiser Rudolfs, Keplers, Tycho Brahes in Prag gelebt hat und der Mauthe, auf eine rätselvolle Weise, wohl auch gewesen ist. Dieser Herr Jacopo war ausgeschickt, den blauen Stein aller Steine zu suchen, zu finden und heimzubringen. »Den blauen Stein aller Steine, das Aleph, die zum Kristall geronnene Quintessenzia.«

Er findet den Stein zwischen den Raubtierklauen der großen Chimaira. Das Fabeltier der Mythologie heißt griechisch Ziege. Ich habe ins Lexikon geguckt, und nach Vergil lebt sie am Eingang zur Unterwelt.

Aber das paßt ja! In der Nacht vom 15. auf den 16. November, das war zwischen Sonntag und Montag, Sonne und Mond, träumte ich von diesem wunderbaren alten Schreibtisch, der zugleich ein Flügel war, und den ich so leidenschaftlich begehrte. Auf ihm, glaubte ich im Traum, würde ich etwas ganz anderes schreiben! Auf mein drängendes Fragen sagte mir jemand, ich sollte bei dem Antiquitätenhändler Blauensteiner danach suchen.

Blauensteiner? Blauensteiner, dachte ich am nächsten Morgen, ein blauer Stein. Und kam nicht hinter seine Bedeutung. Da rief Anne-Marie an und sagte, Mauthe hätte ihr den Titel unseres Buches diktiert: *Das Donnerstagebuch*.

Es ist also ein Zwiegespräch zweier Wirklichkeiten, und zugleich ist es eine Emanation des blauen Steins. Wenn ich mich recht an Borges, Mauthes Lieblingsdichter, erinnere, ist das Aleph jener Punkt, der das ganze Sein enthält, alle Wirklichkeiten, Wesen und Zeiten.

David Bohm, der große Physiker, mag etwas ganz Ähnliches mit seiner impliziten Ordnung meinen, dem eingefalteten Universum.

Den blauen Stein aller Steine, das Aleph, die zum Kristall geronnene Quintessenzia – man findet sie also nur zwischen den Klauen der Chimäre am Eingang der Unterwelt. Und man muß, will man den Stein, die Chimäre töten.

Ich weiß noch nicht, was diese Chimäre wirklich bedeutet. Ich weiß nur: Es ist richtig, den Weg zum Eingang der Unterwelt zu gehen.

Wien, 28. Jänner 1988

Gestern nachmittag trinke ich mit Otti in der Aida Kaffee, und wir rätseln herum, warum die Dreizehn eine Unglückszahl ist? Heute hebe ich im Österreichischen Credit-Institut (Tegethoffstraße) Geld ab, und während der Kassierer mir die Tausender hinblättert, sagt er auf einmal: »Wissen Sie, warum die Dreizehn eine Unglückszahl ist? Weil es sechzig sumerische Götter gab, und nur zwölf davon waren Hauptgötter. Da wollte immer wieder ein dreizehnter auch Hauptgott werden, und dann gab es Krieg.« Verrückt, nicht? Außer über das Wetter, habe ich mit diesem netten Bankkassierer noch nie ein Gespräch geführt.

Im Traum habe ich zwei Häuser, eins im Wald und eins auf einem nackten Berg. Ich muß, wird mir im Traum bedeutet, das Land dazwischen erwerben und aus beiden Häusern eine Einheit machen.

Heute ist der Jörg-Abend, und noch nie war ich vor einer Premiere so aufgeregt. Anne-Marie bekommt genaue Anweisungen von Jörg, aber auch sie hat Lampenfieber.

Wir möchten es so gern richtig machen!

Wien, 29. Jänner 1988

Alles ist gut gegangen. Die Gäste (Prof. Rupert Riedl mit Smoky und Sabine, Dr. Erhard Busek mit Helga, Prof. Zeller-Zellenberg, ein Stadtrat, ein Bankdirektor, ein Baumeister und und und.) waren einfach ideal. Kein dummes Wort, keine Erwartung von Sensationen. Zuerst sprach Anne-Marie, dann las ich Jörg prä- und posthum, dann eröffnete – ungeplant und spontan – Zeller-Zellenberg ein Gespräch mit mir. Manches, was mir an Jörgs posthumen Texten unverständlich war, konnte er souverän erklären. Ein Eingeweihter. Ja, und vorher berichtete Gottfried, das rechne ich ihm hoch an, von Mauthes Besuch in Rindlberg fünf Tage nach seinem Tod. Alle waren sehr nachdenklich, sehr gesammelt, und niemand hatte Angst. Ich glaube, es wurde ein Feld erzeugt, in dem sich manches ereignen kann. Ereignen im Bewußtsein derer, die Mauthe zuliebe dieses Feld erzeugt haben.

Dann gab es Schinkenfleckerln von Anne-Marie und auch sonst noch viel Köstliches, und ich war so erleichtert, daß ich geradezu ins Weinfasserl sprang. Für Jörg stand auch immer ein volles Glas auf dem Tisch, dafür sorgte ich schon. Allerdings trank ich es auch immer wieder aus.

Ein wunderbarer Abend!

Gute Nachbarn

Angst und Trauer haben uns bisher von den Toten getrennt. Darum müssen wir die Trauer auflösen und die Angst.

Lebendige und Tote sind keine Feinde, sind keine Bedrohung füreinander, und sie sind auch keine Gegensätze.

Wir sind Nachbarn im Spektrum des Seins, und wir wollen beginnen, gute Nachbarn zu werden.

Anne-Marie, Jörg Mauthe und ich versuchen, diese Nachbarschaft schlicht und einfach zu praktizieren.

Immer mehr erkennen wir dabei, daß es notwendig ist, die Toten zu lieben und von ihnen geliebt zu werden.

Das Sein hat keine Grenzen, es sei denn, wir selbst ziehen sie.

Rindlberg, 11. Februar 1988

In der Nacht vom 9. auf den 10. Februar schliefen Gottfried und ich im Zemlinger Haus. Wir selbst haben gar nichts erlebt, aber:

Zehn Minuten nach zwei Uhr nachts blieb meine Armbanduhr stehen. Um die gleiche Zeit begann der Khmer-Kater Mea Mea Seidenprinz in meinem, und die kleine Halbsiamesin Zizi Klapperschlange in Gottfrieds Zimmer laut zu schreien. Beide Tiere ließen sich nicht beruhigen. Ich schlief irgendwann wieder ein. Gottfried sagte am nächsten Morgen, Zizi habe eine volle Stunde lang geschrien. Nicht miaut, geschrien.

Die vier anderen Landkatzen waren nicht auffällig.

Rindlberg, 21. Februar 1988

Heute morgen um fünf Uhr hörte Gottfried zwei Stimmen, eine davon schien die meine zu sein, sagen: »Komm mit!« Er war, als er das hörte, hellwach. Ob das mit Jörg zusammenhängt oder, wie Gottfried meint, mit dem März?

Ansonsten geschah nichts Spektakuläres. Die Mauthe-Diktate nehmen eine sonderbare Wendung. – Eine der beiden Stimmen, sagt Gottfried gerade, war eindeutig meine, die andere war neutral.

Manfred, die Prinzessin und Schwester von anno dazumal, besuchte mich in Wien und erkannte zwei Zimmer in der Hofburg. Bloß die Möbel wären anders gewesen, einfacher und schöner. Ich bin nicht mitgegangen, nur bis zur Tür. Aber komisch, die war mir auch gleich vertraut.

Unlängst besuchte mich eine ausgezeichnete junge Journalistin, die sich erinnert, die Kaiserin Maria Theresia gewesen zu sein. Und in Findhorn, so versicherte sie mir, laufen gerade die halben Essener herum und erkennen sich gegenseitig.

Was davon zu halten ist? Nun, ich habe darüber nachgedacht. Wie, wenn die kleine Prinzessin, der Essener, Maria Theresia – wenn das alles Rollen, die mehr oder weniger jedermann spielen kann, sind? Rollen, die mehr als nur eine Identität, die viele Identitäten oder Spieler ertragen? Wie Faust, Gretchen, Ophelia, Hamlet, König Lear?

Die Objektivität der Welt ist damit ebenso hinfällig wie eine lineare Geschichte. Beide sind vielleicht ohnedies nur zum Spiel gehörige Fiktionen. Da fällt mir die Einheit von Raum und Zeit ein, die zur Dramaturgie eines normalen Stückes gehört.

Shakespeare, Schnitzler und so weiter, sogar ich selbst, haben die Welt immer wieder für eine Bühne gehalten. Der Spielplan sieht Wiederholungen gleicher Komödien und Tragödien vor. In derselben Besetzung, und auch in anderer. Sogar das Bühnenbild wechselt, das Publikum, der Regisseur. Es gibt Kürzungen, Bearbeitungen. Wer die Wirklichkeit erkennen will, studiere das Theater!

Letzten Donnerstag las ich groß in der Beilage der *Presse:* »Hungrige Wölfe im Waldviertel!« Jörgs Phantasie ist unerschöpflich.

Auch wird Gottfried am 24. März Ehrenbürger von Wien. Die Ernennung findet im Rathaus, wo Mauthe während seiner letzten sieben Jahre gearbeitet hat, statt. Und der 24. März ist? Ein Donnerstag!

Ich sehe Jörg rechts neben der Tür stehen, von mir aus gesehen links. Sein Gesicht ist blaß, fast weiß. Die Augen wie Saphire. Er lächelt mir eigentümlich zu. Ob das am 24. März wirklich so sein wird, ob ich ihn dann sehen kann? Wenn er mich aus dem Rathaus abholen würde, das wäre doch was!

Ich träume von immer schöneren Häusern. Letzte Nacht waren es die Proportionen, also der begrenzte Raum selbst, der mich hinriß. Zwei Rechtecke und zwei vollkommene Würfel.

Rindlberg, 24. Februar 1988

Da ist ein Phänomen, das mich zu irritieren beginnt. Ich registriere an sich belanglose Ereignisse – und dann sind sie gar nicht passiert! Zum Beispiel einen Brief von Helena Neuwirth. Ich fand ihn letzte Woche, von Wien kommend, unter einem Berg von Post auf dem Küchentisch. Sie hätte, schrieb sie mir, eine Vereinbarung für mich getroffen und erst zu spät bemerkt, daß ich gar nicht in Rindlberg war.

Nichts Besonderes also. Nur, ich muß diesen Brief verlegt haben, und noch ein paar andere auch. Gestern rief ich Helena an und entschuldigte mich, daß ich ihr nicht geantwortet habe. Dabei stellte sich heraus, daß sie mir gar nicht geschrieben hat.

Bei Mommsen lesen wir, daß es keine verläßlichen Zeugen gibt. In der Kybernetik gibt es den berühmten Satz, daß jede Information verzerrt ankommt. Aber ein Zeuge ohne Handlung, eine Information aus dem Nichts?

Träume? Nein, Träume sind anders. Eine kleine Geisteskrankheit? Höchst unwahrscheinlich. Was also dann?

Ich bin immer geneigter, den kühnen Theorien der Quantenphysik zu glauben. Unser Leben spielt sich auf mehreren Ereignislinien gleichzeitig ab, verzweigt sich beständig oder unbeständig. Normalerweise sind diese Ereignislinien, wie elektrische Stromkabel, gut isoliert. Manchmal aber kann es passieren, daß eine Information überspringt.

Mir passiert das, wie gesagt, immer öfter. Erinnerungen an Nichtgeschehenes. Durchaus vernünftige Gedankenketten (»Ich darf nicht vergessen, das und das zu besorgen, zu tun oder was immer«) brechen plötzlich mitten im Wort ab, und ihr Inhalt hat nichts, überhaupt nichts mit meinem Leben zu tun. Gleich darauf sind sie zumeist ganz verschwunden, lösen sich einfach in Luft auf.

Das irritiert mich nicht nur, es macht mich auch neugierig.

Was würde passieren, wenn diese Ereignislinien, Informationsflüsse oder diversen Leben, wie immer man das nennen will, sich vereinigten?

Ansonsten schlafe ich, eine normalerweise miserable Schläferin, Tag und Nacht. Beinahe. Bin ich, in den Zuständen meiner Abwesenheit, anderswo anwesend? Wo und als wer?

Unsere Katzen werden wieder von etwas Unsichtbarem gejagt, das ihnen offenbar Angst und Schrecken einflößt.

Ich selbst empfinde keines von beiden und habe eine angenehme Zeit mit mir selbst.

Wien, 27. Februar 1988

Vorgestern beendete Mauthe das *Donnerstagebuch*. Gottfried schenkte uns dazu eine Flasche Champagner, und ich trank aus zwei Silberkelchen. *Das Donnerstagebuch* erscheint gleichzeitig in der Edition S der Österreichischen Staatsdruckerei.

Gestern gab Mauthes Freund Erhard Busek in seiner Wohnung ein Fest für Gottfried. Jörg, dachte ich, jetzt kommst du in ein vertrautes Revier. Nichts Außergewöhnliches geschah. Nur um Mitternacht sagte die Journalistin Heidi Dumreicher plötzlich und überraschend: »Ich möchte einen Uhu als Haustier!« Und redete zur allgemeinen Verblüffung minutenlang nur über Uhus. Wie faszinierend sie wären, und diese geheimnisvollen Augen und und und. Eine glatte Liebeserklärung; dabei hat sie nie einen gehabt. Ich blinzelte Helga Busek zu: »Hörst du die Stimme aus dem Jenseits?« Das begriff die Heidi Dumreicher nicht und wurde ganz verstört, aber wir haben ihr nichts gesagt.

Heute nachmittag besuchte ich Zeller-Zellenberg, Kauz und Genie in einem, eines unserer kostbarsten Originale, in seinem Atelier. Wir sprachen viel über Mauthe, mit dem er jahrzehntelang verbunden war. Ich fragte, ob er photographieren kann und was die Summe der Einstellung bedeutet? Er erklärte mir die Belichtungen und Abstände, alles ergab einen Sinn. Ich will ihm nun das ganze *Donnerstagebuch* zum Lesen geben. Sicher versteht er vieles, was ich nicht oder noch nicht begreife.

Ja, ich vergaß: Helga Busek, die Professorin, kennt das *Donnerstagebuch*. »Schwörst du?«, fragte sie mich und ich schwor bei Gottfrieds Leben, daß ich Blatt für Blatt unkorrigiert aus der Maschine nahm, denn daran zweifelte sie. »Gut«, sagte sie, »ich werde dich prüfen. Was ist der Hauptsatz der aristotelischen Philosophie?« Ich stammelte etwas von A=A oder non A, und von den Akzidentien; mehr fiel mir nicht ein, und natürlich habe ich mich geschämt. »Ich sehe schon«, sagte sie, »du hast keine Ahnung! Dann weißt du wirklich nicht, daß du die Lehre vom Sein als unbewegtem Beweger getippt hast!« Nein, ich wußte es wirklich nicht. Jörg trat immer sehr für humanistische Bildung ein, vermutlich mochte er Aristoteles, oder vielleicht hat Aristoteles in diesem Punkt einfach recht gehabt. Allerdings, mit zwanzig habe ich ihn gelesen. Es wäre also, wenn man unbedingt zweifeln will, möglich ...

Wien, 28. Februar 1988

Heute wurde ich von einem Christian Wachter für eine Ausstellung oder ein Buch photographiert. Aha, dachte ich, ein Professioneller. Und fragte nach den Einstellungen. »Also zuerst stelle ich mir ein Bild vor«, sagte er, »und dann bemühe ich mich, es durch verschiedene Einstellungen genauso zu machen.« »Und so«, fragte ich weiter, »verwirklichen Sie die Möglichkeit? Durch Einstellungen?« »Ja«, sagte er und war verdutzt.

Über den mitternächtlichen Uhu – und gleich darauf verließen wir die Party, es waren eigentlich Abschiedsworte – denke ich noch immer nach. Wenn Mauthe durch die Dumreicher sprach, eine hübsche und erdhafte Person, was hat er gemeint? Will er mich als Haustier haben? Eine lustige Vorstellung, die mir gefällt. Ich erinnere mich, daß viele Tiere im Märchen verzauberte Prinzen und Prinzessinnen sind, also in zwei Aspekten des Seins leben und in doppelter Gestalt. Ein himmlischer Uhu! Die Ratte läßt sich verzaubern.

Wien, 29. Februar 1988

Gottfried hat gestern abend mit dem großen Schakalettchen, genannt auch Tüpferl, einer unserer beiden Tigerkater, gesprochen. Richtig gesprochen! Er sagt, Katzen reden in der Augensprache; es wäre ungeheuerlich gewesen und sehr schön. Das einzige, was auf dieser Welt zählt, hätte das Schakalettchen gemeint, wäre die Liebe.

Ich selbst habe im Traum auch ein Gespräch geführt, ein erleuchtetes, dessen Inhalt über meinen derzeitigen Bewußtseinszustand so weit hinausreicht, daß ich es gar nicht erzählen kann. Merkwürdig bleibt nur, mit wem ich es führte. Nämlich mit einer nichtmenschlichen Wesenheit, die mir zu verstehen gab, daß sie in einer völlig normalen kleinen Hausfrau lebt, die von ihrer Existenz nicht die geringste Ahnung hat.

Ja, und beim Aufwachen *wußte* ich, daß keine Evolution und keine Revolution, sondern nur Liebe die Dunkelheit, in der wir leben, erhellt. Die Welt muß gar nicht verändert werden, es genügt, sie zu lieben. Diese Liebe hat aber nichts mit Emotionen zu tun, wallt nicht auf im Herzen, im Gegenteil, sie ist vollkommene Stille. Der leuchtende Zustand des Seins.

Wien, 2. März 1988

Gestern war ich in Hamburg. Ich soll die Drehbuchdialoge für einen Film über die russische Revolution schreiben.

Als ich noch im Bauch meiner Mutter war, hat sie nur Gorki, Tolstoi und Dostojewski gelesen. So wurde Rußland mein Mutterland.

In dieser Nacht vom ersten auf den zweiten März, zwischen Hamburg und Wien, träumte ich in der Eisenbahn, daß ich heirate. Den Bräutigam habe ich im Traum nicht gesehen. Doch würde ich meine alte Wohnung verlassen und mit ihm in eine neue, gleichfalls im ersten Bezirk gelegene, einziehen. Die Möbel holte ich mir aus der Marokkanergasse.

Aus jener Marokkanergasse, in der ich früher jahrelang mit Gottfried gelebt habe und in die ich manchmal im Traum zurückkehre. Genauer, ich kehre in eine Wohnung hinter der Wohnung zurück, die ich dort entdeckt habe. Traumräume, in denen Gottfrieds tote Frau Lianne lebte und in denen noch immer ihre Möbel stehen.

Phantastische Möbel von eigentümlicher Anmut. Ja, und die hole ich jetzt ab.

Kein Kommentar.

Wien, 11. März 1988

Ein paar Nächte lang – aber das ist auch schon wieder Tage her – wachte ich so um eins oder zwei herum auf. Mit einem Gefühl, für das ich keine Worte habe, denn ich kannte es bisher nicht. Angst, Entsetzen, Trauer? Nein, es war etwas anderes. Aber nichts Gutes! Mit Ausnahme dieser jeweils einen Stunde blieben meine Nächte und auch die Tage heiter, schwerelos und ich selbst in einem geheimnisvollen Gleichgewicht.

Aber die Donnerstage! Gleich am Morgen des vorletzten ging ich durch die Spiegelgasse, und da guckten mich aus einer Auslage drei Kristalltiere an. Ein Wolf, ein Bär, eine Eule. Friedlich beeinander. Am Abend waren wir vom Vizekanzler ins Palais Todesco in der Kärntnerstraße eingeladen. Dort ist die Zentrale der ÖVP, der Mauthe während der letzten sieben Jahre seines Lebens als Stadtrat angehörte. Miguel Herz-Kestranek, Mauthes Freund und Darsteller etlicher Mauthe-Rollen, las Emigrantenliteratur. Nachher kam er an unseren Tisch und sagte, diesmal wäre es ihm ähnlich ergangen wie damals, als er nach Mauthes Tod aus dessen letztem Buch *Demnächst* las und Tränen seine Stimme beinahe erstickten.

Am darauffolgenden Freitag dachte ich darüber nach. Steckt Mauthe wie ein Jahrmarkt-Zauberer hinter allen diesen unzufälligen Zufällen? Nein, kaum. Ich nehme doch an, daß er sich auf anspruchsvollere Weise amüsiert. Was aber hat es mit diesen Donnerstagen auf sich? C. G. Jung und Wolfgang Pauli. Ihre Synchronizitäts-Theorie. (Besagt, daß von außen als Ereignis entgegentritt, was uns inwendig bewegt. Jung war Psychologe, Pauli Nobelpreisträger für Physik.) Wie sehr wünschte ich mir diese beiden großen Männer herbei! Hättet ihr, würde ich zu ihnen sagen, doch noch ein wenig weiter geforscht! Welche Rolle genau spielt unser Bewußtsein dabei? Zieht es in einem gewissen Zustand gewisse Ereignisse an wie ein Magnet? Ich war geneigt, genau das anzunehmen. Sollte ich den März überleben, so nahm ich mir vor, würde ich dort weiterforschen, wo die beiden aufgehört haben.

Ja, und dann kam der letzte Donnerstag, also gestern. Da waren wir vom Bundespräsidenten Waldheim zum Abendessen in die Hofburg eingeladen, zusammen mit den anderen Trägern des – ich glaube höchsten – österreichischen Ordens. Also ich hab ihn nicht, sondern der Gottfried. Waldheim ist ein schuldloser Mann – was heißt Mann, ein Herr! –, an dem sich seit zwei Jahren der nationale und internationale Pöbel den eigenen Dreck abputzt. Er erträgt alles mit christlicher Großmut, Demut und Verzeihung. Hält auch noch die andere Wange hin. Ich gestehe, ich habe seinetwegen schon vor Zorn und Mitleid geweint. Ausschauen tut er wie eine alte, traurige Echse, und ich finde ihn schön. Wirklich schön; er hat ein erlebtes, erlittenes Gesicht, das freundlich blieb, ohne Haß.

Also gut, wir stehen vor dem Abendessen noch herum, und Cocktails werden serviert. Da kommt der Mathematiker Hlawka, den ich ein Jahr zuvor betören konnte, weil ich weiß, wer Gödel ist – nämlich auch ein berühmter Mathematiker –, auf mich zu und sagt: »Mauthe hat Sie wohl gut gekannt.« Einen Moment lang bin ich perplex. »Wie«, frage ich, »kommen Sie jetzt auf Mauthe?« Und in meinen Ohren singt es schon, Donnerstag, Donnerstag! »Weil ich«, sagt der Hlawka, »gerade die *Große Hitze* gelesen habe, und in dem Buch kommen Sie vor.«

Ja, in allen Büchern von Mauthe. Und in der *Großen Hitze* bin ich die Norne Atropos. Obwohl Gottfried und ich uns gerade das Trinken abgewöhnt haben, schnappte ich mir das nächste Gin-Tonic und erklärte dem Professor, daß er soeben als Unterweltsbote fungiert hat. Und Hlawka, dieser Schatz, war nicht einmal erstaunt. Er schaut aus wie eine Katze, ich meine, ein Kater. Aber ich glaube nicht, daß er je faucht oder kratzt. Es gibt den Typ des eitlen, ehrgeizigen, rücksichtslosen Wissenschaftlers. Und dann gibt es die Käuze, die Originale. Humorvoll, bescheiden, neugierig. Zu denen gehört der Hlawka, und er hat an den ersten Universitäten der Welt gelehrt. Da hat Mauthe sich einen besonders lieben Boten ausgesucht!

Ja, wie ist das nun mit der Synchronizität und mit dem magnetischen Bewußtsein? Da bin ich gar nicht mehr sicher. Ich meine, nicht sicher, was die Anziehung betrifft. Es wäre nämlich auch möglich, daß unser Bewußtsein schöpferisch ist. Was heißt möglich, das ist eine große Wahrscheinlichkeit! Mein Bewußtsein erschafft also Situationen . . .

Oder nimmt der liebe Jörg sich wirklich die Mühe? Macht es

ihm vielleicht doch Spaß, auf einer Ebene, der er längst entwachsen ist, noch immer zu spielen?

Ansonsten habe ich seit Hamburg pausenlos russische Revolution studiert und drehbuchreif oder unreif geschrieben; sie staubt mir schon zu den Ohren heraus. Obwohl sie mich tiefer berührt, als ich das wahrhaben will. Die Welt? *Ein* Spiel mit verteilten Rollen, das hab ich immer geglaubt. *Ein* Spiel, *ein* Spieler, viele Rollen. Aber so viel Leid, zugefügtes Leid – gut, vor der russischen Revolution und nachher auch! –, gilt das noch als Spiel? Muß man da nicht ernst werden und etwas tun? Ich träume ja noch immer vom Paradies, und vielleicht ist es so etwas wie eine Co-Produktion, vielleicht können wir es alle miteinander erschaffen.

Da war noch etwas Komisches, heute. Ich hab doch gehört, in mir und beim Aufwachen, am zwanzigsten komme ich nicht zurück. Und am 20. März ist in Linz Premiere von Gottfrieds Oper *Der Prozeß*. Zuerst dachte ich, oje, da fahren wir von Rindlberg mit dem Auto hin, und wenn mir was passiert, was ist mit Gottfried und den Katzen im Auto? Aber dann fuhren wir vor – komisch, ich weiß gar nicht mehr, vor wievielen Tagen oder Wochen – von Rindlberg für einen Moment nach Wien, und eine Stimme in mir sagte: Nach Rindlberg kommst du nicht mehr zurück. Ja, und dann fiel der große Schnee. Wir können wirklich nicht zurück, nicht vor der Schneeschmelze, denn zwei Meter hoch und noch darüber ist alles zugeweht. Also sitzen wir jetzt in Wien, und eigentlich ist es ganz lustig. Ich dachte schon: Ach was, es wird eh nix passieren. Und heute sagt der Gottfried, ruf doch das Theater in Linz an und frage, wo wir wohnen? Ich rief dort an, vor einer Stunde. Erwischte die Sekretärin des Intendanten. Und wo wohnen wir? Im Hotel *Wolf*inger. Wolfinger. Und der Jörg ließ mich wissen, daß er mir beim Sterben helfen wird, wie ich ihm.

Kann natürlich sein, daß Tod viele Bedeutungen hat, und eigentlich ist *alles Leben!* Aber ein bisserl ein Knieschnackerln hatte ich schon, vorhin am Telefon.

Wien, 12. März 1988

Bekam letzte Nacht im Traum ein Haus. So etwas Schönes! Gleich um die Ecke, also im Herzen der Stadt. Trotzdem steht es frei in einem großen grünen Hof. Sehr alt, mit Türmchen. Ebenerdig. Vier Zimmer, bezaubernd eingerichtet. Und ich habe schon die Schlüssel, hatte sie die ganze Zeit. Es gehört mir aber nur auf Zeit. Die Miete ist ganz klein. 540 Schillinge. Aha, wieder die Zahl Neun!

Dann wurde es Abend im Traum, die Sonne ging unter. Ich konnte in einem großen Strom baden oder in einem kleineren Becken. Und weil ich mich nicht entscheiden konnte, bin ich aufgewacht.

Was ich gestern zu erwähnen vergaß: Nach Linz fahren wir natürlich mit der Eisenbahn.

Wien, 13. März 1988

Ging im Traum mit Hugo, meinem ersten Mann, durch die Stadt. Ich erzählte ihm von meiner jenseitigen Wohnung, der gewissen, nicht dem Haus. Plötzlich fiel mir meine eigene jenseitige Telefonnummer ein. Ich betrat eine Telefonzelle und rief mich an. Die Zahlen habe ich vergessen. Irgend etwas mit 5,8,0? Nein, ich weiß es nicht mehr. Auch nicht, ob die Verbindung klappte. Nur für den Fall, daß sie funktionierte, setzte ich mir selbst zehn Schilling als Belohnung aus.

Später kam ich dann zu einem großen Haus, ganz aus Holz gebaut. Alle Türen standen offen, und das Haus war leer. Ich weiß nicht, warum diese Leere mich mit Angst erfüllte. Ich lief in das Haus hinein, es stand auf einer Anhöhe, ganz allein. Und suchte, suchte. Da und dort fand ich schließlich eine unserer Katzen, in einem sonderbaren Dämmerzustand zwischen Tod und Leben.

Wien, 15. März 1988

Letzten Sonntag haben Anne-Marie und ich beschlossen, ein Haus des Todes zu gründen. Sterbende sollen darin liebevolle Aufnahme finden. Ein Arzt soll ihre Schmerzen lindern, nicht mehr. Dieses verfluchte Festnageln auf der Schwelle! Der Sterbende will hinübergehen, in eine andere Art von Leben, und die Ärzte mit ihren Apparaten und Schläuchen lassen es nicht zu, halten ihn gewaltsam zurück. Das ist so grausam, so dumm!

Ich habe Sonja Kindermann zu diesem Gespräch eingeladen, ein schönes großes Mädchen, das seine Abende im St.-Anna-Kinderspital verbringt, unbezahlt. Dort begleitet sie sterbende Kinder auf ihrer Reise. Eine prächtige Person. Auch einen Priester wissen wir schon, undogmatisch, furchtlos und liebreich.

Warum soll es nicht möglich sein, beschützt zu sterben, heiter, ja sogar mit Humor?

Ich könnte mir auch ein vernünftiges Medium in diesem Haus vorstellen. Also keine Hysterikerin, sondern eine kluge Person, die Anteil an beiden Welten hat, an beiden Zuständen des Seins. Sie sitzt an der Grenze und berät die Reisenden, übermittelt Botschaften.

Und statt einsam in Besenkammern zu verwelken, würden die Sterbenden miteinander reden, ihre Ängste, Hoffnungen, Erfahrungen tauschen. Ich könnte mir Feste vorstellen, Feste der Freude und Erwartung, und das Leuchten eines anderen Morgens läge darüber.

Viele Tiere sollen in diesem Haus leben. Fröhliche Reisebegleiter und geheimnisvolle Verbündete. Tiere sind viel klüger als wir!

Also Kinder, Erwachsene, Greise, Tiere. Kann schon sein, ein paar Engel oder Geister gesellen sich noch dazu. Wie heißt es in dem christlichen Gebet, ich hab vergessen, in welchem? »Gemeinschaft der Lebendigen und der Toten.«

Ja, so etwas schwebt mir im Herzen vor, und dieses Haus, das Reiche und Arme aufnehmen wird, soll mein Erbe sein.

Jetzt muß ich noch einen wunderschönen Namen dafür finden. Haus des Erwachens?

Wien, 17. März 1988

Zum Haus des Todes, des Erwachens, des Lichts: Ich könnte mir vorstellen, daß wir eine neue, andere Beziehung zu unseren Krankheiten bekommen. Daß wir sie nicht länger wie Feinde, sondern als Gäste empfangen. Krankheiten – sagt, glaube ich,

Novalis – sind Wesenheiten. Also genau das meine ich. Wir könnten versuchen, mit unseren Krankheiten zu kommunizieren, sie zu verstehen, von ihnen zu lernen. Sie würden sich uns dann vielleicht als diejenigen, die sie wirklich sind, offenbaren. Nämlich als beseelte, durchgeistigte Persönlichkeiten wie wir selbst, mit Wünschen, Hoffnungen, Schicksalen.

Bevor wir das Haus des Todes beschlossen, waren wir, Anne-Marie und ich, letzten Sonntag, also am 13., im Kino. Man spielte den *Schrei der Eule*, und Gottfried meinte, schon wegen des Titels müßte ich da unbedingt hin. Es war ein Kriminalthriller, und die mag ich sowieso. Nur kamen da Sätze vor, die ich bisher in keinem Kriminalfilm gehört habe. Nämlich, daß man keine Angst vor dem Sterben haben muß, daß Leben und Tod gleich sind und so fort. Schon komisch!

Ich selbst brachte letzte Nacht drei braune Schafe – ein großes, ein mittleres und ein ganz kleines – auf einen Berg. Da oben war ein Kloster, in dem ich zu leben schien. In einer anderen Traumsequenz erwarb ich auf einer Schiffsreise von einem äußerst dubiosen männlichen Subjekt ein Zimmer. Eine aus einem einzigen Raum bestehende Wohnung in Wien, im siebenten Stock. Mit Aussicht! Worauf, wollte der Mann mir nicht sagen, und wir sprachen auch nicht über den Preis. Doch sagte er, zu dieser Wohnung gehörte ein Keller, und mein Abteil bestünde aus Brettern, die Gottfried »nach alter Bauernart« zusammensetzen könnte, wo er wollte.

Dieses Zimmer im siebenten Stock scheint ein Grab zu sein, und die hölzernen Bretter (ja, sie waren aus Holz, der Mann sagte es) sind wohl der Sarg.

Drei Möglichkeiten! Entweder ich sterbe. Hab nichts dagegen. Oder ich verwandle mich lebendigen Leibs, steige auf in die nächste Etage. Wäre auch schön. Oder es passiert überhaupt nichts. Dann allerdings bin ich perplex. Auch ein bißchen beleidigt. Denn wozu bereite ich mich jahrelang auf den Tod vor?

Oder war das, genau das, der Zweck? Als optimal auf den Tod vorbereitete Person könnte ich nun auch andere auf ihn vorbereiten.

Aber tu ich das nicht schon?

Wien, 18. März 1988

Das Haus des Todes hat einen Namen. Zuerst dachte ich, Haus des Lichts, Haus der Liebe. Aber dann hat der Jörg mir gesagt: *Donnerstaghaus!*

Anne-Marie und ich gehen wie auf Wolken vor Glück. Auch Mauthe ist wieder ganz nah. Gottfried meint, das wäre eine Sache des Glaubens. Wenn du an Mauthe glaubst, gibt es ihn. Das war vorhin in der Küche. Ja, sagte ich. Nur, er ist auf jeden Fall da. Durch meinen Glauben hole ich ihn, hole ich alles aus der Potenz in die Aktualität. Übersetze von einer Wirklichkeit in eine andere. Und Gottfried gab mir recht.

Gestern dachte ich noch: Schrecklich, wieso sterbe ich nicht? Kam mir vor wie ein Gast, der sagt, er ginge gleich wieder, und dann bleibt er stundenlang. Hat, überlegte ich, unser Bewußtsein eine Koboldnatur?

Heute waren wir wieder beim Rechtsanwalt, Gottfried und ich machen fortwährend Testament. Und jetzt, wo das Donnerstaghaus zu leben beginnt, macht mein Denken einen Sprung. Einen kleinen Luftsprung, und das Bild im Kaleidoskop hat sich verwandelt.

War das Donnerstaghaus die Botschaft des Kobolds? Ohne diese Sterbestimme vor neun Jahren hätte ich anders gelebt, und auf dem Rattenbaum wären andere Früchte gewachsen. Kein Donnerstagebuch, kein Donnerstaghaus. Sondern?

Ich weiß es nicht. Aber ich bin froh über alles, was war, ist und sein wird.

Wien, 20. März 1988

Heute nacht, es war wohl im Traum, klirrte die Welt in konzentrischen Kreisen. Vorher war etwas Düsteres, an das ich mich nicht mehr erinnere. Dann kam das Klirren; der ganze Raum war davon erfüllt. Es schien keinen Anfang und kein Ende zu haben. Und mitten in dieses Klirren hinein sagte eine Stimme, die ich sofort erkannte, es war nämlich meine eigene: »Guten Morgen!«

Davon wachte ich auf. Es war aber noch finster. Zerbricht das Eis?

Wien, 21. März 1988

Gestern, bevor wir nach Linz fuhren, läutete das Telefon. Philipp Mauthe lud uns für das kommende Wochenende auf die Mollenburg ein. Jener Sohn, der dem Vater am ähnlichsten ist; und er lebt allein auf der Burg. Im Turm steht die Asche des Vaters.

In Linz brachte der Intendant uns ins Hotel *Drei Mohren*. »Wir wohnen«, fragte ich, »gar nicht im *Wolfinger*?« »Nein«, sagte der Intendant. »Zu viel Krach, dort wird umgebaut.« »Oje«, flüsterte ich Gottfried im Theater zu, »jetzt bin ich auch umdisponiert.«

Ja, und so war es. Ein Opernabend, und eine ganz gewöhnliche Nacht. Nicht einmal die kleinste Erleuchtung, gar nichts!

Heute mittag in Wien rief mich eine Frau Bartmann aus Regensburg an. Ihr Mann ist Schulreformer, und ich tingelte, auch in Sachen Schulreform, letztes Jahr auf dem Regensburger Kongreß. Liebe Leute, Idealisten. Als ich ankam, wurde gerade die Kasse gepfändet. So gab es, statt des Honorars, Tränen. Ich bemühte mich, sie zu trocknen, und wir hatten Spaß miteinander.

»Waren Sie heute vormittag bei mir?«, fragte Frau Bartmann. »Wieso«, sagte ich, »da fuhr ich in der Eisenbahn.« »Sie waren aber bei mir, in Regensburg. Besuchten mich in unserer Wohnung!« Ich gestand, davon absolut nichts zu wissen. Aber dann fiel mir ein, daß ich in der Eisenbahn geschlafen habe. Ich kann sonst nie in der Eisenbahn schlafen, nicht im Sitzen.

Gibt es das? Kann man einfach Leute besuchen, deren Adresse man nicht einmal kennt?

Wien, 23. März 1988

Erwachte heute nacht in einem elenden Zustand. Dachte: aha. Und schlief wieder ein. Träumte, ich wäre in Amerika. Dort hatte ich auch sechs Katzen, offenbar unsere toten. Aber die anderen sechs, wohl die lebendigen, die ich zurückgelassen hatte, wurden nicht gefüttert. Ich war darüber verstört. Dann durchquerte ich in einer kleinen Eisenbahn ganz Amerika, den Kontinent hinter dem Wasser. Nein, vom Meer sah ich nichts.

Aber dieses Traum-Amerika, das vielleicht das jenseitige Reich ist, war von einer nicht beschreiblichen Schönheit. Grüne Berge; aber das ist eine Simplifizierung, denn da gab es eine ganze Skala strahlender grüner Farben, und die Berge glichen chronischen geometrischen Mustern. Eine sich wie ein musikalisches Motiv wiederholende Form, nur, sie gehörte einer fremden, unirdischen Geometrie an.

Als die Reise zu Ende war, bin ich daheim in meinem Bett aufgewacht. Oder eingeschlafen? Meine Nächte sind viel realer, viel intensiver als meine Tage.

Und Amerika leuchtet noch immer.

Wien, 24. März 1988

Heute nacht bin ich gestorben, und die Erinnerung daran ist anders als an einen Traum. Der Tod, der auf mich zukam, war ein riesengroßer schwarzer Kegel. Keine Arme, keine Beine. Falls er einen Kopf hatte, war der so klein, so hoch, so weit von mir entfernt, daß ich ihn nicht wahrnahm. Der Tod also kam auf mich zu, langsam, und ich ging zu Boden. Während ich auf den Knien lag, das Gesicht auf den Boden gepreßt, verlor ich das Bewußtsein.

Als ich es wiedererlangte, hörte ich mich selbst, wie ich Gottfried vom Verlust meines Bewußtseins erzählte. »Das Mädchen aus dem Zug« – wer immer das sein mag – kam und brachte einen Strauß weißer Blumen.

In der rechten oberen Ecke des Raums, in dem ich mich befand, entdeckte ich Hans Friedrich, den längst verstorbenen Religionsprofessor meiner Gymnasialzeit, und ich ging zu ihm.

Mein eigener Platz schien die untere Mitte zu sein. Dort hatte ich zwei Fernsehapparate, einen großen und einen kleinen, die in einem einzigen Rahmen nebeneinander standen. Ich dachte, nun könnte ich beide Programme gleichzeitig empfangen, und ich könnte sie sogar mischen.

In zwei Stunden wird Gottfried im Wiener Rathaus zum Ehrenbürger ernannt.

Wien, 26. März 1988

Gestern besuchten wir den toten Mauthe auf der Mollenburg. Ich habe eine Halbedelsteinblume mit sieben Blüten in den Turm seiner Asche gelegt. Sie stammt vom Prager Hradschin, wo Jörg immer wieder nach den Spuren seiner anderen Existenz, des Herrn Jacopo, suchte.

Philipp Mauthe scheint ein nur durch die Zeit getrennter Doppelgänger seines Vaters zu sein. Eine Art körperlicher Identität. Aber sein Geist ist traurig. Gottfried, der während meines Ganges zum Aschenturm allein mit ihm blieb, erzählte mir später.

»Groß, schmal, und über ihm der Vater. Mit seinem mächtigen, bedeutenden dunklen Kopf. Der Sohn versank unter ihm und sprach kaum. Ich wußte nicht, mit wem ich reden sollte. Mit dem Sohn oder dem Vater. Eine fast peinliche Szene. Ich habe das Gefühl, daß Jörg stärker präsent ist als sein Sohn, und daß der Sohn fast hinter ihm verschwindet. Zustände zweier verschiedener Ebenen ...«

Ich fragte noch, ob er Jörg wirklich gesehen hätte. »Aber ja«, sagte Gottfried. »Er hüllte den Sohn ganz ein, eine große, kräftige Aura. Viel jünger als zuletzt. Und er schien seine Lebenskraft aus dem Sohn zu saugen.«

Merkwürdig.

Ich selbst habe nichts Mysteriöses empfunden, habe Mauthes Gegenwart nicht gespürt.

Dabei dachte ich, dieser Besuch würde etwas ganz Besonderes sein.

Heute las ich über das Kundalini-Syndrom. Also seit ich zurückdenken kann, gehen unkontrollierte Hitzen durch meinen Körper. Ich war noch ein junges Mädchen, da fing es schon an. Aber nicht wie Feuerschlangen. Heiße Energien steigen auf und explodieren in meinem Kopf. Das ist gar nicht angenehm, und mit Erleuchtung brachte ich es bisher in keinen Zusammenhang. Sondern riß alle Fenster auf und mir selbst die Kleider vom Leib. Wenn ich allein war. In Gesellschaft glühte ich halt vor mich hin. Am häufigsten passiert es, wenn ich abends an der Schreibmaschine sitze; da fange ich auch im Winter zu brennen an. Und nachts, wenn ich im Bett liege. Ich dachte, es wäre ein physischer Defekt. Ob ich versuchen soll, diese Energien zu kontrollieren? Bisher ist eigentlich alles von selbst passiert; ich griff nie in die eigenen Prozesse ein. Andererseits lernt man weder Schreiben noch Lesen, wenn man einfach darauf wartet, bis man es kann.

Und das Warten ist auch suspekt! Ich habe auf den Tod gewartet wie auf die Straßenbahn, die dann auch nie kommt. Nicht, wenn man sich die Augen nach ihr verdreht. Erst, wenn man aufhört zu warten und einfach losgeht, steht sie ganz plötzlich da.

Kann Erwartung, wenn sie nur intensiv genug ist, das Erwartete an seinem Erscheinen hindern?

Rindlberg, 31. März 1988

Das ist also der letzte Tag. Wenn schon nicht meines Lebens, so doch dieses Buchs. Und was ist heute? Donnerstag!

Gestern abend machte ich Feuer im Kamin. Dann öffnete ich eine Flasche Wein und legte, ehe ich Gottfried und mir eingoß, noch drei Holzscheite nach. Wir prosteten einander zu, und Gottfried rühmte sich des schönen Feuers. Hätte er nicht die drei Scheite dazugetan ... Ich protestierte: »Wieso, das war doch ich!« »Nein, ich!« Wir hätten beinahe gestritten. Warum ich diese völlig belanglose Geschichte erzähle? Weil sie einen Verdacht in mir weckte. Ich sah mich vor dem Kamin knien, und Gottfried sah sich auch. Wer von uns beiden war wirklich? Könnte mein Bewußtsein in seinen Leib gesprungen sein, oder seines in meinen? Wir identifizieren uns beständig mit einer Gestalt, mit Handlungen, Gefühlen, Gedanken. Berechtigt oder nicht? Vielleicht ist jeder von uns nur ein Springer, ein unpersönlicher Springer auf dem Schachbrett der Wirklichkeit? Und die Felder, die wir dabei mehr oder weniger flüchtig berühren, halten wir für unser eindeutiges Selbst. Ich glaube, da stimmt etwas nicht ...

Nachts im Traum geriet ich wieder in die Marokkanergasse, in die Wohnung hinter der Wohnung, die der toten Frau von Einem gehört. Die schönen Möbel waren alle fort. Nur ein riesiger Schreibtisch, den es vorher nicht gab, stand da. Er war aus hellem Holz, aber mit kleinen, häßlichen braunen Flecken übersät. Als wäre er zu lange in einem feuchten Keller gestanden, dachte ich im Traum, und ich wollte, daß er wieder makellos wird. Dann entdeckte ich einen sehr hohen steinernen Bogen, der aus dieser Wohnung des Todes ins Freie führte. Erstaunt ging ich unter ihm durch, kam aber nur langsam vorwärts. Denn ein Strom von Menschen jeden Alters und beiderlei Geschlechts, lauter Unbekannte, drängte sich stumm durch den hohen Bogen herein.

Ich ging als einzige gegen den Strom.

Eine Traumkette, die weit zurückreicht. Hinter der gewöhnlichen Wohnung, unserem Lebensraum, entdeckte ich die verborgenen Räume des Todes. Ihre Einrichtung war von bizarrer Anmut. Irgendwann transferierte ich diese Zaubermöbel ins Haus meines Lebens. An ihrer Stelle steht nun ein großer, nie benützter, ein kranker Schreibtisch. Da ich eine Schreibende bin, ist die Botschaft sehr klar. Ich werde im Haus des Todes für die Lebendigen schreiben. Die Botin, das Medium.

Was bedeutet die Öffnung im bisher geschlossenen Todesraum? Unter dieser hohen, gewölbten Mauer ging ich aus dem Tod heraus, und alle anderen gingen in ihn hinein. Aber sie kamen aus dem Land jenseits von Leben und Tod, in das ich erst gehe.

War das die Botschaft, die ich mir selbst vor so vielen Jahren geschickt habe? Ich selbst. Oder ein Kobold. Oder die Stimme des Dämons in der Kapelle der Gefahren.

In einem späteren Traum dieser Nacht sah ich direkt vor meinem Gesicht ein anderes, das auch mir gehörte. Ich habe kleine graue Augen und bin siebenundfünfzig Jahre alt. Mein anderes Gesicht, und beide berührten einander, war jung, schön, und zwei blaue Augen strahlten mich an.

Mein Gesicht jenseits von Leben und Tod?

Die Zeit wächst

Der letzte Nachtzettel. Ich spüre seine Bedeutung, ohne sie zu erfassen.

Dabei sollte ich lieber schreiben: *Ich bitte um Entschuldigung für nicht eingetroffene Prophezeiungen!*

Und das bitte ich wirklich.

Der Tulifant, die Oper von der Verwünschung und Erlösung des lebendigen Sterns Erde, wird weiter boykottiert. Giordano Bruno brennt auf dem Scheiterhaufen.

Anna Zanner gebar nicht mich, sondern einen dicken Buben. So schizophren werde ich doch kaum sein?

Jörg Mauthe stand nicht im grünen Salon des Rathauses, als Gottfried zum Ehrenbürger ernannt wurde. Oder hab ich ihn bloß nicht gesehen?

Ja, und ich bin immer noch da. »Eine Frau mit Anstand«, sagt Gottfried, »würde jetzt den Strick nehmen. Schon, um ihren guten Willen zu zeigen!«

Der März geht zu Ende. Ich bin nicht gestorben. Ich bin nicht einmal erleuchtet worden!

Werden Sie mir jetzt nichts von dem, was ich schrieb, glauben?

Ich habe die Wahrheit gesagt. Eine Wahrheit allerdings, die – wenn überhaupt – nur im Plural existiert. Und im Widerspruch!

Menschen und Ereignisse können einander verfehlen, auf andere Realitätslinien überspringen, sich verzweigen. Oder das Medium hat einfach einen schlechten Tag, die Sensitive wird unempfindlich, die Leichtgläubige glaubt sich selbst.

Richtigkeit und Unrichtigkeit scheint auf allen Stufen des Systems untrennbar zu sein. Oder, um es mit Douglas Hofstadter (*Gödel, Escher, Bach*) zu sagen: »... Daß es einen gewissen Todesstoß bedeutet, wenn die Fähigkeit, die eigene Struktur zu präsentieren, einen bestimmten kritischen Punkt erreicht hat. Dann ist garantiert, daß man sich nie selber vollständig präsentieren kann. Gödels Unvollständigkeitssatz, Turings Halte-Satz,

Tarskis Wahrheitssatz – sie alle haben den Klang eines alten Märchens, das uns warnt: ›Die Suche nach Selbsterkenntnis heißt, sich auf eine Reise zu begeben, die ... immer unvollendet bleiben wird, auf keiner Karte eingezeichnet werden kann, nie ein Ende finden wird, sich nicht beschreiben läßt.‹«

Lotte Ingrisch

Nächtebuch

199 Seiten; kart. ISBN 3-7626-0625-0

In dem seit 1973 regelmäßig geführten *Nächtebuch* hielt die Autorin ihre übersinnlichen Abenteuer wahrheitsgemäß fest. Ursprünglich als posthume Gabe für die Bewußtseinsforschung bestimmt, entschloß sie sich zur Publizierung bei Lebzeiten, um ihren Lesern noch Rede und Antwort stehen zu können. In ihrem *Nächtebuch* ist Lotte Ingrisch keine Literatin mehr, sondern eine authentische Reporterin der anderen Welt, die sie, nicht immer freiwillig, erforschte.
Es ist die Rückseite unseres Bewußtseins, die Welt hinter dem Spiegel, von der sie berichtet. Nachtfahrten, für die man früher die Hexen verbrannte. Spuk, Geister, Dämonen. Die Grenzen zu anderen Universen sind überschreitbar. Unendlich nach allen Seiten ist die Skala unseres Bewußtseins. Die Seele des Homo sapiens bekommt wieder Flügel ...

Verlag Hermann Bauer
Freiburg im Breisgau